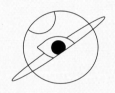

はじめに

夢を見ている時にはそれが夢であると気づかずにいる。夢の中はおかしな風景であることが多い。常識ではありえない空間であったり、シチュエーションがちぐはぐなこともある。登場する人物も奇妙なことが多い。家族や友人との関係がまるで違うことや、一度も会ったことのない人に親近感を覚えていたりすることもある。しかし夢には現実感が伴っていて、奇妙な風景であってもごく当然のように感じられる。そんな体験は誰しもあるのではないか。

ほとんどの場合、見ていた風景が夢であったと気づくのは目覚めてからである。朦朧とする意識の中で、違和感を手繰り寄せていくと、さっきまで見ていたものは夢だったことに気づく。ひとたび眠り込んでしまえば、私たちは自分の意思で目覚めることは難しい。だから私たちは夢を見ている間は、そこに広がる風景を夢だと疑う力を失ってしまっていると言える。

だが、それは果たして夢を見ている時だけだろうか。夢で見る風景を紛れもない現実だと見ているのであれば、私たちが現実として見ている風景が夢ではないという保証はどこにもない。想像力が膨らみすぎると現実と夢との境界は曖昧になっていく。

現実は思っている以上に想像との関係が深い。頭の中の想像は、現実の見方を決めている。その見方が変わった時に、急にそれまでとは違う風景が見えてくることがある。だから見方が変わらなければ、たとえそれがどんなに奇妙な風景であっても、そのおかしさに気づくことは難しい。見方が変わった時に夢が現実に変わるのである。

この”夢が現実になる“という言葉の捉え方を変えれば、”夢が実現する“という意味としても受け取れる。想像できないことは実現できないので、夢を見ることから私たちの行動は始まる。だから想像力をたくましくして、目の前の風景への見方が豊かにすることが、同時に現実を豊かにすることでもある。しかしどうすれば見方を鍛えることができるのだろうか。問題はそのための方法である。

『まなざしのデザイン』というタイトルの本書で考えてみたいことは、モノの見方を変える方法である。当たり前の世界を改めて見直し、今見ている風景を違った角度から眺める。見方が自由になれば、私たちはより創造的になることができる。そして何かに捉われることが少なくなれば、物事がより正しく見えてくる。

またモノの見方を変えることは、状況が困難であればあるほど必要なことである。私たちは日々の生活の中ですぐに何かに捉われてしまう。モノの見方が固定されてしまうと自由さを失い、物事が正しく見えないことがある。だから私たちは時々視点を変えて異なる方法で世界を見ることが必要である。そうするとこれまで見えなかった風景や、忘れていた大切なことが見えてくるかもしれない。そんなモノの見方を解放するための方法と可能性を探ることが本書の目的である。

本書はデザインという考え方をベースにはしているが、デザイナーやデザインに関心のある人にだけ向けて書いたものではない。むしろ誰でも持っている"想像力"を使って、誰もが自分の見方をデザインできるようになることを目指している。そのために専門的な内容に特化するのではなく、できるだけ幅広い範囲で捉え、私自身が実践した具体的な事例も交えながら考えていくことを試みた。

モノの見方が変われば、自分の中での風景は変わる。自由なモノの見方を持つことは、誰かのモノの見方も自由にする。そうすれば、現実は描いた夢へと近づいていくかもしれない。そんな想像力を使って、モノの見方を変えることで現実を豊かにしていくためのまなざしのデザインの可能性を一緒に考えていきたい。

まなざしのデザイン

〈世界の見方〉を変える方法

NTT出版

目次

第Ⅰ章　見方を変える

風景をデザインする

ランドスケープデザイン(LANDSCAPE DESIGN)という言葉を知っているだろうか。ランドスケープは日本語にすると「風景」で、デザインは設計という意味である。しかし風景を設計すると聞いても、一体何をどうするのか曖昧で、いま一つピンと来ないかもしれない。

これは世間ではあまり知られていない仕事だが、簡単に言うと、庭や公園といった屋外空間のデザインを指している。建築家《アーキテクト》は建物を設計する。しかしランドスケープデザイナー(あるいはランドスケープアーキテクト)は、庭づくりをはじめ建物以外の空間や街並みなどをデザインするのが一般的な仕事と言える。

地形をつくり、樹を植え、芝生を張り、池を掘り、道をつくるための設計をする仕事は大昔からあった。しかしランドスケープデザインという呼び名の専門的な職業が現われたのは産業革命より後の時代だ。一八五〇年代にニューヨークのセントラルパークを設計したことで有名な、フレデリック・ロー・オルムステッドという人物が、自らを「景観建築家《ランドスケープアーキテクト》」と名乗ったのが最初であると言われている。[1]

その後ランドスケープデザインは、公園や都市の緑のデザインを超えて、この一五〇年ほどの間に仕事の範囲が大きく広がった。建築設計や都市計画と結びつくことで街路、広場や街並みといった都市景観のデザインも行う。そして農林学や土木工学、さらに環境科学と結びつくことで里山や河川、海岸や砂漠など、自然景観のデザインも含まれるようになった。だからランドスケープデザインはあらゆる場所のデザインをするのが仕事と言える。

世の中に「〇〇デザイン」と名付けられるものはたくさんある。しかしこのランドスケープデザインは、おそらく世界で最も幅広いスケールを扱う仕事なのではないだろうか。小さな場所から大きな地理に至るまで、様々な大きさの土地《ランド》をデザインすることが役割だからだ。

しかしなぜ"ランド"ではなく、わざわざ"ランドスケープ"と呼ぶのだろうか。芝生を敷いて、道をつくって、樹木を植えるという「土地《ランド》」のデザインが、果たして「風景《ランドスケープ》」を生みだすのだろうか。風景《ランドスケープ》とは単なる「土地の状態」という意味ではないので、違う言葉が生まれたはずである。そもそも風景《ランドスケープ》とは一体なんなのだろうか。

眺めるから風景になる

風景と聞くと、どこか観光地や名所のような場所に行かないと見ることができないものだと思うかもしれない。しかし観光地を出た瞬間に目の前から風景が消えてしまうわけではなく、そこにはまた別の風景があり、今度はそれを見ている。私たちの目には絶えず何かが映されていて、ずっと途切れることなく何かを眺めているのである。そんな目に入ってくる様々な物事の中で、風景とは時々ふと現れては消えるものなのではないか。私たちは一日の生活の中で様々な風景を見ている。

布団の上で目を開けると、ぼんやりと浮かび上がる天井。冷たい水で洗った顔を上げた鏡の中。駅のホームの対岸に立つ人々。雑踏にのまれ、街路樹をくぐりながら通り過ぎる街並み。オフィスの階段を上りきった先の長い廊下。身を預けた椅子から見る部屋。開こうと手を伸ばした本の表紙。ペンを手に取り、紙を引き寄せ、三〇cmの距離で見る文字。窓で切り取られた沈みかけの太陽。灯り始めた街のネオン。モニターに映された海。テーブルに並べられた食事の湯気。寝室の薄明かりに浮かび上がる枕の輪郭。……

朝目覚めてから夜眠るまで、私たちの目に飛び込む連続した眺め。その中から、ワンシーンとして私たちが捉えた眺めを風景と呼ぶ方がしっくりとくる。風景は特別な場所だけにあるのではなく、私たちの日常生活の中であたりまえに見ているものである。

しかしそうだとすれば、風景のデザインとは一体何をすればいいのだろうか。風景がどこにでもあるとすれば、それは「世界」と同義語になるぐらいの広がりを持つことになる。私たちは目を開けている限り、自分を取り巻く無数のものから逃れることができない。それらすべてをデザインすることなど不可能である。

それを考えるヒントが、ランドスケープ(LANDSCAPE)という言葉の成り立ちの中にある。この言葉は"土地や場所"を表すランド(LAND)という言葉と、"眺め"を意味するスケープ(SCAPE)という言葉が合わさって一つの単語になっている。つまり「風景=場所(客体)+眺め(主体)」という図式になる。この「眺め」というのが、風景を考えるうえで実は鍵になるのである(I-I)。

通常は風景という言葉を使う時には、場所や対象物を指すことがほとんどである。「机にペンが置かれている風景」「犬が通りを歩いている風景」「山に雲がかかっている風景」。このように物事の方だけを指して風景と呼ぶのが一般的な言葉の使い方だ。

しかし本当は少し違う。そこに見えているものの背後にはすべて、それを眺めている〈私〉が隠れているのである。つまり正確に表現すると、「机にペンが置かれているのを眺める私」「犬が通りを歩いているのを眺める私」「山に雲がかかっているのを眺める私」となる。だが多くの場合、それを眺めている〈私〉という主体の存在はいちいち意識されない。

誰かが眺めるから風景になるというのは、当たり前すぎる事実なのでつい見過ごされがちだ。しかし、誰がどのように世界を眺めるのかの方が風景を考えるうえで本質的である。もしもある場所が、誰にも眺められることなくどこかにひっそりとあっても、それは風景とは呼べない。誰かに眺められるからこそ、風景が生まれたと言える。つまり土地や場所の状態は風景の半分であり、もう半分はそれを眺める誰かの目なのである。ここではその眺めている誰かの目のことを「まなざし」と呼ぶことにしたい。

風景を見るということは、窓枠で外の山並みを生け捕るように、私たちのまなざしの中にその対象を捉えることである。世界には無数の物事があるが、まなざしから外れているものは風景にはならない。だから、ま

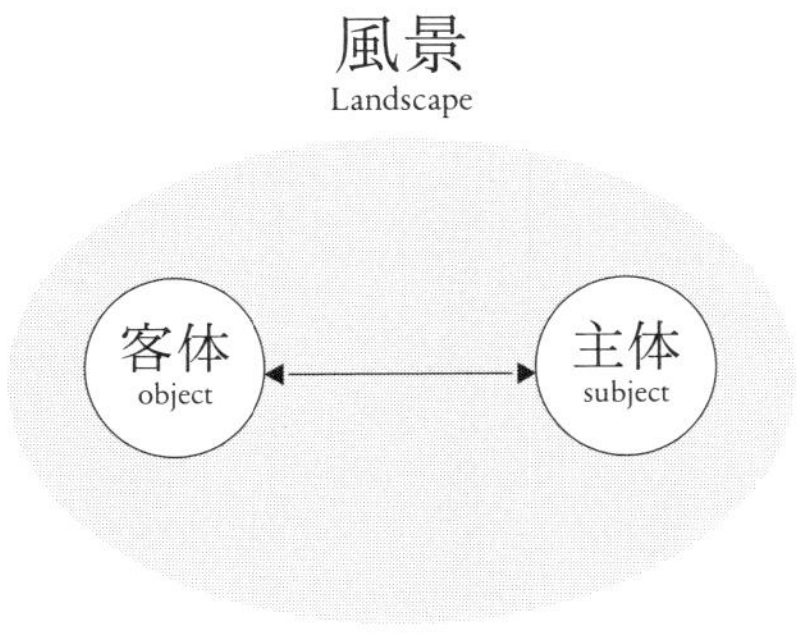

I-I

なざしをどこにどのように向けるのかが風景を生みだしていて、見えているものの背後には、それを見ているまなざしがある。そしてそのまなざしのあり方によって、風景は様々な形で変化するのである。[2]

見てはいるけど見えていない風景

本来私たちが目にする様々なものは、常にある制約の中で見ているものにすぎない。私たちの風景とは見えない枠がはめられていて、無意識にその枠からまなざしは向けられている。だが私たちは自分の見方に枠があると思わずに普段は生きている。私たちの目は様々なものを映しだすことで確かに視覚的には"て"はいる。しかしそれがちゃんと"見えて"いるとは限らない。

例えば、毎日通るような道の眺め。家から駅までの道や、駅から職場までの道。よく通る道は何度も目にしている眺めである。しかしずっと同じ道を通っていると、だんだんその道を「風景」として見なくなる。変化があった時、例えば引越したばかりや、あるいは道沿いに新しい店ができたりした時には風景が変わったと意識するかもしれない。しかしまた時間が経って慣れてくると、その眺めは次第に当たり前になっていき、改めてその道を意識して眺めることはなくなってしまう。

あるいは毎日触っているもの。例えばペンやコップといった身の回りの生活用品なども、ずっと使っていると新鮮さがなくなってしまい、最初買ってきた頃のようにしげしげと見つめることが少なくなってしまう。慣れると共に次第に意識が薄れていって、やがて空気のように見えなくなってしまう。

　このような経験は誰しもが持っているだろう。場所であっても物体であっても、人はずっとそれに接しているうちに時間と共に慣れてしまう。そして慣れてくると、それに対する自分の見方は同じパターンに固定化してくるのである。そのこと自体は、行動のストレスを減らすための環境への適応能力であり、私たちに必要なことである。

　しかし一方で、いつも見方が同じパターンを辿るということは、他の捉え方をできなくなるということでもある。そうなると視覚的にも風景として見えなくなってしまう。このように慣れすぎてしまい、風景が見えなくなってしまう状態を専門的な言葉では、”馴致《じゅんち》“とか”自動化“と呼ぶ[3]、ここでは「まなざしの固定化」と呼ぶことにしたい（I-2）。

　まなざしが固定化するとは、いわゆる”モノの見方が凝り固まる“と呼ばれる状態である。そうなると、新しい発見がなくなるだけでなく、自分がどのような見方をしているのかにも意識が届かなくなる。そうして風景は次第に見えなくなってしまう。

　何かが風景として見えてくるというのは、視線が向くだけではなく

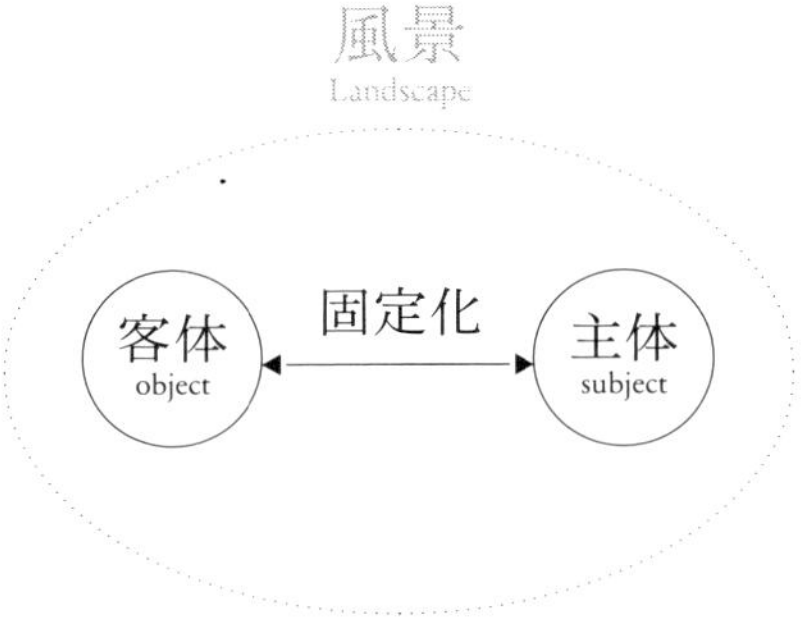

I-2

意識が向けられた時である。だから視界には入っているが見えていなかった風景が、急に見え始めた時に、自分の見方が変わったことにも意識が向く。そしてその見方が変わった時に、自分がこれまでどのような見方をしていたのかにも初めて気づくのだ。

モノの見方が変わる時

何かに行き詰まった時にモノの見方を変えればよいというフレーズはよく耳にする。しかしどのようにすればモノの見方は変わるのだろうか。モノの見方を変えると口にするのは簡単だが、具体的にそれを考えるのは意外と難しい。偶然に変わることもあるが、それがいつ起こるのかを予想できない。それが変わるのをじっと待つことしかできないのだろうか。

しかしその答えは実にシンプルだ。私たちのモノの見方にある枠があるとすれば、その枠を少し動かしてあげればよい。枠を別のところに向けると、別のものがその枠の中に入る。枠の形を変えると、中の風景も変わる。そのように枠を動かしたり、取り替えたりすることで枠の存在に意識が傾けられるようになると、モノの見方は簡単に変わってしまう。

例えば1-3のような場合を考えてみよう。毎日通る道のどこかに必ずあるようなマンホールの蓋で、こ

1-3

1-4

れ自体は特別珍しいものではない。私たちは普段この蓋を意識して眺めることもなく、毎日踏みつけて上を通っていることだろう。それを1-4のような状態にしてみる。すると、急にそれまでとは違った風景がそこに現れるだろう。いつもはマジマジと見つめることのなかったマンホールの蓋の細部が人形を通して新鮮に見え、凹凸や形状や材質など一つ一つが意識に飛び込んでくる。普段知っているはずのマンホールはまるで違った風景となる。

　これは「ガリバースコープ」というワークショップで、これまでに子供から大人まで様々な人々に試してみている。やり方はとても簡単で、鉄道模型の人形を選んで、好きな場所に立てて写真撮影をする。ルールはこれだけである。ちなみにワークショップの名前はスウィフトの小説「ガリバー旅行記」からの引用だ。主人公のガリバーが小人の国に辿り着いた時に見た風景のように、これまで見ていたものが違って見えるのだ（1-5→7）。

1-5

1-6

1-7

これらの写真はすべて子供たちが自分で撮影した写真なのだが、彼らが通学の途中や遊んでいる時にいつも目にしている場所だ。しかしこのように人形とカメラという簡単な道具を使うことによって、子供たちは同じ場所であっても違う風景を次々と発見する。

私たちがはめているまなざしの枠を様々な状態に変えると、これまで眺めることのなかったものが枠の中に飛び込み始める。そうするとモノの見方自体も変わっていくことになる。このようなモノの見方を変える様々な方法を具体的に設計すること。それらを総称して、「まなざしのデザイン」と名付けた。[4]

眼のレンズ

人間のまなざしはまるでカメラのようである（本当はカメラが人間のまなざしを模してつくられたものであるが）。私たちはファインダーを覗くように、視界のフレームの中に様々な物事を捉えることで普段何かを見ている。だから眼のアングルを変えると風景が変わる。しかし、アングルだけでなく、同時に眼の「レンズ」を変えることでも風景は変わる。ガリバースコープは、小さな人形を使って、私たちの眼のレンズの「ズーム」を超近距離に設定している。そうすると私たちの意識も超近距離へと向けられるのである。

私が度々行ういくつかのワークショップを紹介しよう。「レインボーウォーク」と呼んでいるが、環境の中にある”色《カラー》“に注目するというものである。方法は極めて簡単で、それぞれの色に分かれたカラータグを参加者に配って、それと照らし合わせながら街の写真を撮ってきてもらう(1-8→11)。

写真の撮り方は三段階に設定している。まずは画面いっぱいにその色が写るように撮影し、その次にその色が一体どういう物体の色なのかを分かるように撮影する。そして最後にその色がどういう環境に置かれているのかを撮影する。

そういうルールだけを伝えて、あとは街へ散らばって撮影してきてもらう。そして帰ってきて参加者の画像を集めると、色とりどりな風景が収集される。参加者はそれぞれ同じ町に出ていったのだが、全く違う

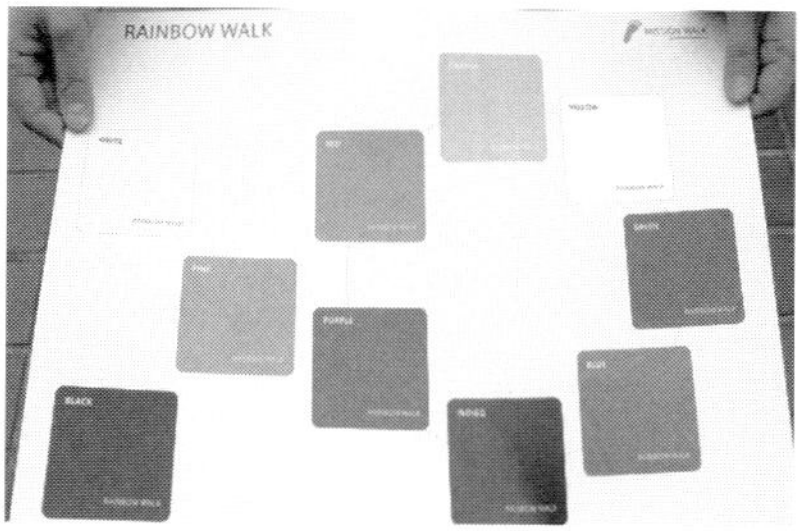

1-8

1-9

1-10

1-11

風景を目にしている。

私たちは普段、街を歩いていても特定の色に対して反応することはない。漫然と目に飛び込んでくる様々な色は、通り過ぎるたびに流れていってしまうのが通常であるからだ。しかしこれを実際にやってみると気づくのだが、街の中にはこんなにたくさんの色が潜んでいるのかと驚く。これは眼のレンズ「フィルター」を設定しているといえる。レンズフィルターを取り替えるように、風景の中の特定の色を強調する。そうすると街の細部がフレームに飛び込んでくる。

もう一つ、「かんばんしりとり」という別のワークショップを取り上げてみよう。これは名前のとおり、看板に書かれている文字に着目するものである。最初の文字と最後の文字を設定して、その間をつなぐように街のあちこちにある看板に書かれた文字の頭と最後を、しりとりのように合わせていく。まなざしを文字に向けさせることによって、まるでラジオの周波数が特定の波長にチューニングされるように、普段は追いかけない文字の一つ一つを急に詳細に見るようになる。これは眼の「フォーカス」を特定の文字に設定しているといえる。

このように私たちは通常モノを見る時には、眼のレンズを急速に切り替えながら様々な状態で見ている。だからまなざしのレンズの「ズーム」、「フィルター」、「フォーカス」などの設定をこうしたワークショップによって変更すると、私たちが見る風景は大きく変わる。

こうした私たちの眼のレンズは「意識」が引き金になっている。身の回りを見る時の意識は、ズームレンズのように対象物に寄ったり引いたりすることで、フレームの中に入るものを変える。何かをじっと見つめている時は望遠レンズのように、対象物にズームしていき、意識のフォーカスがその対象物に合わされる。意識がフォーカスすることで視覚的なピントが合ってくる。さらに同じものを見つめていたとしても、意識のフィルターが変わればその対象物のトーンが変わる。時には一気に全体を引いて眺めると、ワイドレンズのようになる。

眼と意識というのは密接な関係があり、意識が変われば、見えるものも変わり始める。また同時に見えているものが変われば意識も変わり始める。まなざしは視覚と意識の両方でできており、一方の設定を変えればもう一方の設定についても自動調整し始めるのである。

まなざしのデザインの可能性

このように、まなざしのデザインは必ずしも何かモノをつくる必要はない。風景は場所や物体だけでできているわけではなく、その半分は私たちのモノの見方である。だから、モノの見方を変えれば風景を変えることが可能となる。

環境に対する新しい眺め方を具体的に創造することがまなざしのデザインの入口ともいえる。眺め方さえ共有できれば、これまでのデザインのように手先の器用さや、特殊な技術などは一切必要ない。正しい答えがあるわけではなく、様々な方法がありうるだろう。そしてその方法は、一度開発されれば他の人でも使うことができるのである。

その方法を考えるうえでの基本的なフレームワークについては、これから本書の中で述べていくが、これを応用すると様々なものに役立てられる。普段全く価値がないと思っていた場所やものの新しい使い方を発見することなどにも活用できる。あるいは何かの商品開発や企画のアイデアなどで行き詰まった時にも、役立てられるかもしれない。新しい技術や素材、システムなどを、サービスに変えるためのイノベーションにも使える。

また、まなざしのデザインは、具体的な方法であるが、もう一方で創造的に思考するためのプロセスでもある。だからうまく使えば創造性の開発や教育、人材育成としても活用できるかもしれない。そしてこの考え方を応用すれば、固定化した人間関係を組み替えることにも役立てられる可能性もある。

なぜここまで応用範囲が広いかというと、私たちが生産するすべては、人間が何をどのように見つめるのかというモノの見方からやってくるからである。様々な角度から見方を自由で柔軟にデザインできる感性が、創造性の正体であり、それは訓練したり応用したりすることで、あらゆる物事の価値を変えていくきっかけになる。

これまでの社会は、モノを生みだすことで価値をつくってきた。しかし今では産業やものづくり、まちづくりなどの領域ですら、モノをつくることから価値そのモノを生みだすことへと課題がシフトし始めている。二一世紀の世界は、すでにモノに溢れており、モノを生みだすことが必ずしも価値へと結びつくとは限らないのだ。今世紀をリードする「情報」がものではないように、これからはモノを介さずにダイレクトに価値へアプローチする方法がますます模索されるであろう。そのような中で、世界の見方をデザインすることは、重要な意味を持つと言える。

本書で試みるのは、私たちのモノの見方を自由にするための方法と可能性である。私たちが世界に不自由さを感じるのであれば、それは私たちのまなざしが不自由であるからだ。困難な状況ほど、これまで無意識にはめていた枠を様々な方法で動かし、固定化したモノの見方を解放することが大切である。そうやって創造的に世界を見つめるための「まなざしのデザイン」の可能性を考えていきたい。

第2章　眼をあざむく

現実をそのまま見ているわけではない

"見る"ということは、実は私たちが考えている以上に複雑なことである。私たちは自分が一体何を見ているのか、意外とちゃんと把握していない。そもそも私たちが何かを見ているということが、現実をそのまま見ているのかどうか極めて怪しいものである。

まなざしは簡単に騙される。それを理解するには、「錯視」という現象を経験することが一番分かりやすい。錯視とは、眼球には全く異常がないにもかかわらず実際とは異なるように見える錯覚の一種である。錯視の代表例は、「錯視図形」と呼ばれる図形である。

例えば2-1は、太くなっている線分は同じ長さにもかかわらず、長さが異なるように見える。これは「ポンゾ錯視」と呼ばれる有名な図形であるが、このような私たちのまなざしを混乱させるような錯視図形は昔から随分と研究されており、膨大な事例がある。いくつか異なるタイプの代表的な錯視図形を見ながら、いかに私たちのまなざしが嘘つきであるのかを確認してみたい。

2-2はジェームス・フレーザーの「フレーザーの渦巻き錯視」と呼ばれる錯視図形である。一見すると螺旋を描いているように見える。しかしちゃんと指でなぞってみると、実はこれらは同心円であることが分かる。普段私たちが目で捉える形は、いかにあてにならないものかがよく分かる。

形だけではなく色でも同じような錯視が起こる。2-3はエドワード・H・アデルソンが発見した有名な錯視の事例であり、「チェッカーシャドウ錯視」と呼ばれている。床のマス目のＡの部分の色と、円筒の陰になっているＢの部分を比べると、どう考えてもＢの方が明るい色に見えるだろう。この二つのマスが実は同じ色であると聞かされたとしても、私たちはその事実を受け入れがたい。

長さや色だけではなく、静止しているものが動いて見えたり、ないはずのものが現れて見えたりするような錯視も私たちは経験する。2-4は日本の錯視研究の第一人者である北岡明佳先生による「フレーザー・ウィルコックス錯視」の図形であるが、実際には止まっているはずなのに、私たちには回転しているように見える。このように錯視図形には様々な種類があり、主に心理学領域において研究も進んでいる。[1]

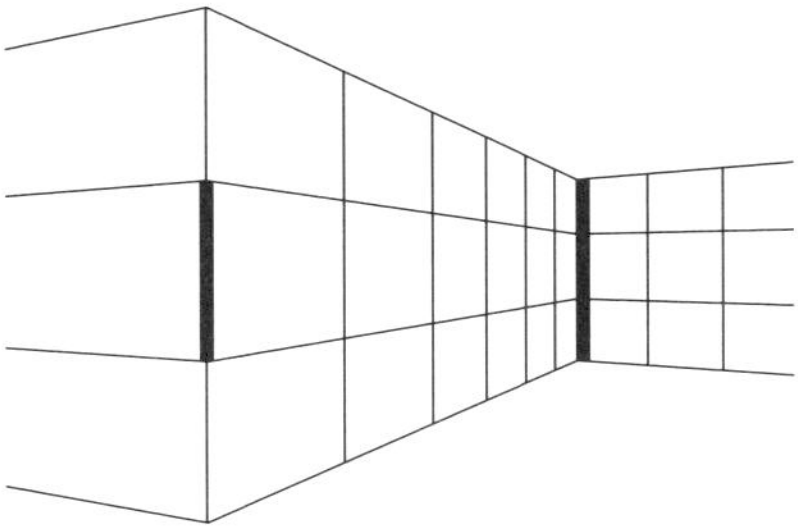
2-1

2-2

2-3

2-4

こうした錯視は平面的な図形の中にだけ見られるわけではない。日常空間においても私たちは錯視を普通に体験しており、それに気づかずに身の周りを見ていることも多い。例えば**2-5**は香川県高松市の屋島ドライブウェイにある「おばけ坂」として有名な場所である。写真を見ると手前が下り坂で、奥が上り坂のように見えるが、実際には手前も上り坂である。現地でも同様に見えるが、実際に訪れて確かめたとしても、にわかには信じがたい景色である。

また夜空に昇る月を見る時も私たちは錯視を起こす。経験的に理解できると思うが月が低い位置にある時と、高い位置にある時では大きさが異なって見える。これは「月の錯視」として古くから知られた現象である。これが幻であることは理解しているが何度経験しても不思議な風景である。

錯視がなぜ起こるのかには様々な仮説があるが、未だにその原因は解明されていない。というのも錯視の原因は錯視の数だけあると言われており、一概にその原因を説明することは難しいからである。しかしそれらに共通しているのは、私たちが何かを見る時に、目で捉えた眺めを脳が勝手に補正して認識することである。

こうした錯視の事例が何を教えてくれるのかというと、私たちのまなざしは世界をニュートラルに知覚するようにできていないという事実である。もちろん程度の差はあるが、私たちが何かを見る時は、自分の都合に合わせるように世界を歪めて見ている。そうやって何かのバイアスがかかった状態で見ているにもか

2-5

かわらず、私たちはそれを現実だと信じて疑わないのである。

風景の半分は想像力である

現実を歪めて捉えてしまう大きな理由に、私たちがものを見る時には、「眼」の働きだけではなく、「心」が働くからである。心理学では、見るプロセスを「知覚」と「認知」の二つとして捉えている。[2]「知覚」とは眼の場合は視覚であり、主に眼球の働きである。その他の五感においても耳や鼻や舌や肌の働きがあるが、これらの感覚器を通じて外の情報が入ってくるプロセスが知覚と呼ばれるものである。その一方で「認知」とは、主に心や脳がもたらす心理的な働きと考えてもいいだろう。眼や耳で知覚して捉えた情報を、脳の中で処理するプロセスである。この両方のプロセスがないと〝見る〟ということには至らない。

私たちが見るすべては、ひとまず光として眼から入ってくる。それは山や空であろうと、ビルや車であろうとその区別はなく、すべて光としてまとめて眼に飛び込み網膜に像を結ぶ。その像の情報は視神経を伝わって脳へ送られる。その情報が脳の中で記憶や感情とブレンドされ、処理されたものを認識した時に、私たちは初めて「見る」ということを経験する。[3]

つまり私たちは何かを見る時に、純粋に眼から入る光を見ているわけではなく、同時に心のフィルターを通して見ているのである。だから視界には入っているが、それが見えていない時というのは、〝心が認知できていない〟状態である。錯視や錯覚とは、眼で捉えたものと、心が捉えたものの間にズレがある場合に起こる。

私たちが見る風景というのは、むしろこの心のフィルターの方が強く影響する。だから全く同じ場所であっても、どのような想像力を込めるのかによって、まるで違った風景に見えることがある。例えば子供の時に見た場所を大人になってからもう一度訪れると、同じ場所であってもまるで異なる風景のように感じる。その場所に対して抱いていたイメージが強い時ほど、実際にそこに立ってみた時に、記憶との落差が意識される。

この心の中の風景というのは、実は視覚以上に本質的であるのかもしれない。なぜなら私たちは眠っている時でも「夢」という風景を見るからである。夢は視覚的な光のインプットは全くなく、心の中の情報だけで見ている風景である。そして夢を見ている時にはそこに広がる風景を、私たちは確かな現実だと思い込んでいる。

目が覚めた時に、今まで見ていた風景が夢であったことに私たちはようやく気づくが、夢から覚めるまではそれが現実かどうかは分からないことが多い。そしてその感覚を延長していくと、夢から覚めた現実でさえも、本当の現実かどうかの確信を持つことは実は難しい。夢か現実かを確かめる方法は、それを抜けだした状態になるまでは、本来は分からないからだ。

つまり私たちは現実の風景を見ていると思っているが、その風景の半分は想像でできている。だから想像が変われば風景も当然変わるのである。この事実は当たり前すぎるため、普段改めて考えることはないのだが、実は人間にとって本質的な問題である。私たちのまなざしは「肉眼」だけでできているのではなく、「心眼」と分かちがたいのだ。

眼で見るのか心で見るのか

私たちは最初に何かを「見て」からそれを心が認識するのか。それとも心が認識できないものは、そもそも最初から「見る」ことができないのか。その区別はなかなか難しい問題である。錯視図形の例は、私たちの眼が捉えたものが、心が認識するものとは異なる場合があることを教えてくれる。しかしその逆に、私たちの心が認識するものによって、眼に見えるものが変わる場合もある。

2-6

例えば**2-6**はW・E・ヒルによる「妻とその義母」という有名な絵である。これは若い女性の横顔として見ることもできるが、少し見方を変えると老婆の顔が現れる。見る人の関心や持っている情報、知識や経験、その時の状態などによって、絵の中の違った部分がピックアップされるのである。

2-7はアメリカのとある大学の心理実験で使われた「ラットマン」という有名な多義図形である。右端の図形は上段と下段とで同じものである。しかし上段のように人間の顔の中に並べれば、メガネをかけた男性の顔に見えるが、下段のように動物の中に並べるとネズミに見える。同じ図形であっても文脈や意味が異なれば違ったものとして私たちは捉えてしまうのである。

こうしただまし絵は一般的には「多義図形」と呼ばれている。この多義図形は先ほどの錯視図形とは少し異なる性質を持っている。錯視図形は私たちの眼球の働きに作用して、心が認識するものが変わるように図形がデザインされている。しかし多義図形はその逆のプロセスを辿る。つまり文脈や意味や心の中の想像力によって、眼に映る像が変わるように図形がデザインされているのである。

このように私たちのまなざしが嘘つきであることは心理学では古くから研究されているが、眼と心との関係は、まなざしのデザインを考える上でも非常に興味深いテーマである。私たちの眼が「知覚」するものは、心に抱いている文脈や意味

2-7

という「認知」の枠組みが決めている。そうした何かを見る際の認知の枠組みのことを、認知心理学ではスキーマと呼ぶが、このスキーマが変わると環境の中からピックアップするものが変わるのである。

これらから分かることは、私たちは最初からすべてを見ているわけではないという事実である。眼に飛び込んできた中で、必要な情報は認識される。そして不必要な情報は目に入ったとしても認識されることなく通り過ぎていく。脳科学的には「脳幹網様体賦活系」と呼ばれる脳神経の一部がそれを担うとされている。[4] この神経が外の環境から入ってくる情報の必要と不必要を判断して、必要な情報だけを脳に送る働きを行うのだ。つまり私たちが見ている風景は、脳が必要に応じて環境の一部を選択した結果であると言える。だから私たちのまなざしは眼よりも、心の方が決定権を握っていると言ってもいいかもしれない。

そうであれば、錯視図形のように肉眼に働きかけることだけがまなざしのデザインではない。多義図形のように文脈や意味を取り替えることで、心の状態を変える方法も検討の対象になる。物理的なアプローチだけではなく心理的なアプローチによって、眼に見えるものを変えることが可能なはずである。

ジャメヴュの風景

脳や心は複雑な構造を持っている。それゆえに、非常に興味深いことなのだが、私たちは自分が経験していない風景を時々見ることがある。例えば、「実際には一度も見たことがないのに、すでにどこかで見て知っているような感覚」を覚えるような時である。そういう感覚をフランス語では「デジャヴュ（DÉJÀ-VU）」と言い、日本語では「既視感」と呼ばれている。私たちが時々見るデジャヴュの風景や記憶違いは、私たちが見る風景がいかに脳や心の状態と関係する不安定なものであるのかを示している。

実はこのデジャヴュには反対語がある。つまり「すでに知っているものにも関わらず、初めて見るもののように感じられること」である。それを同じくフランス語では「ジャメヴュ（JAMAIS-VU）」と言う。日本語では「未視感」というように訳されることもある。[5]

実はこのジャメヴュはそんなに珍しいことではなく、私たちが日常的に実感していることだ。日々の生活を思い返してみるとジャメヴュが起こっている瞬間はよくある。昼間通った道が、夜の帰り道になるとなぜか不気味に見える時。いつも手にする馴染みのペンが急に目新しいものに見える時。同じ文字を繰り返し書きつづけていると、文字の意味ではなく奇妙な形が気になり始める時。海外旅行に出た後の、久しぶりの帰り道に自分のホームタウンが前と違って見える時。巨大ザメの映画を見た後、見慣れたはずの海へ入るのを躊躇する時。そんな時に私たちはジャメヴュを体験していると言えるだろう。

むしろ風景はジャメヴュすることで生まれるというのが実は本質的なのである。毎日のように接していてよく知っているものにもかかわらず、それがある日突然知らない表情を見せる時。そのジャメヴュの瞬間に、これまでの馴染んでいた現実には裂け目が入り、新しい風景が姿を現す。それはある意味では不気味であり、”ゾッとする“瞬間でもある。

通常ジャメヴュは、私たちが意図的に起こすものではなく、何かのきっかけで突然私たちの中で起こる感覚だ。足を骨折して車椅子で生活している時は、いつもの街はジャメヴュを起こしている。小さい頃によく遊んでいた空き地が開発されてビルが建つことでジャメヴュを覚えることもあるだろう。震災のような自然現象によって、根こそぎ壊滅した街を見た時に起こる強烈なジャメヴュもある。

これらはすべて自分と環境との関係性が変化したことによって起こる認識の更新であり、様々なレベルで日常的に起こっていると言える。しかしそれはいつ起こるのか分からない不安定なものであるし、そのジャメヴュの程度も大きすぎれば、精神的に危険な状態になることがある。

しかし一方でジャメヴュは、これまでちゃんと見ていなかったものを再発見する機会になる。新しい見方を手に入れる条件であり、それを通じて当たり前としていたものの意味を考えることができる。それは自らの状態を発見するきっかけでもあり、自分を取り巻く世界を豊かにしていくことにもつながる。だからまなざしのデザインでは、意図的にこのジャメヴュを生みだすプロセスを経るのである。

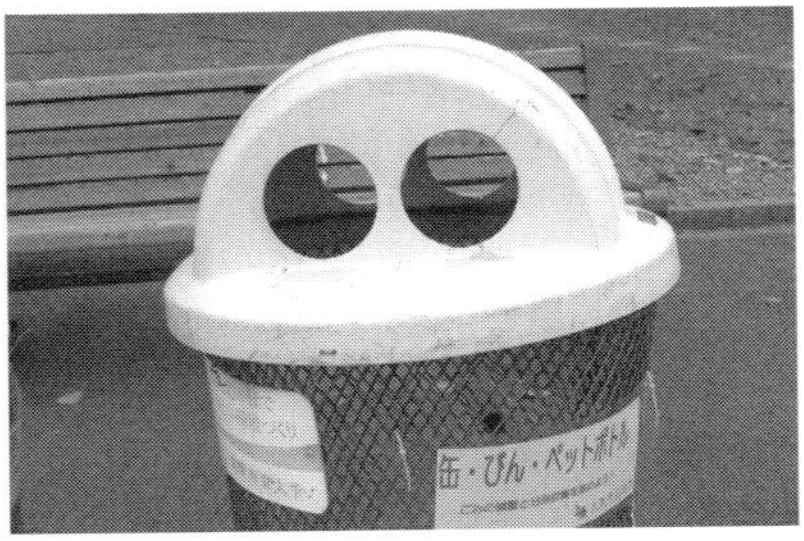

2-8

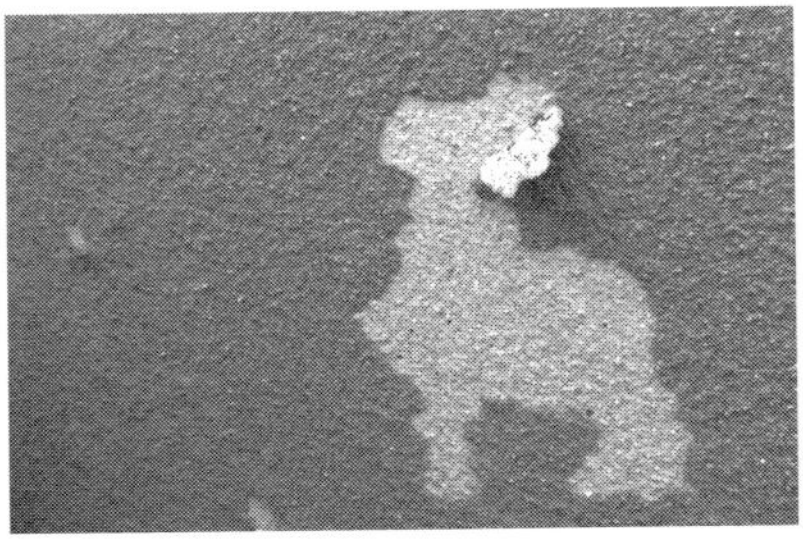
2-9

見方をクリエイトする

まなざしのデザインは、環境をクリエイトするのではなく、"環境の見方"をクリエイトする方法である。例えば第I章で紹介したワークショップでは、人形を使って具体的な環境の要素にフォーカスすることで、これまで見ていなかった風景へまなざしを向けるようにした。

しかし実は何を見るのかをこちらから指定しなくても、見る心の枠組みさえデザインできれば、これまで向けることのなかったものへ私たちのまなざしは向けられるのである。ここでは「見立百景」というワークショップを紹介したい。

このワークショップでは、「実際はAだけど、Bに見えるもの」を探して写真を撮影する。そしてその写真にタイトルをつけるというシンプルなミッションだけで行う。具体的に何を選ぶのかは参加者が自由に想像力を膨らませて決める。ちょっと難しいと思うかもしれないが、あちこちで試している限り、このワークショップの参加者は思いもよらないようなイメージを見つけてくることが多い。

2-10

2-11

まず単純な例で言えば2-8のように、実際には空き缶入れなのだが、その形に注目して「おばけ」というタイトルをつけている。これはかなり初級編で、誰でも簡単に想像ができるし、イメージの共有も簡単である。

しかし、もうちょっと高度になると、2-9のようになる。これは実際には単に壁の塗装が剝がれた状態なのだが、「誇らしげな羊」というタイトルをつけられると、ツンと澄ました羊が偉そうに立っているようにしか見えなくなるのではないだろうか。

2-10の「魔女集会」というのは大学生の作品だが、こちらも素晴らしい見立てである。パラソルが立ち並ぶ学生生協のカフェテリアの風景なのだが、どれが魔女か分かるだろうか。様々な魔女が集まっていて、中には今にも飛び立とうとしている者もいるように見える。

タイトルにつけられるのは言葉だけではない。2-11も大学の授業でこのワークショップをした時に学生が撮ってきた写真なのだが、タイトルに「(´A`)」という記号がつけられている。携帯電話などで使うような顔文字なのだが、講義室の椅子のジョイント部分の形状に顔のイメージが重ねられている。今まで椅子のこのジョイントを見つめることなどなかっただろうし、ましてやこんな見方をすることはなかったかもしれない。

　このように雲の形が顔に見えたり、しみの形が動物や虫に見えたりと、不定形の対象物が違ったものに見える現象は、心理学では「パレイドリア効果」と呼ばれている。[6] この「見立百景」というワークショップは、それを利用しており、人形や色など特定の要素に対して周波数を合わせるワークショップと比べると、もうちょっと高度になっている。なぜなら何をどのように見立てるのかはこちらから指定せずに、普段と違う見方だけを設定しているからだ。

　しかしその方が、参加者は自ら能動的に周囲にまなざしを向け始め、積極的に想像力を重ね合わせるようになる。そしてその人が込めた想像を他の人とシェアすることで、私たちも同じ風景を体験できる。見方の枠組みを限定したり指定することは、その枠の中でモノの見方を自由にすることでもある。そうなると見る人のイマジネーションが解放されるきっかけとなる。

読み手の創造性

　この「見立て」は日本庭園をつくる時の技法の一つである。見立ては日本文化における独特なモノの見方で、庭だけではなく芸能や文学などジャンルを問わずにあらゆる局面で出てくる。日本文化には、言葉や対象物を固定したイメージとして捉えずに、動きや弾力や伸び縮みのあるものとして捉える特徴があるが、見立てはそうした柔軟なまなざしを生みだす技法の一つだと言える。[7]

しかしその見立てが成立するためには、庭を見る人が、その見立てについての知識や見方を知っている必要がある。それがなんの見立てであるのかが理解されないと見立てが共有されないからだ。だから通常、見立てには、表現する者と鑑賞する者との間で、互いに了解されている知識や経験があることが前提になっている。

そうした見立ての共同性があるような場は「座」と呼ばれる。特に歌舞伎や連歌のように、歌を詠んだり演じたりする人と、それを聞いたり見たりする人が、その場で直接的なコミュニケーションをする場合には、この「座」が成立することが重要である。一方で庭のような空間芸術の場合は、つくった人とそれを見る人が同じ場にいないことがあり、座や見立てが必ずしも成立しないこともある。

実際に私たちを取り巻いている環境は、庭のようにつくり手が意図を込めて表現しているものばかりではない。もちろん計画的にデザインされている場合もあるが、山などの自然の眺めや、自然発生的に生まれた都市空間のような場所では、様々な要素が偶然に組み合わさって生まれた眺めもたくさんあるのだ。そうしたつくり手のいない眺めの方が、読み手のクリエイティビティが発揮される。そこに正解があるわけではなく、読み手が想像力を広げるだけで様々な風景が見えてくる。

この見立てのワークショップでも、環境のつくり手は存在せず、その環境の読み手しかいない。つくり手のイメージとの答え合わせもなく、読み手同士の想像力をどのように共有するかが試されている。だから読み手自身の創造性が鍵になる。

創造性は「手」に宿っているのではなく、私たちの「目」に宿っている。絵描きもカンヴァスに向かって筆を握る前に、描こうとする対象物を丁寧に観察しているのである。私たちも、たとえ手先が器用でなくても、その見る方法は訓練によって誰でも身につけられると私は考えている。クリエイティブな見方を手に入れるためには、そうした観察と同時に、自分の想像力の外側の世界を知ることである。そのために誰かが想像することを知ることが、自分の想像力の範囲を広げてくれるきっかけとなる。他者の創造性を共有することは、私たちの見方を創造的にするのである。

第3章 幻覚を見やぶる

大人の目

私たちは大人になればなるほどの見方が凝り固まっていく。小さい頃は、誰もが目の前の風景に対してもっと自由に様々な想像を重ねていたはずなのに、だんだんと社会の中に組み込まれることで、いつしか想像することをやめてしまう。いや、正確に言うとやめてしまったわけではない。むしろ想像力は子供の頃よりずっと強くなっている。

ただ私たち大人がする想像は決して自由ではない。それは常識や偏見、先入観といった別の想像に取って代わられただけだ。これらもすべて想像の産物にすぎないのだが、子供の頃に想像していたものと比べると随分と不自由で制限されている。そうした枠がはめられた中でずっと見ていると、いつしかその想像は現実そのものになる。つまり環境や出来事を、見たままにニュートラルに捉えられなくなることを意味している。

特に歳を取るほど、過去の経験や記憶にもとづいて目の前の物事を判断しがちになる。これまでそうであったことを根拠にして、今起きていることを眺め、そしてこれから起きようとすることを推し量るようになる。そうやって何度も同じ道を辿った想像力は、その方向性がおのずとクセづけされていくのだ。

子供はまだそういった想像力が方向づけされていない。特に五歳ぐらいまでの子供は、まだ過去の経験や記憶にそれほど蓄積がなく、初めて目にするものがほとんどである。だから私たち大人が想像するようには見えていない可能性がある。子供の絵が、つじつまが合わなかったり、バラバラの物事が入り交じった不思議な風景になるのは、私たちのように世界を見ていないからである。

大人は物事の原因と結果を考えるが、子供は自分の行動の結果がどうなるのか予測できない。物事の順序、組み立てや成り立ちがうまく捉えられず、因果関係で物事を捉えない。また他者の心の中を推測する「心の理論」と呼ばれるものもまだうまくできていない。[1] そのような中で発揮される自由な想像力は大勢の人々と共に生きていく社会の中では、少々不都合なことがある。

だから子供は成長と共に想像力の方向性が整えられていく。世界の成り立ちを知り、物事の因果や構造を学び、自分の振る舞いを客観的に眺めるようになっていく。そうやって、これまでしていた突拍子もない想像をやめて、大勢の人間が抱いている想像へと次第にチューニングしていくのである。

「いい歳をして、いつまでも夢想しているものではない」「常識を知りなさい」「なぜ他の人と同じように振る舞えないのだ」「後先を考えずに行動するな」、そうやって大人は子供たちの想像力の範囲をどんどん狭めていく。すると不思議なことに今度は目も変わっていくようになる。ある物事に対して、様々な角度から眺めることをやめて、まなざしを固定して眺めるようになる。そうなると立派な大人の目のできあがりである。

この大人の目は確かに私たちが社会生活をするうえで必要な能力であることは間違いない。しかし、これまで常識とされていたことが、次にも常識として通用するのかは分からないのが今の時代である。過去の常識にまなざしが固定されることが、かえって私たちを不自由にすることもあるだろう。私たち大人こそ実は極めて偏った想像力に根ざしていて、曇りガラスの向こうの風景を見ている可能性は大いにあるのだ。

トリックスターの役割

私たちが実は物事を正確に見ていないことは、前半の錯覚の事例からも十分に理解できただろう。そんな錯覚や幻想を得意とする人々がいる。それが芸術家《アーティスト》である。彼らは子供の目を持った大人と言ってもいいかもしれないが、その他の多くの大人たちとは見方が随分と異なっている。それは決して社会の中ではマジョリティには成りえない偏ったまなざしである。しかしその偏ったまなざしが、私たちの見方を変える大きなきっかけになることがある。

アーティストは、人間の知覚と認識に関して、その歴史を通じて壮大な実験を繰り広げてきた。そこには偉大な仕事が蓄積されているが、歴史の大半においてそうした仕事に正当な評価が下されてきたとは必ずしも言いがたい。それよりもむしろ彼らは奇人たちとして扱われてきたと言える。いわゆる常識が通じない変わり者。社会の約束事を守らない困った人。役に立たないことに熱意を傾ける変人。そんなアーティストは大人たちの目から見れば、まさに子供と同じように夢想ばかりする人々に映っているだろう。

しかし社会の大半の人々とは違う目を持ち、皆の常識とは異なることを想像しているこうした人々にも一定の役割がある。それは彼らのまなざしが私たちのまなざしを揺るがす力を持つことである。私たちがまことしやかに守っている社会の常識は、本当なのかと問いを突きつけてくる。それによって私たちは大きな夢から目を覚ますことがある。幻と現実を反転させる役割。それは裸の王様を指摘した子供と同じような目を持つ、ある種の危険な存在である。

良識ある大人の目を持たない人々は、アーティストだけではない。子供や旅人、村はずれに好んで住む風変わりな老人、これらはすべて私たちマジョリティが持っているルールを相対化する他者である。そんな他者のまなざしを持つ人々を文化人類学者の山口昌男は「トリックスター」と呼ぶ。[2] いわゆる大人の常識の外側にいる人々である。トランプで言うと、さしずめジョーカーといったところだろうか。

こうしたトリックスターは普段は役に立たない。子供のようにまるで生産性のないことばかりする。皆で協力して何かを生産しなければならないような社会の中では、和を乱す邪魔な存在かもしれない。しかしトリックスターが急にその存在感を示す時がある。それはこれまでの常識が通用せず、うまくいかなくなるような状況になった時だ。それはいわゆる時代の変わり目にやってくる。

自分のまなざしは曇っていて、実はこれまでの風景が幻なのではないかと感じる時。おかしいと思いながらも、皆がそう思っているから従わざるをえないと感じる時。誰もがそんな違和感を無意識に感じながらも、互いに確かめられずにいる時。まなざしを本当にデザインせねばならないのは、そんな時代である。そんな時に、人々の違和感をうまく導き、違う現実を描くトリックスターの存在が社会の中で機能するのである。

それまで役に立たないと思われていたトリックスターのモノの見方。その常識外れなまなざしは、私たちがどのように世界を見ているのかを浮き彫りにする。私たち大人の目が、いかに曇っていて、正確に物事を見ていないのかを相対化するのである。アーティストはそんなトリックスターの代表格であるが、まなざしのデザインを考えるうえで、より確信的に私たちのまなざしの特性を理解し、それを駆使して幻を導くトリックスターがいる。それは手品師《マジシャン》だ。

推論を裏切る

手品は錯覚を利用したエンターテインメントだ。マジシャンは私たちが見ている現実の風景を、一瞬にしてまるで違うものに変える。目の前でそれを確かに見ているにもかかわらず、起こった事実は受け入れがたい。机に置かれたコインは本物のコインだ。手に取って確かめたグラスにも怪しいところはどこにもない。しかしそれがマジシャンの手にかかると、一瞬にしてグラスの底をコインが通り抜ける。そして次の瞬間にはそのコインも手から消えてしまうのである。

彼らは物理的にコインやグラスの形を変えているわけではない。手から消えるコインも、本当にこの世からなくなってしまったわけではない。しかし消えてしまったとしか思えないのは、マジシャンが私たちのまなざしを巧みに誘導し編集するからである。こうしたマジシャンの技術の中に、まなざしのデザインの大きなヒントがある。その一部を探りながら、まなざしの本質について考えてみたい。

マジシャンは私たちのまなざしの特性を誰よりもよく知っている。その特性とは、私たちが物事を正確に見ずに、ある想像のもとで見ているということである。その特性があるからこそ、様々なトリックが成立するのである。世界を正確に見ていないという、眼の特性を彼らは巧みに利用する。

人間の眼はそれほど優秀ではない。解像度が高いのは視野の中心だけであり、風景にある要素の隅々まで視認できるほど網膜の細胞は数が多くない。私たちにはすべてが見えているわけではなく、風景のほんの一部しか眼には入ってこないのだ。それでも私たちが環境の全体像を把握しているのは、眼の性能の低さを脳が補っているからである。その時に必ず「推論」が行われる[3]。

推論とはすべてを見ていないにもかかわらず、その全体像や未来や過去、状況を想像する能力である。私たちは何かを見る時には、必ず"推測"し"予測"し"推論"をする特性がある。それは経験や知識が豊富であればあるほど通常は機能する。

例えば私たちが森の中で狩りをしているとしよう。茂みの向こうから何かの動物の白いツノが突き出ているのが見える。そのツノの形、そして地面に残っている足跡などを見る。そうした見えている情報と、頭の中に持っている知識や過去の記憶と照合することで、私たちは茂みの向こうに鹿がいることを推論する。

それは眼だけではなく、様々な感覚からのインプットで確信が強まる。茂みの奥ではガサガサと音が鳴っている。地面に落ちている糞はまだ柔らかく匂いがする。足跡の中には小さいものがあるので、おそらく小鹿も一緒にいるであろう。そうやって私たちは一部の情報しか見ていないにもかかわらず、茂みの向こうに鹿の親子がいることを推論するのだ。

その推論にもとづいて私たちは次に起こることを予測し、行動を決める。茂みに近づいて少し音を立てれば、きっと逃げてしまう。だからゆっくりと静かに近づかねばならない。優秀なハンターであれば、風上にいると鹿は匂いで気づくので、風下に回らないといけないことも推測するかもしれない。こうして様々な情報を頭の中で組み立てることで、まだ起こっていないことを予想する。

経験や知識があるほど推論の精度は上がっていく。少ない情報から様々な想像力を働かせる方が、モノの見方は豊かであると言えるし、実際には役に立つことが多い。そうした推論の天才が、シャーロック・ホームズのような探偵であり、もつれた紐を解くように物事を想像によって組み立てていく。

しかし一方で、こうした経験による推論が私たちの足をすくうこともある。推論はあくまで推論であり、それはちゃんと確かめられた現実ではない。だがそれを何度も経験していると、私たちはそれを確かめもせずに推論の状態で信じ込んでしまう。そうなるとまなざしが固定化するのだ。

こうした一部の情報から脳が全体像を推論するという特性をマジシャンは巧みに利用して、まなざしをデザインする。例えば、有名な「人体切断のマジック」である。マジシャンはステージの中央に置かれた等身大の箱の中に、アシスタントを入れる。そして箱から頭と足だけ出す格好でアシスタントは横たわる状態になる。その箱の真ん中の部分をおもむろに切断するので私たちはビックリするのだ。

このマジックは有名すぎるので、仕掛けを知っている人は多い。もちろん頭と足は別々の人のものであり、箱の中からそれぞれが頭と足を出している。しかしそれは箱のサイズや入った状況、靴と頭のバランスなどをうまく組み合わせることで、私たちは見えていない胴体まで想像してしまう。そこに見えている情報は頭と足という部分的なものだ。しかしその少ない情報から、私たちは身体の全体を想像し、推論する。その推論の特性を利用して、マジシャンはそれを裏切る現象を起こすのである。

私たちの眼は脳とセットで一つの視覚系になっており、それは必ず推論を伴う。部分的な視覚情報から全体像を推論し、時間的にまだ起こっていないことを予測する。このような脳が行う推論を巧みに利用してマジシャンは錯覚を仕掛けるのである。

認識のパターン化

また脳が一部の情報から全体像を推論するという特性には、近しいものを大体同じものとして見なす「パターン化」という認識もある。私たちは壁紙の模様の一部を見るだけで、一つ一つを眼で追いかけたわけでもないのに、全体にそれが広がっていることを認識する。同じパターンとして近似させているからだ。

実際の風景を見る時も同じである。山を見る時に、一つ一つの樹木をつぶさに見るのではなく、大体同じ緑のテクスチュアとして把握する。それは見る距離とも関係しているが、認識のパターン化はどの距離でも働いている。山からズームインしていき、一本の樹木に近づいていっても、今度は一枚一枚の葉をつぶさに見分けるのではなく、大体同じパターンとして認識する。

これも脳の推論能力の一つであり、近似という推論によって眼は詳細を見なくても環境の全体像を同じ情報パターンとして把握できる。もちろんそれは出来事でも同じだ。過去に経験した出来事と同じような出来事は近似したパターンとして捉えられる。初めて見るものであっても、それがペンであるとか、ノートであるとかを理解できるのはなぜか。それは過去に見たことのあるものや近しいものを、同じパターンとして認識するからである。ペンとかノートとかいう名付け自体も、そのパターンを強めることに一役買っている。言葉はある種のパターン認識を助けるのだ。

そうやってパターンとして把握することは一体何が便利なのだろうか。それは脳が情報処理に使うエネルギーを減らせることだ。すべての刺激に対して毎回新しく反応する必要があると、脳は膨大なコストを払う必要がある。だからそれを省エネにするために、全部の詳細を見ずにパターンとして把握するのだ。そのことで、私たちはすべてに注意を向けなくてもよい。ある程度の予測のもとで行動し、必要なものにだけ注意を向ければいいのである。もしこのパターン認識がなければ、私たちは毎回立ち止まって観察して考え込まねばならなくなるだろう。

しかしこうしたパターン認識にも盲点がある。それは先ほども触れたようにあくまで推論であり正確に確認した事実ではないということだ。だから脳はパターン認識をすることで情報処理を省エネにする代わりに、正確性を犠牲にしていると言える。さらにこうやって脳が行うパターン認識は、何度も繰り返されると、だ

3-1

んだんフォーマット化していく。過去に見たものと近似していれば、自動的にパターンとして処理するのである。もちろんマジシャンはその特性を思う存分利用して、私たちを幻覚《イリュージョン》の風景へと誘う。

例えば、読心術と予言を試してみよう。これはサイエンスライターのクリフォード・A・ピックオーバーがESP実験として自身のウェブサイトで掲載しているものを借りてきた。3-1に示した六枚のカードのうちの一枚を選んでほしい。どれでも構わないので、好きなものを一枚だけチョイスして、忘れないようにしっかりと記憶する。声に出したり、叫んでみてもいいかもしれない。そして一枚決めて覚えたら、次に下の眼のマークのどれでもいいので丸をつける。特に選んだカードの下のマークでなくても構わないので自由に選んでほしい。丸をつけ終わると、3-2を見てみよう。あなたが選んだカードを予想して事前に取り除いておいたので確認してほしい[4]。

私たちはパターンを認識することで、正確に物事を見なくなる。大きなパターンが崩れなければ、小さなパターンの変化には気づかないのである。そこが盲点となる。通常であれば起こるはずがないことが起こったように見えるのは、マジシャンによって、私たちのまなざしが編集されているからである。マジシャンが左手をこれみよがしに見せて視線を集めるのは、右手の変化には気づいてほしくないからである。そして今度は右手を見せる時には、左手で何か変化を起こしている。

そうやってマジシャンが見せたい情報へまなざしが向けられるように、私たちの視線は右から左へと誘導されていく。それは私たちの認識しているパターンを変えないように、あくまでまなざしを自然に誘導するのである。その一方の見えていない側で様々なトリックをすることで、結果として最後にパターンを急に崩すのだ。

これもすべて私たちが、物事をパターン化して認識している能力を持っていることに依存している。私たちは大きな変化や急激な変化には気づくが、小さな変化やゆっくりとした変化には気づかないのだ。細部を見ているわけではなく、大まかに世界を把握しているからである。

このパターン認識は、私たちが環境を把握する時には便利な能力である。そのおかげでいちいち考えたり観察したりするコストをかなり節約できる。しかし、ずっと同じパターンで物事を認識していると、今度はそれが当たり前になり、認識自体がパターン化していく。小さくて緩やかな変化が積み重なっていることに対して、まなざしが向かず盲目状態になってしまうのである。

そうなると今度は、意識や注意の向け方が一つの型《フォーマット》になってしまい、そこから抜けだせない状態になる。そしてまなざしがそのまま固定された状態で、物事の変化が積み重ねられ

3-2

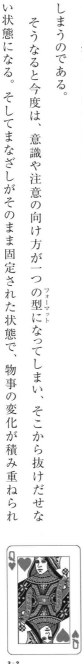

ていくと、ある時突然大きな変化になった時にパニックになるのだ。

目的が盲目にする

たとえ大きな変化が起こっていても、注意も向けていないと実は私たちは見ることができない。神経学者のダニエル・シモンズとクリストファー・チャブリスによる有名な心理実験は、私たちが現実をいかに見ていないかを教えてくれる[5]。

この実験では、被験者はバスケットボールをパスするビデオを見せられて、ある指示が与えられる。それは、二つに分かれたチームの一方、あるいは両方のチームがボールをパスした回数を数えるという指示である。ビデオ自体はそれほど長くはなく、三、四分程度である。被験者はパスの数を数えて、映像の終了後に答え合わせをする。

その後、被験者は何か変わったことはなかったかと尋ねられる。被験者の半数以上は、特に何もなかったとキョトンとするのだ。彼らはこの映像の中で起こっていた異変にはまるで気がついていない。その異変とは、バスケットボールしている人たちの中に、ゴリラの着ぐるみを着た人が乱入してきたのである。ゴリラは画面の中央に出てきてカメラに向かって胸を叩いて、また退場する。それだけ大きな変化が起こっているにもかかわらず、半数以上の人はその事実に気づくことがなかった。

眼球自体がゴリラを見ていないわけではない。眼の網膜はしっかりとゴリラを捉えているのだが、意識がそれを見ることをシャットアウトしているのだ。なぜならば、被験者はパスの数をカウントするという目的に意識が集中しているため、それ以外の情報に対しては意識から外されるのである。集中力が高いほど、周りが見えなくなる。だから実験でもパスの数の正答率が高い人ほど、ゴリラが見えないという割合が大きくなっている。

これは神経学者の中で、「非注意による見落とし」と呼ばれており、日常でも様々な局面で見られる。つまりある目的に集中することで、その目的に関係する情報以外は見えなくなる。[6] 目的が強いほど、そして難しいほど、他の情報に対しては見えなくなる可能性が高い。私たちは周囲の環境に対して等しくまなざしを向けているわけではない。その時の目的にとって必要な情報に私たちの眼は引き寄せられているのである。まなざしを集中させることは、逆にそれ以外には注意を払わないことでもある。待ち合わせ時間に遅れそうで急いで向かっている時は、信号機や道路の混み具合などに注意が向いている。その時には街の風景は見えず、早く向かうことに集中している。

この場合は一時的な目的だが、この目的がずっと固定されているとそれがより強くなる。単純作業のように目的や達成目標が分かりやすいほど、より集中度は上がる。例えば工場のベルトコンベアに流れてくる商品のラベル貼りという作業では、時間内にできるだけたくさん数をこなすことが目的となる。生産性を上げることに集中していると、それ以外のことには注意を払わなくなる。いつのまにかラベルが別のものに変わっていたり、商品が違っていても気づかずに貼りつづけるかもしれない。

何かの目的に集中している時にまなざしが固定される。そしてその目的が強烈であるほど、そして長く続いていて揺るぎないように見えることほど、それに目をうばわれる可能性は高まっているのだ。マジシャンはこうした非注意による見落としを巧みに利用して、私たちのまなざしを導く技術を持っている。

マジシャンの技術

マジシャンの技術というと手先にあるとイメージするかもしれない。確かに手先の器用さは、マジシャンには必要な能力であるが、それは本質的な部分ではないと私は考えている。では一体何が本質的な技術なのだろうか。

その答えは「注意の管理」である。私たちがどこにいつ注意を払うのかを、マジシャンはコントロールしているのである。マジシャンは私たちの「推論」や「パターン認識」、そして「非注意による見落とし」など、様々なまなざしの特性を熟知している。それを利用して、注意をどう管理し誘導するのかが、マジシャンの技術の本質である。その技術は総称して「ミスディレクション」と呼ばれることがある。

これは手の技術というよりも、まなざしを操る技術と呼んだ方がいいだろう。ミスディレクションとは、私たちのまなざしを、ある特定の時点で特定の場所へ向けさせるテクニックである。これによってマジシャンは私たちのまなざしを自由自在に管理して、自分が見せたい現象を生みだせるのである。

ミスディレクションのやり方は様々である。右手でコインを隠したい場合には、左手にまなざしを集める。一枚のカードをめくったと見せておいて、実は二枚めくっている。消したいものや出現させたいものを相手がいる角度から見えないようにする。これらの方法はそれぞれ違うように見えるが、すべて誤誘導《ミスディレクション》をしていると言える。

そのミスディレクションの方法にも大きく二つある。手品を神経科学から解き明かそうとするニューロマジックという領域を開拓した、スティーヴン・L・マクニックとスサナ・マルティネス・コンデという神経科学者のカップルは、ミスディレクションを二つに分類している[7]。

一つは「顕在的ミスディレクション」と呼ばれるもので、視線そのものの操作である。マジシャンは相手の視線を、手品の仕掛けからできるだけ遠ざけるために色んなことをする。これは相手のまなざしのフィジカルな状態に対して働きかけていると言える。大きく強い変化に対して人間はまなざしを向ける。だからまなざしを集中させたい場合には、できるだけはっきりと相手に見えるように視線を誘導するのである。そうすると、その反対側で起こっている小さなことは必ず見落としてしまう。これは見せたいところへまなざしを集めると同時に、隠したいものを隠す技術でもある。

もう一つは、より高度な技術で、「潜在的ミスディレクション」と彼らは呼んでいる。このミスディレクションでは、マジシャンは視線の方向を物理的に操作しているのではない。私たちはしっかりと視認しているが、そのトリックの意味に気づかないのだ。眼では見ているにもかかわらず、脳は何が起こっているのか認識できていない状態である。

その例として「消えるボールの錯覚」というマジックを取り上げている。マジシャンは右手に収まる小さなボールを真上の空中に放り投げ、落ちてきたボールを同じく右手で受け取る。二回目も同じようにボールを空中に放り投げ受け取るが、最後の三回目に放り投げた時に、ボールは空中で消えてしまう。観客は何が起こったのか分からずに驚くが、実は三回目はマジシャンが単にボールを放り投げずに、頭と視線だけでボールが空中に上がる軌跡を追いかけたのだ。視線とパターンの反復によって、私たちの眼の知覚ではなく、脳の認知にミスディレクションを仕掛けたのである。

あるいはその反対に、眼で見ていないにもかかわらず、脳が認識したという状態をつくる技術とも言える。例えばマジシャンが真鍮製のカップにコインを落とすシーンを思い浮かべてみる。右手に持っているコインを、左手に握っているカップの中に入れ、カップからチャリンと音が鳴る。そして取り出した右手からはコインが消えている。この一連の動作を見た観客の頭には推論が働いている。実際にはカップにコインが入っていることを確認していないにもかかわらず、カップの中にコインを落としたと信じ込むのだ。これは私たちの心理状態に対してミスディレクションをしていると言える。つまり私たちの眼の知覚ではなく、私たちの脳の認知の状態に働きかけているのである。

私たちのまなざしは眼の視覚と脳の意識の両方でできている。その物理的な視覚と心理的な認知に対してどちらか一方に、あるいは両方にマジシャンはミスディレクションを仕掛けることで、私たちの注意を様々な形で変えている。それを巧みに組み合わせることで、現実の風景が異なって見えてくる。こうした錯覚を利用するマジシャンの考え方や方法論が、私たちのモノの見方を変えるまなざしのデザインにとって大きなヒントとなるのである。

変化の操作

私たちの脳は様々な方法で、周囲から受け取る情報をコストカットしながら、大体の感じで周囲の物事を捉えている。だから大きな変化にはすぐに目が向いても、小さな変化には目が向きにくい。そして目が届いていないところで積み重なった小さな変化は、いつか大きな変化になっている。その大きな変化は確かに起こっていても、その変化に気づかなければ私たちは情報として受け取れないのである。

情報とは変化であり、変化を認識するから情報が生まれる。ずっと同じ状態のものは情報を生みださないのだ。白い壁にずっと目を向けていると、自分が見ているのか見ていないのか分からなくなる。ずっと肌に触れている腕時計は、次第に触れられている感覚が失われ、つけていることを忘れる。それが変化するからこそ、意識を向けることができるのである。

別の言い方をすれば、変化とは差異《コントラスト》である。第2章で取り上げた「チェッカーシャドウ錯視」では、そのマス目が明るいのか暗いのかは、隣接するマス目とのコントラストで判断される。同じ色であってもコントラストによって、受け取る情報が異なるのである。

これは空間的な変化であるが、時間的な変化もコントラストである。それは以前の状態と今の状態とのコントラストである。このコントラストが急激で差が大きいほど、私たちはまなざしを向ける。髪を切った時の変化は、前の状態とのコントラストが大きいのですぐに気づくが、髪が伸びていく変化はコントラストが小さく分かりにくい。だからある程度時間が経たないと気づかないのである。

マジシャンはこうしたコントラストを利用して錯覚を生みだす。つまり「注意の管理《マネジメント》」と同時に、「変化の操作《コントロール》」もしているのである。少しずつ何かを変化させているのであるが、その変化は目立たないように小さく抑えられている。それを自然に連続させて積み重ねていくことで、急激に大きな変化へと変える。そしてミスディレクションによって、その途中の変化の因果関係を見せずに、最初と最後だけにまなざしをつないで編集するので、私たちはいきなり変化したように見えて驚くのである。小さな変化を慎重に操作し、注意を管理しながらまなざしをデザインすることで、マジシャンは錯覚を生みだすのだ。

こうした錯覚は物事の因果関係を推測できる大人の目にしか通用しない。五歳以下の子供ではまだ物理法則や因果関係がよく分かっていないので、魔法がかかりにくいのである。まだまなざしが固定されていない子供には、高度で複雑なマジックほど逆に不思議には感じられない。大人は一つ一つの因果関係を理解しているからこそ、一つ一つのアクションには矛盾がないのに、結果として最初と最後の状態に矛盾があるから驚くのである。それは「常識とはこうである」という認識がないと成立しないのだ。

つまり私たちが見ている現実や常識は、もともとある種の錯覚だらけなのである。通常私たちが錯覚に陥るのは、物理的な現実と私たちの感覚との間にギャップが生まれた時である。しかし人間は最初から物事をニュートラルに見ているわけではなく、様々な知覚の落とし穴や、頭の中の想像力、そして私たちが抱く願望によって、最初からミスディレクションされた風景を見ている。特にある目的や意味などに集中している時は、ゴリラの実験のように、たとえ大きな変化が起こっていても見えないのである。

幻覚で幻覚をあばく

マジシャンは大きく二つの方法で私たちのまなざしをデザインして、幻覚の風景を見せる。一つは物や場所に、あらかじめタネやからくりを用意しておくという「仕掛け」。もう一つは物や場所には全く何も仕込んでいないが、マジシャンが手や言葉を使って私たちを誘導する「技術」である。この仕掛けと技術を多種多様に組み合わせて、マジシャンは目の前の風景を一瞬にして違うものにしてしまう。

これまで見てきたように、人間のまなざし、特に私たち大人の眼は子供以上に想像力が誘導された状態で世界を見ている。マジシャンはそれを逆手に取って、より不思議な現実へと私たちを連れていくのだ。私たちは実際に目にしたものしか信じないと言うが、見たものですらまるであてにならないという真実を、こうした手品は浮き彫りにする。もしマジシャンがするようなまなざしのデザインを悪用すれば、私たちはなすすべもなく様々なことを信じ込まされるだろう。

私たちのまなざしには、推論やパターン認識、非注意による見落としだけでなく、様々な想像力の誘導が最初から働いている。先入観や願望、暗示や記憶の書き換え、確率や因果関係への信頼など、様々な想像力が含まれ、私たちのまなざしは最初から曇っているのである。

世にある様々な詐欺や悪事、そして洗脳やマインドコントロール、情報の隠蔽や陰謀などは、まさにこうしたまなざしの特性を突いて秘密裏にデザインされることで行われる。私たちはそれに気づかずに、まことしやかなものを真実であると思い込んでいる場合も少なくはない。常識的な大人の眼を持っている人ほど、そして過去の経験や知識が豊富で、物事をニュートラルに見ていると思っている人ほど、盲点を突かれる可能性がある。

というより、社会はそれぞれの時代において常識という名の壮大な想像を共有している。そうすることでうまく治められていると言う方が真実かもしれない。仕掛けの有無にかかわらず、人は勝手に幻想を共有するのである。それがうまくいっている時は問題がないように見える。しかし状況が変化し、その幻想がほころび始めているのに、未だにまなざしがその幻想に固定されたままであると問題は深刻化していく。

嘘のように見える不都合な真実と、真実のように見える都合のよい嘘があった時、人は甘く優しい嘘の方を信じがちである。たとえ真実の姿が見えてきたとしても、それが都合の悪いものであれば私たちは真実の方を幻覚であるとして、まなざしを背ける。それが普段の生活の中で積み重なることで、私たちはマジシャンがいるわけでもないのに、勝手に錯覚をしてまなざしを固定化させていく。

そこから抜けだすためには、風景に時々変化を与える必要がある。まなざしをデザインすることで、あえて別の幻覚を上書きし想像力に変化を与える。私たちが持っている幻覚に対して、幻覚をもって現実をあばくこと。それによって想像力を広げ、現実は変化しうるものであることを見やぶるのである。

第4章　風景を解剖する

風景とは何か

「風景《ランドスケープ》」に話題を戻そう。「風景」という言葉が、日本の文学作品の中に現れ始めたのは明治二〇年代頃であると批評家の柄谷行人は述べている。しかし風景とよく似た言葉を探してみると、日本語では「景観」という言葉に行き当たる。その他にも”景色“や”情景“、”光景“などという言葉も似たような意味である。こういった言葉を私たちは何気なく使っているが、そこには一体どんな違いと共通点があるのだろうか。

これらに共通する漢字は「景」である。「景」という漢字を漢和辞典で調べてみると、最初に書かれている意味が”日の光“と”ひかげ“となっている。[1] 一つの漢字に光と影という正反対の意味があることも興味深いが、「景」の大まかな意味合いとしては「光によって見えるもの」と理解できる。漢字の構造を見ても、都を指す「京」の上に太陽を指す「日」が置かれている。

この「景」という漢字の前後にくっつく字によって単語のニュアンスは変化する。風景は「景」の前に「風」がつけられている。この風は”目に見えないもの“、つまり心の中を表している。和風とか洋風とか言う時に使う「〇〇風」というあれである。だから風景とは、光によって見えるものに対して、心の中に生まれる印象の方へ重きが置かれた言葉であると言える。

ある場所に対する印象や感覚は非常に個人的なものであり、ある人にとって美しい場所でも、ある人は醜いと思うこともある。風景は個人の美意識や意味と深く関わっており、主観的な価値観を問題にしている。

そしてそれは見えないために外から客観的に判断することは難しい。だから科学ではなく美学の範疇で語られることが多いのだ[2]。

それに対して「景」の後に、"見る"ことを意味する「観」がつけられた景観は、もともと地理学の用語として生まれた。地理学では当初、"岩場の景観"や"水面の景観"というように、ある一定のまとまった性質を持つ土地の地表面の眺めを指して使われていた。こちらはどちらかと言えば"目に見えるもの"を中心にした言葉であると考えられる[3]。

景観では見えているものが中心であるため、個人の主観では変わらないような視覚的な要素を重視する傾向がある。見えるものを物理的に計測し、客観的に価値を分析する。それは見えないものを含む風景ほど不安定ではないため、科学的な言葉として使われることが多い[4]。

いずれにせよ、この両者に共通しているのは、どちらも単なる土地の状態だけではなく、その土地に対する人々のまなざしが問題にされていることである。つまり、眺められる「景」すなわち「客体」の状態だけではなく、眺めている「観」や「風」といった「主体」のまなざしもまたその条件となるのだ。

だから風景とは私たちがいるすべての場所に見え隠れしていると言える。あらゆるものが風景になりうるし、その時によって風景と呼ばれるものは姿を変える。どこに風景が現れるのかは、私たちが世界のどこに、どのようなまなざしを向けるのかが鍵になっている。つまるところ風景とは世界のことであり、世界とは私たちのまなざしが捉える風景のことである。

この章ではそんな風景の正体を明らかにすることで、私たちはまなざしをデザインするためにどのようなアプローチが可能なのかの手がかりをつかむことを試みる。風景を解剖して要素を整理することによって、風景がどのようなものから構成されているのかを分析してみたい。

風景とはあらゆるものの形

ここに《浪花百景》という美しい浮世絵図がある。この絵図は江戸時代末期の安政年間（一八五四－一八六〇年）に描かれたものである。当時の水の都であった大坂三郷の名所が、美しい版画の形で一〇〇カ所取り上げられている。このような、風景《ランドスケープ》が描かれたものを名所絵図と呼ぶが、名所絵図に何が描かれているのかを分析することで、風景にはどのような要素があり、私たちがそれをどのように見ているのかが分かるはずである。この浪花百景を解剖しながら、風景の要素を見てみよう。

まず名所として最もよく描かれているのは、《天保山》（4-1）という絵図に見られるような山や海や林など自然の要素だ。この絵図は江戸時代に描かれているため、自然を中心に名所の風景が描かれている。風景と聞いて私たちが最初にイメージするのは、おそらく自然だ。この地球上にある限りどんな場所であっても、山や谷や平地のような地形や、空や海という大きな自然の眺めが風景には現れる。だからこうした「自然物」

は私たちを取り巻く最も大きな要素であり、風景の大きな下地をつくっていると言える。

大きな山や海、そして空などの気候風土は、現在の人間の技術で生みだすのは難しい。しかしもう少しスケールの小さな自然物になれば、人の手である程度生みだして管理することができる。その証拠に空と海を除いて、この浪花百景に描かれているほぼすべてのものは、人間が新たにつくった土地の上にある。

江戸時代になるまで大半が海だった大阪では、もともとの土地があったのは現在の大阪城から四天王寺を経て住吉大社に至る上町台地だけだった。それ以外はすべて江戸期の新地開発の時に堀を削って、周りを埋め立ててつくった土地だ。だから大阪の樹木のほとんどは自然に生えていたものではなく、人の手で植えられ、計画されて配置されている。大阪港に注ぎ込んでいる新淀川も、川幅八〇〇m、長さ七㎞に及ぶが、オランダの土木技師によって設計《デザイン》されたものなのだ。[5]

このように人は土木技術によって埋め立て地や干拓地、渚をつくることで、海岸線の形を変えてきた。それだけでなく、植林技術によって山の植生を丸ごと変えてきたし、里山も人間が管理することでできた自然だ。また農業や造園は古くから自然物を操作する技術として知られている。そう考えると、こうした自然は人の手でデザインされてきたものであると言える。

しかし厳密に言えば、人がしてきたのは自然物の”加工“であり、大元の自然物そのものを無から”創造“するのは難しい。あくまで人間ができることは、自然をコントロールして形を導くことであり、自然物そのものの形は自然の摂理が決めていると言える。

一方で絵図に描かれているものには、自然ではない要素も当然ある。「四天王寺伽藍」（4-2）には、五重塔のような大きな構造物が描かれているが、このような建物や道路や橋などの「人工物」も私たちの眺めには入ってくる。特に都市では、その眺めの中心は人工物である。

自然物は必ずしも人の手でつくらなくても生まれてくることに対して、都市にあるものはすべて人間が自らつくったものである。この絵図が描かれた江戸時代は、人工物と自然物の割合がうまくバランスした姿であるが、私たちが今住んでいる現代の都市は、そのほとんどがコンクリートやアスファルトなどの人工物で埋め尽くされている。だから都市とは人工物でできた場所なのである。

つまり極論をすると、この地球上で私たちが目にするのは、自然物と人工物という二種類の「物体《モノ》」の形しかない。樹木や草花や岩や山といった自然物の形は神の摂理が生みだす。そしてビルや橋や椅子やペンといった人工物の形は人の論理で生まれる。つまり風景とはあらゆるモノの形であり、この二種類の物体が様々な密度で交じり合った形を私たちは眺めていると言える。こうした物体は風景のハードウェアであり、通常はデザインというと、こうした眺められるモノの形をつくることを指している。

人は風景の一部

では私たちはこうした物体だけを眺めているのだろうか。世界はモノだけでできているのではなく、他にも様々な要素がある。中でも私たちが眺める対象として最も身近となる要素は人間である。人が大勢集まる都市部では、人間の身体は必ず視界のどこかに入る。しかし人間という物体は、自然物なのか人工物なのか、どちらだろうか。そもそもそういう分類に当てはめるのにも違和感がある。

人が最も関心を持って眺めるのは人である。人の振る舞いやたたずまいは、私たちが目を向ける対象となる。どんな人々がどのような格好《ファッション》でそこにいるのか。そしてその人々はどのような行為をしているのか。そうした人々の活動《アクティヴィティ》というのは、その場所の眺めを特徴づけている。

例えばこの《三井呉服店》(4-3)という絵図を見てみよう。ここには街並みと人々の賑わいが描かれている。人々が往来する通りに向かって、呉服店が商いをしている様子が名所になっているのである。ここには確かに呉服店の建物や、その前の街路が描かれている。しかし絵図が焦点を当てているのは、そこで繰り広げられている人の振る舞いや、そこで起こるコミュニケーションである。

この呉服店の店員はこの場所でずっと商いをしていて、歩いている人々を呼び込んでは話をしている。笑ったり、交渉したり、時には口論になることもあるかもしれない。そんな人々の様子そのものが名所の眺めとして取り上げられている。つまりここでは人々が日常的に行う「営み」が、眺められる中心的な要素になっている。

もちろん日常的な営みの様子だけが眺められる対象ではない。一時的に起こるなんらかの「出来事」も眺められる対象になる。むしろどちらかと言えば、そうした非日常的な出来事の方が風景になりやすい。例えば《今宮蛭子宮》(4-4)という絵図には人が大勢群がっている十日戎《えびす》の様子が描かれている。

この十日戎というのは、西日本で行われる年頭の祭礼である。七福神の恵比寿神を祀った神社で一月九日から二日まで行われるが、この三日間に毎年約一〇〇万人もの参詣客が大阪市の今宮戎神社を訪れる。[6] その時には普段は静かで落ち着いた雰囲気の境内も、活気と喧騒にまみれ混沌とした様相に一変する。神社の門や参道といった、場所の設えの様子はそれほど変わっていない。しかし人の密度が変わり、振る舞いも変わると、それはもはや違った風景と言ってもよいだろう。

一時的なイベントというのは、場所の印象を大きく変える。普段は車道として利用している場所でマラソンが行われる。駐車場として使われている場所でバザーが行われる。道路の片隅でパフォーマンスが行われる。このようなイベントは、場所の物理的な形を変えるのではなく、風景のソフトウェアを取り替える。場所の利用方法が変わるだけで、場所の印象は大きく変わるのである。

最近の「まちづくり」では、こうしたイベントを行うことも多い。もともとは建物や道路をつくるハードの整備を指していたまちづくりだが、建設が一通り落ち着いた今の時代では、こうしたイベントのデザインや、人々の営みや暮らしの形を設計するソフトの整備の方向へと移行している。

私はこうした「営み」や「出来事」といった人々の織りなす風景のことを、もう少し範囲を広げて「状況《コト》」

と呼んでいる。なぜなら、意図的に整備されたものだけではないハプニングやアクシデントも眺められる要素になるからである。

例えばいつも通る見慣れた道で交通事故が起こる。パトカーが群がり、救急車がやってきて、何人もの警察官が現場検証を行う。そうすると普段は誰も立ち止まらないような狭い歩道に見物人がたくさん群がる。あるいは火事が起こって、ごうごうと音が鳴り夜空が赤く染まる。そうすると、近所の人々が野次馬として大勢集まってくる状況が生まれる。予期せぬアクシデントほど、人々の雰囲気やたたずまいをいつもとは違う状態に変える。その人々の状況の変化が、その場所にまるで違った風景を生みだすのである。

つまり風景にとって、人々が繰り広げる状況は大きな影響を与える要素となる。それは人々が日常的に行っている「営み」であっても、普段とは異なる特殊な「出来事」であってもよい。その場所で人々が繰り広げる「状況《コト》」は眺められる対象となるのである。

形のない風景

以上に見てきたように、風景には、ある場所の自然物や人工物といった「物体《モノ》」と、人々がその場で繰り広げる「状況《コト》」があると言えそうである。しかし果たしてそれで全部なのだろうか。物体《ハード》とも状況《ソフト》とも呼べないような要素、目に見えない微妙な条件が影響することで、眺めの中に現れたり消えたりする要素があるように思える。

例えば、《道頓堀太左衛門橋雨中》(4-5)という絵図を見てみる。これには大阪の道頓堀にある太左衛門橋のかつての様子が描かれている。この絵図には、わざわざ土砂降りの雨の日が選ばれて表現されていることが分かるだろうか。豪雨の時には気圧が低く、光は弱く、轟音が鳴り響き、冷たい空気が満ちている。同じ場所であっても、気持ちよく晴れた日と、このような雨の日では全く異なる風景になっている。つまり「天候」や「気象」はその場所の印象にかなり大きな影響を与えている。

特に太陽の「光」の状態は印象を大きく変える。同じ場所であっても昼間の太陽の光のもとで見るのと、夜の月明かりで見るのとではまるで違った印象になる。光の強さや色、そして差し込む光の方向と影の角度は風景の姿を大きく変える。

「空気」の状態も重要だ。空気は目に見えないが、その動きを肌で感じることができる。台風のように激しく吹き荒れる空気の状態と、静かに止まっている時では肌で感じる印象は大きく異なるだろう。空気の状態によって、耳で捉える音も様々に印象を変化させる。

また空気中に含まれている「水分」は場所に大きな変化を与える。水分は湿度が上がると雨になり、温度が下がれば雪や氷になる。一滴ずつは小さくて見えない空気中の水分も、集まれば雲や霧になる。普段は見えないが、ある条件が整えばそれは急に姿を現し、場所の印象を大きく変えるのである。

こういった「光」「水分」「空気」は静止した物体《モノ》でも、人が起こす状況《コト》でもない。しかし風景の様子に影響を及ぼす第三の要素だと言える。こうした目に見えない要素は現れては消えながら移ろっていく。それは静止した空間に時折やってきて、一時的に変化を与えるのである。

それをもっと長い時間見つめると、より大きな風景の変化となる。例えば《野中観音桃華盛り》(4-6)には三月に桃の花が咲き乱れ、雀がやってくる様子が描かれている。ここには春の様子が描かれているが、春の後には夏が来て、秋が過ぎて冬になり、時と共に違った眺めがそこに現れるだろう。一〇年経てば立派に成長して大きくなっている植物もある。そして反対に朽ちていくものもあるに違いない。常にその場に現れては移ろっていく様々な命はずっと様子を変えつづける。それは「生態《イノチ》」がもたらす眺めと呼べるのではないか。

岩や地形のような「自然物」も厳密に言うと生態の一部なのだが、より物体に近い静的な無機物を指している。それに対して「生態《イノチ》」の眺めはもっと柔らかい動的な有機物だ。常にそこにあるわけではなく、一時的にその場所へやってきては去っていくような〝フワリ〟とした眺めだ。

生態は動物や植物のように目に見えるものから、微生物や菌類や種子のような見えないものまでつながっていて、すべてが関係づいている。こうした無数の命は常に場所に溶け込んでおり、それらが突然ある瞬間に形を結んで風景の中に現れるのだ。こうした「生態」や「光」、そして「水」や「空気」という見えないものが、見える状態にまで高まって現れてくる力。それを私は総じて「現象《エネルギー》」と呼んでいる。

場所には常になんらかのエネルギーが満ちている。光や水分、風や電気や微生物といった目に見えないエネルギーが、雨や雷や草花といった目に見える現象として現れた時に風景は一変する。このプロセスの中で現れるのは「形のない風景」だ。

中国の言葉に「在天成象・在地成形」という言葉があるが、「カタチ」という言葉には「形」と「象」という二つの文字があると言える。[7] 形《カタチ》は物体を表すが、象《カタチ》は固定したものを指す言葉ではない。一本の樹木は一見すると、鉄筋コンクリートの柱と同じような「物体」の形《カタチ》のように見える。しかしその形は一時的なもので、本来は種からずっと成長して大きくなっていく「現象」の象《カタチ》なのだ。造園や農業の技術というのは、こうした現象をうまくデザインすることを得意としていると言える。

私たちが見ている時間スケールの中では、岩のような形《カタチ》と雲のような象《カタチ》は区別されて捉えられるのが普通だ。しかし素粒子のレベルで見ると、本来は形《カタチ》というものはなく、すべては常に不安定に変化している象《カタチ》なのだ。だからこの宇宙のすべての物事は、一切が現象であると言うことができるかもしれない。

風景のもう半分は視線

風景が「物体《モノ》」、「状況《コト》」、「現象《エネルギー》」という要素が合わさったものであることは分かった。しかし実はまだ半分にすぎない。これらの要素は風景そのものではなく、「客体」の状態である。眺められる客体の様子は風景を生みだす条件となるが、一方で眺める私たち「主体」の状態も風景の重要な要素である。

浪花百景の中から三枚の絵図を取り上げて並べてみた。《四天王寺》(4-7)、《玉江橋景》(4-8)、《茶臼山雲水》(4-9)の三枚はそれぞれ異なる風景を描いたものである。しかしこれらには実は共通して同じ対象物に焦点が当たっている。よく見ていただくと、ここに挙げられた三枚にはどの絵図にも同じ五重塔が描かれていることに気付くだろう。

これは先ほど取り上げた《四天王寺伽藍》で描かれている五重塔だが、同じ五重塔を見ているにもかかわらず、三枚が全く違う様子になっている。その理由は〝見ている場所が違う〟からである。つまり「どこから見るのか」によって風景は全く異なるものとなる。

当たり前のことだが、同じものを見ていても、見方が異なれば眺めは大きく変わってしまう。それは手に取れるような小さな物体であっても同じだ。上から見るのとひっくり返して下から見るのとでは全く違う印象になるだろう。眺める場所や角度そして距離が違えば異なる眺めが生みだされる。だから風景とは、ある対象物と、それを眺める人が視覚的にどのような関係を結ぶのかという「視線」や「視角」が重要なのである。

《生玉《いくたま》絵馬堂》(4-10)には、大坂の街を一望する様子が描かれている。大坂で唯一の堅固な高台である上町台地の生玉神社に設けられた舞台からの眺めである。こうした展望台のような視点場をつくって眺めを生みだすことで、同じ街でも、下から眺めるのとは随分と違った印象になるだろう。

つまり、それは新しい視線が技術の進歩によって生まれると、同じ対象の眺めをまるで変えてしまうことも意味している。例えば一九世紀に発明された鉄道は、列車の窓を通り過ぎていくパノラマの眺めを生みだした。そして二〇世紀に発明された飛行機は、都市空間を真上から見下ろす視線を生みだしたのだ。こうした眺めは一八世紀までの人々は目にしたことがなかった。[8]

さらに同じ場所から見ていても「道具」によって視線は変わる。この《生玉絵馬堂》に描かれている白い着物を着た人に注目してみよう。この人が手に望遠鏡を持っているのが分かるだろうか。この人が覗く望遠鏡には、遠く向こうにある山並みが近くに引き寄せられており、おそらく山肌の細部まで見ることができるはずだ。その風景は隣に立っている人が目にするものとはまるで違うであろう。

このように視線の距離を縮めたり、視線を拡張する道具を使うことによって、私たちは違った風景に出会うことになる。望遠鏡や顕微鏡といった道具が開発されたことによって、惑星という大きな対象から、微生物という小さな対象に至るまで、視覚の範囲が広げられた。またカメラやビデオといった視覚的な「メディア」の発展によって、空間的には全く離れた場所の様子をテレビやパソコンの中で日々眺めるようになった。今や私たちが日々目にする眺めの何割かはモニター越しの視線であることは興味深い事実だと言える。

こうした「道具」や「メディア」だけでなく、新しいテクノロジーは人類に新しいまなざしを開く可能性がある。それはスケールや距離感や速度を変えて視覚体験を広げるものを指すだけではない。そこには、五感という人間の「知覚」全般を拡張するものも含まれるのだ。

知覚は目だけではなく、耳や鼻や舌や肌が感じるもの全部を指すが、こうした感覚器を通じて私たちは環境を総合的に捉えている。だから知覚が変われば環境の捉え方はまるで違ったものになるのだ。目線が低い子供や、車椅子の人にとっての街は、立って歩いている大人とは随分と違う風景に見えるだろう。全く目が見えない人は、聴覚や杖の先などの触覚で環境を感じており、目が見える人とはおそらく全く違う風景を見ている。それぞれの身体性の違いは、それぞれの中に違った風景を生むのである。そしてたとえ同じ人であっても、健康な時と足を怪我して歩かねばならない時には、感じる風景が違うはずだ。つまり知覚の元になる「身体《カラダ》」の状態が風景を生みだす重要な要素なのである。

心が変わると風景が変わる

「身体」の状態が風景を生みだすのであれば、同時に、「精神《ココロ》」状態も風景を生みだすと言える。風景とは眺めの印象であるとこれまでも述べてきたように、むしろ最終的には精神の状態が決定している。身体の状態は変わらないのに、精神の状態が変わることで風景が変わることは、前章までで説明してきたとおりである。

この章で取り上げてきた《浪花百景》が描かれた江戸時代の頃は、大阪と東京は今のように新幹線で簡単に行き来できるようなものではなかった。きっと江戸の人々の多くは大坂の様子を直接見たことがなかったに違いない。その時に江戸の人々は心の中にどんな大坂を思い浮かべていたのだろうか。おそらくそれは、こうした絵図そのものの姿だったのではないだろうか。当時の人々は絵図を手がかりに頭の中で大坂を想像していたはずである。

絵図や絵画は、実際にその場所にいなくてもその人の頭や心の中に風景を生みだす。写真や映像になればもっとリアルに心に思い浮かべることができる。こうした絵画や写真や映像として表現された「イメージ」は、人の頭や心の中に風景を生みだす。それは現代の私たちであっても変わらない事実だ。

例えばエジプトに行ったことがなくても、私たちはエジプトの風景を思い描くことができる。その時に何を思い浮かべるだろうか。それは砂漠の中に立つピラミッドや、その前にいるラクダの様子かもしれない。なぜそうした風景を思い描くのかというと、過去のどこかでそういった写真や映像で表現されたイメージに触れているからである。むしろ行ったことがない方が、実際の場所を知らないため、そうしたイメージの方が強く浮かび上がるかもしれない。

人は実際の場所に行かなくても頭の中にたくさんの「記憶」の風景をすでに持っている。そしてそれを想像するだけでなく、目の前に広がる眺めに対しても、その想像を重ね合わせながら見ているのだ。特に今の時代はたくさんのイメージが日常的に私たちを取り巻いている。街中に溢れる広告、雑誌やテレビ、インターネット。そうした膨大なイメージを通じて、私たちは実際にその場所に出向いて体験したよりも多くの記憶の風景を持ち歩いていると言えるだろう。

さらに重要なことは、そうしたイメージにたくさん触れていると、今度は逆にそのイメージに重ね合わせるように現実を眺める図式が生まれる。例えば二一世紀に入って、コンピュータグラフィックス（CG）による画像や映像を見る機会が格段に増えた。そうした画面の向こうに広がる風景が当たり前になってくると、今度は現実の眺めに対して「CGのような風景だ」という逆の見方をするようになるのだ。

先にどこかで見たCGのイメージが頭の中にあり、それが現実の環境を見る時のモノサシとして当てはめられることが起こる。頭の中にたくさん溜め込まれた記憶のイメージは、目の前の風景を見る時の補助線になることがあるのだ。

人間は何かを眺めている時に、記憶や想像力を同時に働かせている。心の中で想像しているものと現実に見えている眺めが重ね合わさるのが、人間がもともと持っている習性なのだ。そしてそうした想像力は、その人が持っている「知識」や「情報」や「経験」によって強化される。

例えば同じ山であっても、植物学者と動物学者と鉱物学者では違う意味を持っているだろう。この三人が同時に同じ山に入ったならば、多分まるで違うものに目を向けている。そしてそれぞれの中では違った風景が生まれているはずである。

それぞれが異なる経験を経てバラバラな記憶を持っている私たちは、同じ場所にいながらにして、見ている風景もバラバラなのだ。さらに言えば、たとえ同じ自分であったとしても、本当は毎日同じ場所で同じ風景を見ているとは限らない。新たな知識や情報や経験が自分の中に加わると、前とは同じ風景ではなくなってしまう。

それに心の中にその時に抱いている「感情」によって風景はまるで違ったものとなる。同じ場所から眺める夕陽であったとしても、恋が芽生えた時に見る夕陽と、失恋した時に見る夕陽では、その風景はまるで違うものになる。つまり、これらすべてを含めた私たちの心や頭の「認知」が変化すると、風景もまた変化するのである。

風景には記号が埋め込まれている

このように心や頭の状態が風景を生みだしているのではあるが、それは私たちがそれぞれ勝手な想像をしているだけとは限らない。なぜならば私たちの想像は決して個人的なものではないからである。私たちの心や頭の大部分は、社会によって外からつくられている。何かに対する印象や価値、そして感覚すらも実はその客体側にもともと備わっている「意味」と関係していることがほとんどであるからだ。

例えば浪花百景で名所として選ばれている場所は、その意味と関係している。それは描かれた一〇〇カ所の名所がどこにあるのかに現れている。一〇〇カ所のうち、七五カ所は社寺仏閣に関連している。[9] 絵図に描

4-1

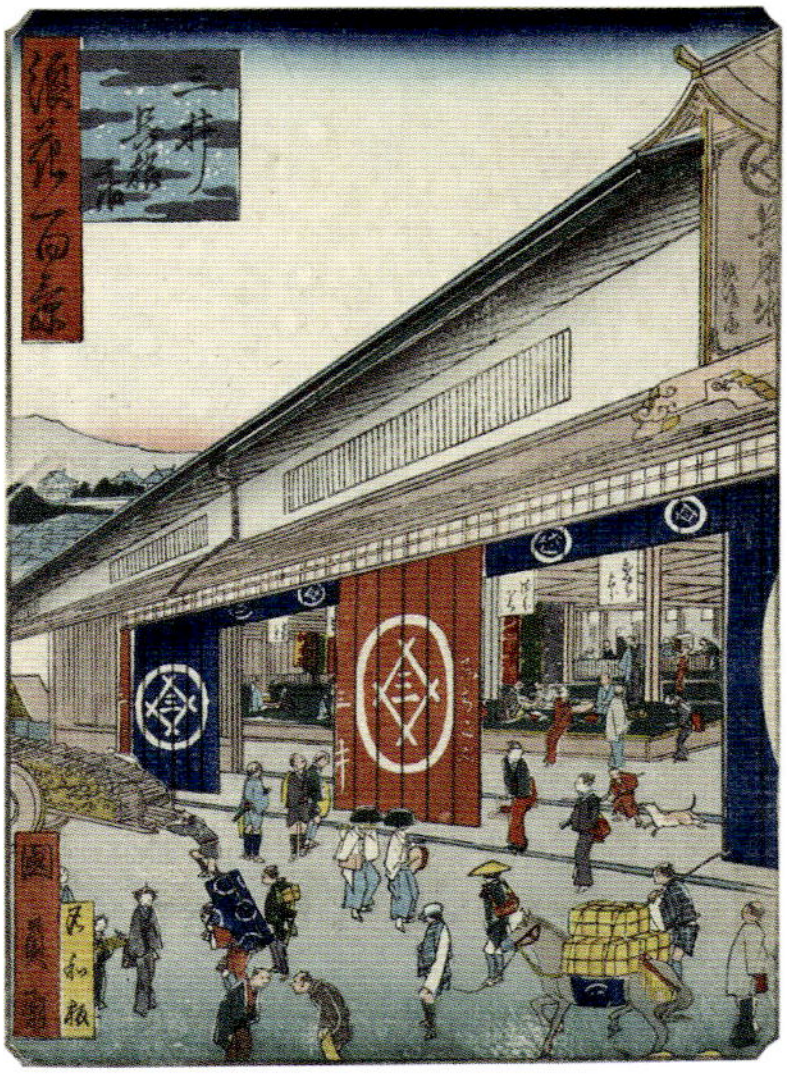

4-3

4-2

4-5

4-4

4-6

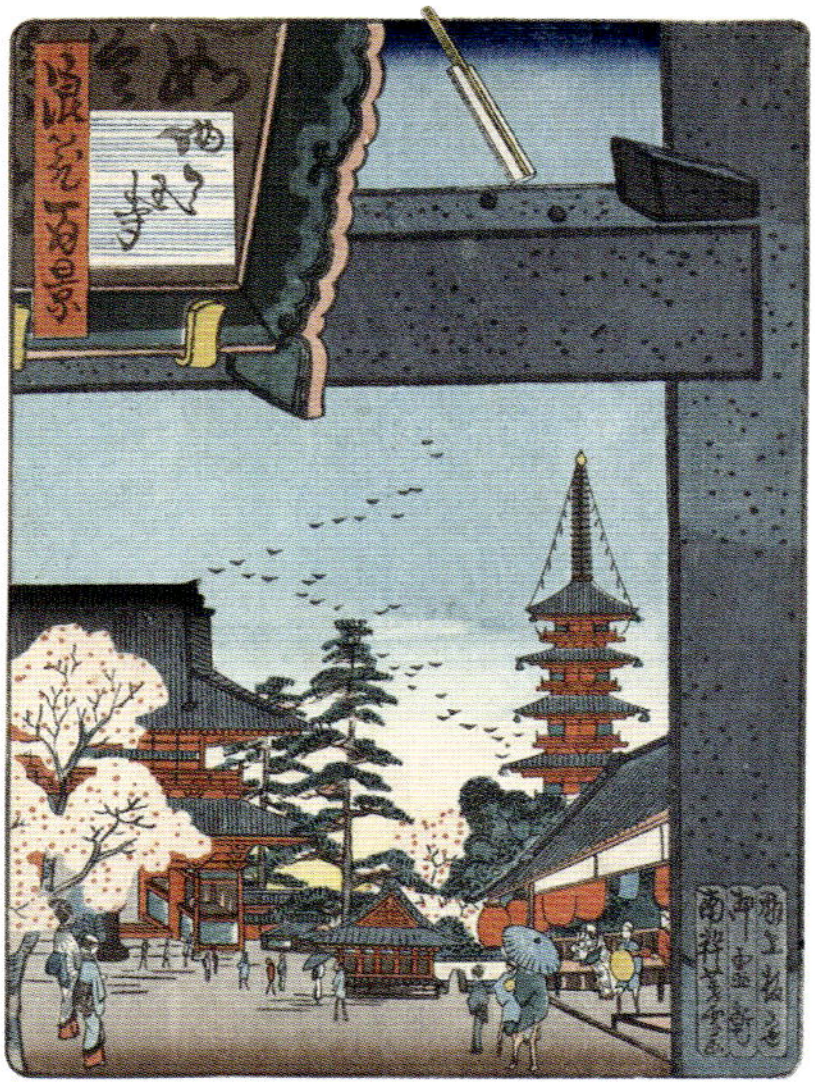

4-7

4-8

4-9

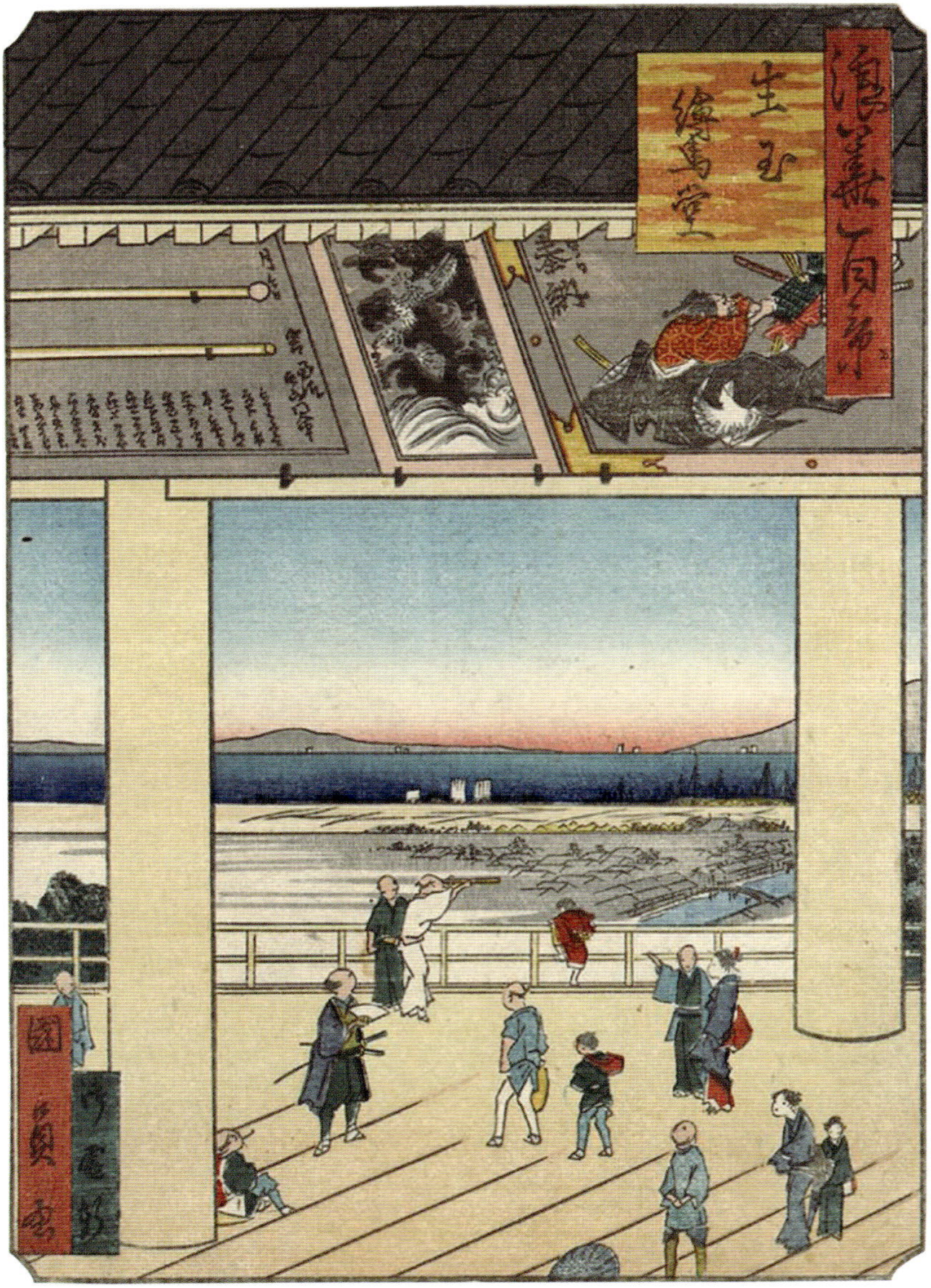

4-10

かれているもの自体は、自然物や人工物、出来事など様々である。しかしどれもが聖地に位置するという共通点があることは興味深い。その風景の価値は単なる場所の物理的な姿だけでなく、心理的な意味から人々に評価されていると考えられる。

そこでそれぞれがする経験は個人的な意味を生みだす。しかしそれはその場所の社会的な意味に結びついて生まれるものでもある。だから私たちが目にするものは、単なる網膜に入った光の像ではない。それはすでに社会の中にある意味であり、その様々な意味を経験しているのである。そしてその社会的な意味を個人的に解釈して、それぞれが頭の中に自分の個人的な意味を構築していくのだ。

人は社会的な動物である。だから他の人と意味を共有するために、社会のあらゆる物事には様々な「記号」を貼り付けている。そうした客体に込められた「記号」は社会の約束事であり、その記号の体系に組み込まれることで、初めて私たちは物事を認知できるのである。[10]

例えば代表的な記号が「言葉」だ。お箸、ペン、コップ、机、扉、廊下、街路樹、雨雲といった事物の名前。これらは私たちが名付けたのではない。私たちが生まれる前から名付けられて区別されているものだ。私たちは視覚的にも対象物の違いを区別して認識するが、こうした言葉を通してその区別を確定させる。だからもし何か特別な名前をつけたのであれば、それは特別な風景として認識することになるのだ。

例えば京都の東山はその山々を称して〝東山三十六峰〟と呼ばれていて、それぞれの山の特徴に名前が与えられている。[11]もともとは一つながりの山なのだが、名付けられることで隣の山と違ったものとして私たちは認識できる。「名称」をつけるということは、それを他のものと区別することだ。名所や名木のように名付けることで風景に特別な意味が与えられ、また反対に意味が与えられることで私たちは特別なものとして認識するようになるのである。

そして言葉は具体的なものを指すだけにとどまらない。同じ特徴や用途を「分類」して、それにも名前がつけられる。私たちはまるで異なる形や色をしたペンを、すべて同じペンだと認識できるのは、分類を指し示す言葉があるおかげである。そしてそれらはすべて書くためのものであるという用途も同時に認識できる。用途でくくれば鉛筆も筆もクレヨンも同じ分類になるだろう。記号はこうした抽象的な認識で私たちが風景を見ることを可能にする。

さらに、記号はそこにはないものや、観念といった物理的に存在しないものも指し示せる。社会や政治などの姿を私たちは見たことがないが、概ねその意味を理解しているのは言葉のおかげである。しかし抽象的な意味になればなるほど、その解釈の仕方は様々であり、そこにコミュニケーションの齟齬が生じてくるのは否めない。風景はそうした抽象的な観念や意味とも大きく関係している。ある眺めを良いと感じたり、悪いと感じたりするのは、こうした意味や価値観の違いによるものだからである。

こうした様々な意味は、私たち主体の中だけで完結するものではない。むしろ客体の中に記号として埋め込まれており、それが指し示す意味を私たちは教育や経験を通じて学んでいく。その意味との対応の中で、私たちの中で現実はつくりだされ、それが私たちの見る風景に影響するのである。

風景の正体

さて、このように風景を解剖してみた。その結果、分かったことはあっけないぐらいシンプルな答えだ。極端にいうと、風景を構成する要素は、たったの四つの特性に整理できるのだ。確かに細かい要素は膨大にあるだろう。それは世界に見られるほとんどすべての要素が含まれていると言ってもいいかもしれない。しかしそれらをまとめると、この四つのどれかに当てはまる。それを説明するために、これまで挙げてきた要素を少し振り返りながら整理してみたい。

まず風景とは、眺められる「客体」と、眺める「主体」の二つでできている。景観で言えば光を表す「景」と、眺めを表す「観」がそれにあたる。ランドスケープでは〝土地や環境〟を表すランド(LAND)と、〝眺め〟を意味するスケープ(SCAPE)の二つである。

この客体と主体という二つの対象は、それぞれ物理的特性と心理的特性という二つに分けられる。つまり①客体の物理的特性、②客体の心理的特性、そして③主体の物理的特性、④主体の心理的特性の四つである。この客体‐主体という軸と、物理的‐心理的という軸の二つで分割されたそれぞれの特性に、これまで挙げてきた様々な要素が当てはまる(4-II)。

①客体の物理的特性は「環境」と呼ぶことができ、大きく三つの要素がある。環境には「物体《モノ》」と「状況《コト》」と「現象《エネルギー》」がある。「物体」はモノの状態のことであり、モノには人がつくった「人工物」と、人がつくらない「自然物」

がある。「状況」は人の状態のことを指し、日々繰り返される「営み」と、一時的な「出来事」がある。そして「現象」はエネルギーの状態である。それには「光」「水分」「空気」「生態」などがある。温度や重力など他にも見えない要素も含まれるかもしれない。

②客体の心理的特性は「記号」と呼ぶことができる。場所や物などには社会的に与えられた「意味」がある。それは「言葉」によって「名称」がつけられ、「分類」されることで社会的に共有される。その分類は具体的な事物だけを指し示すのではなく、観念的で抽象的な意味も世界に与える。そうした心理的な特性はそれぞれの主体の頭の中にあるというよりも、客体に備わった意味が社会で共有されたものである。

もう一方の客体を捉える主体のまなざしも物理的特性と心理的特性の二つがある。すなわち物理的な「身体」に備わった肉眼と、心理的な「精神」が持つ心眼である。

③主体の物理的特性とは眼に代表される感覚器や身体の五感によるもので、これらを総じて「知覚」と呼ぶことができる。視覚であれば、どこから眺めるのかという「視点の位置」や「視線」や「視角」などによって客体の捉え方は変わる。もちろん視覚以外の五感の変化でも捉え方は変わるだろう。そしてこの知覚は、「道具」や「メディア」や「テクノロジー」などによって拡大したり延長したりする。時にはそれによって知覚そのものが変わってしまうこともある。

④主体の心理的特性とは、感覚器や五感ではなく、それぞれの頭や心の中の働きである。この「認知」という特性によって私たちは、世界を把握することができる。この認知には、例えば「イメージ」や「感情」といっ

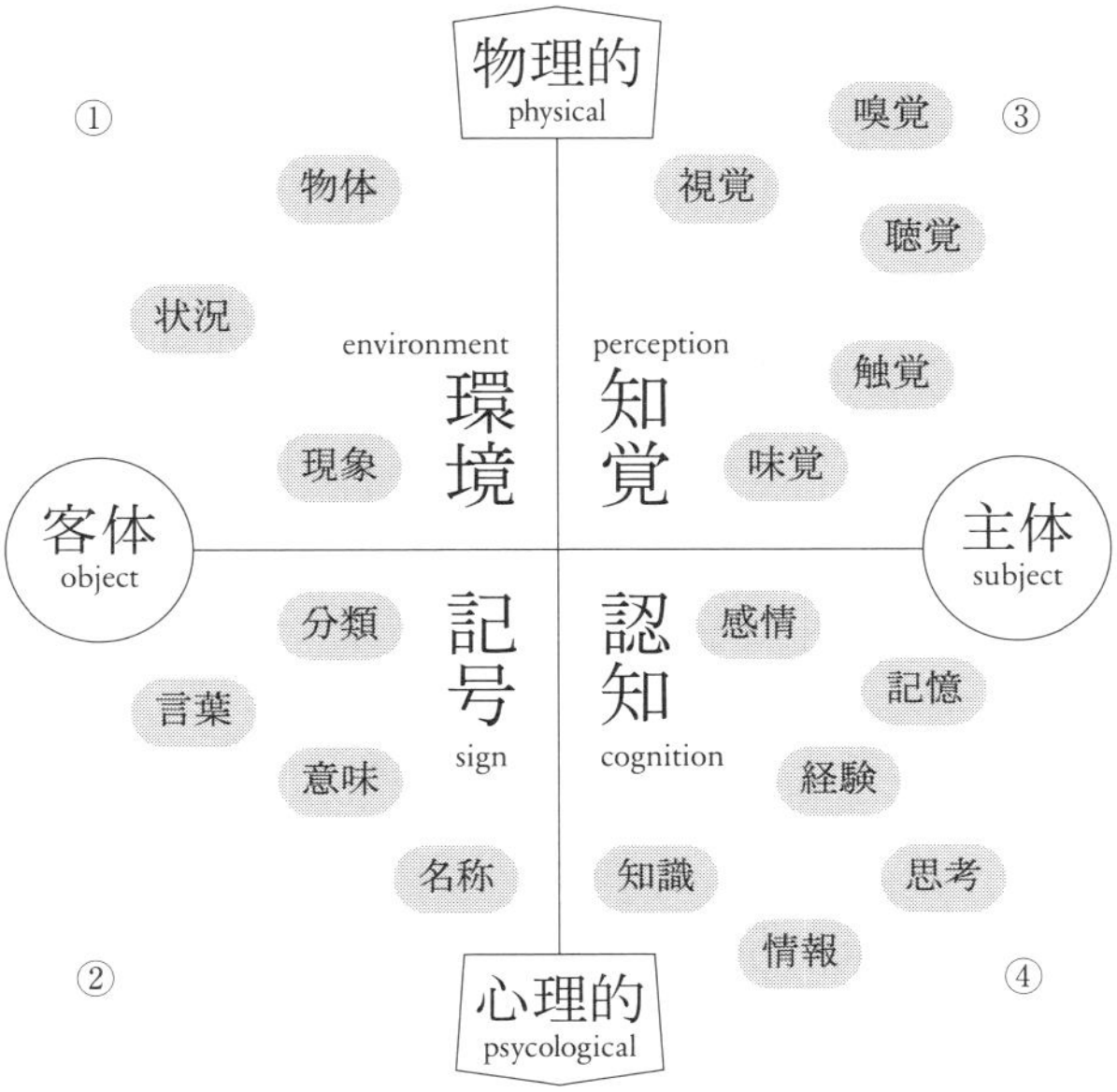

4-11

た要素や、「記憶」や「経験」といった過去からの蓄積も関係している。また新しい「知識」、「情報」が入ってくることで、その心理状態は変化していき、「思考」を通じても変化する。こうした脳内のプロセスである認知は、主体側に備わった風景の心理的な要素である。

これらを整理すると、「客体」と「主体」のそれぞれに「物理的」特性と「心理的」特性があるという風景のフレームが浮かび上がる。以上が解剖の結果から分かった風景の正体である。

このように風景を解剖してみてもその正体を論理的にあばくことは難しいかもしれない。しかしここでの目的であるデザインを考えるうえでのフレームワークとしては役立てることができるのではないかと思っている。それは人体を解剖してみても、人間とは何かは分からないが、治療するには役立つことがあるということに似ているのかもしれない。

このフレームワークから分かるように、従来のデザインは、①客体の物理的特性を中心にアプローチしてきたと言える。しかしモノのデザインはここでは四分の一にすぎない。このフレームワークを元にしてデザインを考えると、ここで挙げた風景の細かい要素はすべてデザインが扱う対象となる。そう捉えれば、デザインそのものに対する見方が格段に自由になるのではないだろうか。

第5章　関係を異化する

眺めるものは自分になる

人間は毎日眺めているものに影響を受けている。小さい頃から港町で育った人にとって、海の景色は馴染みある当たり前のものだ。しかし山で育った人にとってはそうではない。だから同じ海にたたずんでいたとしてもまるで違う印象を持つことがある。育った場所や触れてきたもの。接してきた人々。そういう身近にあり、毎日眺めてきたものは、その人の意識を方向づける。人の認識や感覚は過去から蓄積されている経験によって育まれるのだ。

例えば海の景色ひとつとっても、場所によって常識が変わる。例えばバルセロナの人々にとっての海は朝日が昇る海である。しかし地中海を挟んで対岸のナポリの人々にとっては夕陽が沈む海なのだ。それぞれの地理的な違いは視覚的な風景の経験になり、その土地の人々の中に無意識の認識をつくる。

もっと小さなスケールでも同じことが言える。大阪に住んでいる人にとって夕陽は海に沈んでいく。しかし隣の神戸に住む人にとっては太陽は海に沈むのではなく、真昼の海を照らすものである。一方で奈良の人にとっては夕陽は山の向こうに消えていくものである。

そこで毎日目にする繰り返されるパターン。それはごく当たり前の認識として頭に定着する。そのパターンは次第に意識されなくなり、頭の中に見えない常識を生みだすのである。それは改めて意識することもなく、空気のように見えなくなってしまう。特に太陽のように同じリズムで何度も繰り返されているものや、逆にそこにずっとあって変化しないもの。そうしたものに人は注意を払わなくなる。昨日もそこにあって、今も目の前にあるものは、明日もきっと同じようにある。私たちはそういう予測で日々を送っている。大きく変化するもの以外には、いちいち目を凝らさずにパターンとして認識することで、脳を省エネにするのだ。

一方でそうやって変わらないものだからこそ、私たちは愛着や安心感を覚えることもある。故郷の景色に愛着を覚えるのは、それを小さい頃にずっと眺めて育ったからだ。だから私たちは故郷を離れて、たまに戻った時にそこが以前と変わらぬ姿であれば、懐かしさや安心感を覚える。故郷の景色は自分の過去の記憶を担保してくれる存在であり、自分のアイデンティティを保証してくれる。だからそれがまるで変わってしまった時に、私たちは言いようもない喪失感を覚えるのかもしれない。

それと同じように持ち物も次第に自分のアイデンティティになっていく。ずっと使っている道具や着ている服に愛着を覚えるのは、繰り返し使うことで記憶が蓄積し、だんだんとそれは自分になっていくからである。私たちにとって自分の持ち物は自分自身の延長である。だからそれを失くした時に私たちの中に生まれる喪失感には、使用できなくなるという以上に、自分の一部が失われてしまった感覚が少なからずあるのではないだろうか。

つまり私たちの意識は何度も視界に入るものに、意識が同化していくという性質を持っているのだ。繰り返し見ているものには自分のアイデンティティが埋め込まれていく。そして今度はその対象物や場所が自分を代弁する存在になる。自分の持ち物で溢れた部屋は自分の一部となり、自分が所属する組織や仲間、そして自分が育った街も自分のアイデンティティを形づくる存在になっていく。

それは好ましい場合は愛着になるが、嫌いな場合はコンプレックスになったり、変えたくなったりする。自分の周りにあるものと、自分自身とは本来は異なる存在である。だから周囲の事物や環境を自分のアイデンティティと一緒にする必要はないのだが、いつのまにかそれと同化してしまうのだ。

この同化というのは「距離」と関係している。近くにあるものは何度も目にするので、目も心もそれに慣れていく。物理的な距離の近さは、視覚的な距離の近さであり、それはいつしか心理的な距離の近さになるのだ。そしてその距離が近ければ近いほど自分と見ているものとが一体化していき、それはいつしか自分にぴったりと寄り添って引き剝がせなくなる。

だから同化するというのは別の言い方をすると距離がなくなるということである。距離がなくなり自分が風景の中に入ってしまうと、それを外から引いて眺めることが難しくなってしまう。それは私たちが身につけている衣服のようなものだ。衣服は自分と同化しているので外から眺められない。脱いだ時にそれはようやく風景になるのだ。

何かを風景として見るためには、視覚的な距離が必要である。距離が近くなるほど、視野は狭くなりその一部しか見えない。風景として全体像を見るためには、私たちは視覚的に“引いて眺める”ことが必要だ。しかしたとえ視覚的には離れた場所から眺めていても、私たちの意識がその対象物から距離を取っていない場合には風景にはならない。なぜならば目はそこから距離を取って離れていても、心がそれと同化しているからである。

旅人のまなざし

例えば地方の農村などでこんな話をよく耳にする。ある農村に都会からわざわざ若者がやってきて、田畑や山林に感動して帰るという話だ。毎日見ているその村の人たちからするとなんでもないような、当たり前すぎる風景である。だから時間をかけてやってきてそこを眺める理由が村人にはよく理解できない。しかし都会から訪れた人々にとって、そうした風景はあまり見ないものであり、貴重だと言って評価するのである。そうやって誰かから評価されると、村人たちもまんざらでもない。それで改めて自分たちの住む場所の価値を見直し始める。そんなきっかけから地域おこしが始まるというストーリーを、ここ最近特によく聞くようになった。

村人たちにはその価値が見えなかったのは、同じ場所に対する都会の人と村人とのそれぞれの意識の距離感が異なるからである。毎日その場所にいる村人には、意識の距離がなくなり自分と同化している。だから目には入っていても、それが価値ある風景としては見えないのだ。しかし都会から旅をしてきた人は、その場所との間に距離がある。それは物理的な距離と同時に、自分たちの日常生活では見かけないという意識の距離でもある。それが風景の条件になるのである。だから何かを風景として眺めるためには、視覚的な距離と同時に心理的な距離が非常に重要である。逆に言えば、この心理的な距離を取ることができれば、実は何でも風景として見ることができる。

例えば旅へ出かけて知らない場所に行った時、いつもよりも色んなものが目に入ってこないだろうか。それは旅先で初めて目にするものが新鮮であるというだけではない。自分の住む町でも見るような信号機の形、夜空の星や月などにも目が敏感に向いていたりする。

普段は見過ごしているものに目が行くのは、旅に出た時には私たちの意識のモードが普段とは変わっているせいである。旅の道中では、私たちは自分自身に対して意識の距離を保った態度になっており、様々なものが風景として見えるのである。その時のモノの見方を「旅人のまなざし」と私は呼んでいる。

私たちは旅に出なくても、日常生活の中で一時的に旅人のまなざしになる瞬間がある。それは何かを眺めている自分自身を、改めて外から引いて眺める時、いわゆる「我にかえる」と呼ばれる時である。その時に私たちは一瞬〝素の状態〟に戻る。

何かの目的に集中している時には旅人のように眺めることは難しい。特にそこで何かの作業や労働をせねばならない時や、何かの利害関係があったりする時は、その目的に沿って物事を眺めるようになるからだ。

そうすると意識はその目的に集中し、一体化するので、距離がなくなり全体的な風景が見えなくなる。しかしこれまで持っていた目的がなくなったり、変わったりすると、急に周りが見えるようになる。一つの区切りがついた時や、何かの目的を手放した時には、目的と意識との間に距離が生まれる。そうすると私たちは、何かを眺めていた自分を改めて発見する。目的と一体化していた自分自身が外から風景として眺められるのである。

見えない窓枠

私たちが見る世界とは部屋の窓から外を眺めるようなものである。窓際に立った私たちは、窓から広がる外の眺めだけを風景と思っている。しかしそもそも外が見えるのは、その窓を開けたからであることを忘れていることが多い。ここにある窓からは山が見えるが、反対側の窓を開ければ海が見えるかもしれない。上に開ければ星空が見えるだろう。円い窓をつくれば外は丸く見えるし、色ガラスをはめ込めば赤や青になる。窓の形や窓をつくる方向によって、私たちは違うものを目にする。

窓とは私たちのまなざしであり、窓の向こうの世界を切り取ることによって風景を見ている。だからどこにどのような形の窓をつくるのかによって、風景も様々な表情に変化するはずである。そして本来は私たちが世界を見る窓は自分で自由にデザインすることができる。子供の頃は、誰もがそうやって好きな形に窓を切り取って風景を見ていただろう。

しかし私たちは様々な理由で、その心の窓を自由にデザインできなくなってしまう。建物に設けられた窓のように、ある方向に固定してしまうのだ。そしてその窓から外をずっと眺めていると、窓の外だけにまなざしが向き、窓を動かすことを忘れてしまう。長い間その窓を動かすことを忘れていると、窓は動かずに錆びついてしまう。こういう状態がまなざしの固定化である。

窓が固定されて動かないと、眺めに変化をもたらすものは窓枠に入ってくるものだけになる。だから窓枠の中の世界だけが問題になり、それについて良いとか悪いとかの評価をし始める。中の景色が気に入らなければ変わることを願い、気に入っていれば変わってほしくないと願う。窓そのもののあり方については考えなくなるのだ。

もしくはその反対に、窓の中に入ってこないものは、まるで問題にはならなくなる。窓の向こうに広がる景色に問題がなければ、窓を動かす必要性も感じなくなる。ずっと見たい方向にだけ窓を開けていると、その外側で起こることにはそのうち目が届かなくなる。だから、窓が開いてない方向で実はとんでもない問題が起こっていてもそれには気づきにくいのである。死角で起こった問題は、それが窓枠の中に入る事態になるまで目が届かない。私たちは窓越しにしか外を眺めることができないので、窓を固定してしまえば世界がとても限定されてしまう。

私たちは普段、自分の風景に窓枠がはめられているは思っていない。だから窓枠と同化しており、たとえ窓枠が動いたとしても窓枠の存在に気づかないことが多い。それはちょうどメガネをかけて何かを見ている時に、メガネの存在を忘れるのと同じような状態だ。メガネが曇っていると、世界が曇って見えるが、その時にいくら周りを掃除しても曇りは取れない。いったんメガネを外して距離を取って、自分のメガネが汚れていないかどうかを確認する必要がある。

同化と異化

これまで述べてきたように、私たちは対象物との距離がなくなり、ずっと見ているものと意識が「同化」してしまうという性質を持っている。これは対象物を眺めるまなざしが固定化することと同じであるが、その「同化」の反対として、「異化」という状態がある。異化という言葉は耳慣れないかもしれないが、漢字のニュアンスから推測できるのではないだろうか。「異」なる状態に「化」ける、つまりすがた形を変えるということである。

「同化」は対象物と一体化している状態であるが、その一体化したものがふたたび離れるのが「異化」である。この異化は見ている対象物に対して意識の距離が生まれることであるが、実はこの異化が見えなくなってしまった風景をふたたび意識化させるポイントである。異化はまなざしのデザインを考えるうえで重要な概念なので、少し回り道になるが、簡単に説明してみたい。

「異化」という言葉を最初に唱え始めたのは、ヴィクトール・シクロフスキーというロシアの文芸評論家だ。ロシア語の原語は「オストラネーニエ」と言う。異化という概念は、もともとは文学や言語学の領域で考えられていたものであるが、その後に演劇や美術をはじめとする芸術の中で広がっていった。

シクロフスキーは一九一〇―一九二〇年代に、「ロシア・フォルマリズム」という文学批評の方法に関する理論の中で、異化を「日常的な事物の組み合わせの中において生気を失っている事物（「自動化された事物」）が、新たな組み合わせの中でふたたび生気を取り戻すこと」と定義している。[1]

少々難しく聞こえるが、私たちが普段当たり前のパターンとして自動的に認識している物事が、違う状態に変化することで、ふたたび新鮮に感じられる状態である。言語学における異化は、当たり前になりすぎた言葉のパターンが変化することで、引き起こされると考えられていた。私たちが日常的に使っていて、あまりに慣れ親しみすぎてしまった言葉は、言葉と意味との関係が固定してしまい改めて意味を考えることがなくなってしまう。しかしその組み合わせが変化すれば、もう一度その言葉の意味が意識させられる状態になるということである。

例えば、「私はそのパンをかじった」という文があったとしよう。特に何も珍しくはない文章である。しかしこの文章を少し変えて「そのパンは私をかじった」としてみる。そうすると、途端にまるでその意味は異なったものとして響く。歯が生えた食パンが私の鼻にガブリと噛み付いてくるというようなイメージである。私たちは、パンが自分に噛み付くことなど普段は想像していないので、かなり奇妙で違和感のある文章になるだろう。

しかしこのように組み替えることで、言葉に異化が起こる。私たちが普段想像している言葉の意味と、文から読み取れる意味との間に距離が生まれるのである。その距離が「パン」という言葉の意味と「かじる」という言葉の意味をふたたび意識させる。おおげさに言えば、異化することでパンとは一体どういうものであるのかが改めて問いかけられるのだ。言葉の組み合わせや関係を少し変えるだけでも、様々な想像がそこに働くことが分かる。

「詩」の中での言葉の使い方は、こうした言葉の組み合わせを変えたり、比喩や隠喩を用いることで言葉の文脈と言葉の意味をズラす異化が行われている。それによってもう一度言葉のイメージを新鮮にするという効果が生まれるのである。

この異化という状態が起こるのは言葉だけではない。現代芸術の表現の中には、この異化を意識した作品制作の方法があちこちに見られる。フランス語で異郷の地に送ることを意味する、「デペイズマン」というのもその一つである。デペイズマンはシュルレアリスムという芸術の手法の一つであり、想像力を広げる一つのきっかけとして、それまでにないような言葉や物事の組み合わせをする方法を採る。[2] 例としてよく取り上げられるのは、「解剖台の上のミシンと蝙蝠傘との偶然の出会い」というロートレアモン伯爵の詩の一句である。普段は組み合わさるはずがないものが詩の中で合わさっている。そのことが、ある言葉が持つ文脈を外し、新しい文脈をそこに生みだす可能性を開くのである。

この異化やデペイズマンという考え方は、言葉だけではなく、演劇や美術などを含めた現代芸術の表現における一つの方向性を表している。あまりにも有名な例ではあるが、マルセル・デュシャンという芸術家の「泉」という美術作品を例として取り上げてみよう（5-1）。

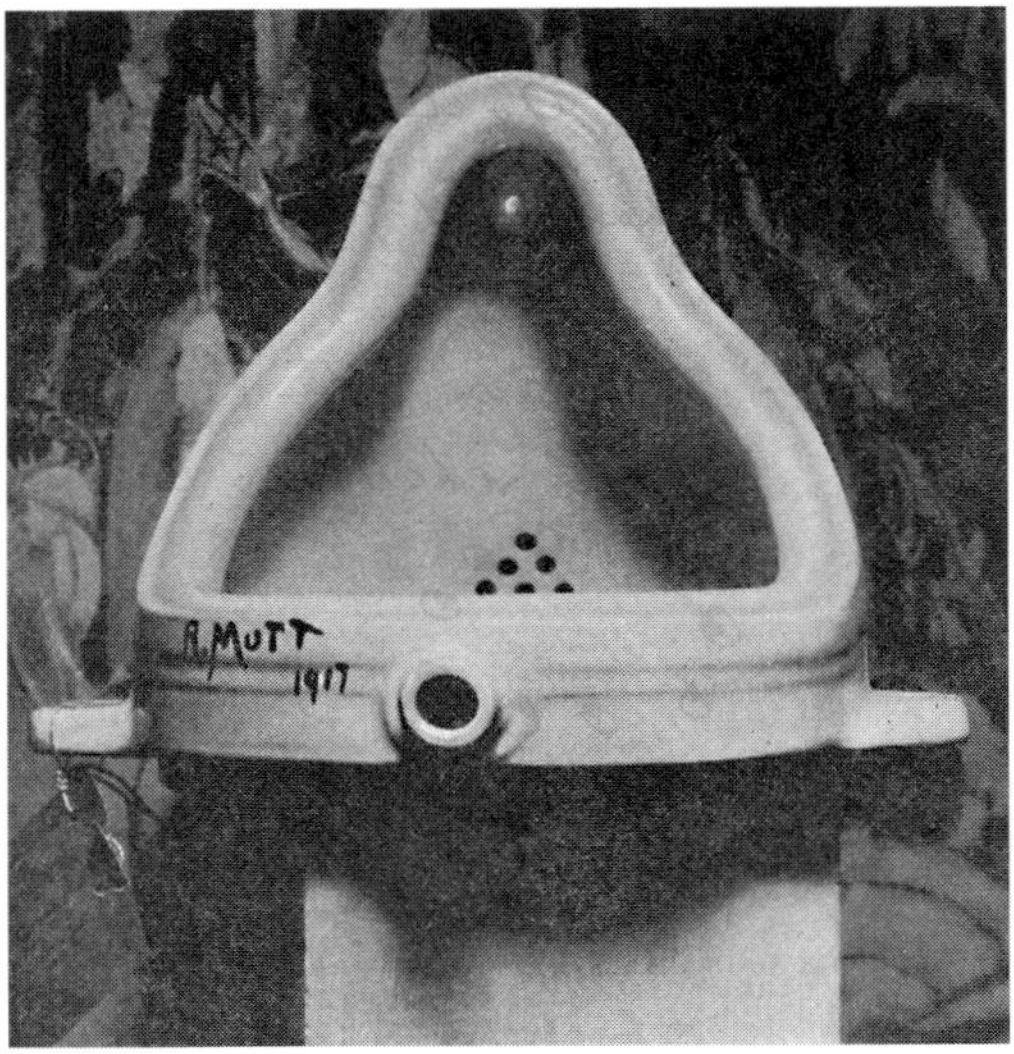

5-1

シクロフスキーが「手法としての芸術」の中で異化概念について書いた一九一七年に、デュシャンは自身が展示委員をしていた、ニューヨーク・アンデパンダン展に匿名である作品を出品した（実際には展示されなかった）。それはよく見るトイレの便器に「泉」というタイトルがつけられたものである。便器は普通に街で市販している商品を購入しただけである。そこに署名はされているが、特に何か加工が施されているわけではない。しかし「泉」というタイトルがつけられることで、便器が異化されている。

便器は泉ではないし、泉と呼ばれるものは通常は便器の形をしていない。そして普段は便器がどのようなもので、泉がどのようなものであるのかというイメージは人によってそれほど違わないであろう。しかしその両者の間を想像力で結ぶことで、それぞれがどういうものなのかが改めて意識させられる。これが異化効果である。

さらにこの便器を展覧会に出品しようとすること自体が異化となっている。通常は芸術家が自己の内面と向き合って描いた絵画や、技術をぶつけてつくった彫刻などが作品として並べられているのが展覧会だと私たちは思っている。しかしデュシャンはこの作品で別に絵を描いたわけでも、彫刻をつくったわけでもない。ただ単に売っている便器を選んで買って、名前をつけて置いただけである。これを芸術作品として見る私たちの行為自体にも疑問が湧いてくるうえ、芸術作品とは一体どういうものであるのかも考えさせられる。

デュシャンはこのようにレディメイド（既製品）をセレクトした作品をいくつかつくっているが、この一連の作品の芸術性は「手」にあるわけではなく、それをセレクトした「目」にある。つまり芸術＝手の技術と一体化して捉えていた私たちの見方に対して、ここでは異化が目論まれている。これは第2章で取り上げた私のワークショップと同じ「見立て」の原理にも通じる。

このように異化とは、ある意味で私たちが当たり前だと思い込んでいることに対して、その外側から相対化する効果を持っている。異化はあまりに慣れ親しみすぎて距離がなくなってしまった物事に対して、もう一度距離が生まれる状態であり、その時に私たちはその物事を風景としてもう一度外側から眺める意識が生まれるのである。

風景異化

さて、これまで述べてきた風景と距離の関係について、ちょっと整理してみよう。私たちは何かを繰り返しずっと眺めていると、だんだんそれが当たり前になり、心理的な距離が近づいていく。そしてついには、見られている客体と見ている自分の意識との距離はゼロになり「同化」してしまう。そうなると、その客体の存在は次第に無意識になる。私たちは同化することでその客体に対して自動的に反応する。それがまなざしの固定化につながると、眼には入っているが見ている意識はない状態、つまり風景として見えなくなっている状態を生みだす。

しかし、その客体と自分との間に、ふたたび「距離」が意識されると、その客体は風景として浮かび上がってくる。その時には客体に対する自分の反応も意識され、以前とは異なる意味や印象も生まれる。それがモノの見方であるまなざしが変化した状態であると言える。

この客体との距離が意識されるのは、多くの場合は実際に空間的な距離が生まれたり、あるいは長い時間をかけて距離が生まれていく場合である。例えば小さい頃に住んでいた街を数十年離れて、ふたたび戻った時などは、空間的にも時間的にも距離が生まれている。だからたとえ街の物理的な様子は変わっていなかったとしても、まるで違う印象を抱くことになるのだ。

ずっと見ているものであっても、毎日の変化は小さくて気づかない。しかし、それがある時に改めて距離が意識されれば、随分と異なる風景として感じられる。子供の成長や自分が歳を取っていくことも、日々の生活の中では気がつかない。しかし昔の写真と比べてみると変化は明らかであり、その時に距離が意識されるのである。

こうした長期の時間的な変化と同様に、距離が意識される場合がもう一つある。それは組み合わせが変化したり、文脈が変わる場合である。これは短い時間であっても急激に変化してしまい、コントラストが生まれることで起こる。その強い変化によって意識に距離が生まれ、風景が異なって感じられる。

例えば最も強烈な変化に災害のようなものがある。自分が住んでいた街が津波に飲み込まれて一瞬にして変わってしまう。あるいは毎日見ていた山が数千年ぶりに噴火して様相が一変する。そんな強い変化がもたらされた時には、その場所と自分との関係が大きく変わってしまう。

このように、客体と主体との関係性が変化することで距離が意識され、今見ている風景が別の状態へと変わる一連の現象を、私は「風景異化」と名付けた。[3] 特にこれまで見慣れすぎて意識から消えていたものが、何かの拍子に突発的に刺激され、もう一度意識に上ってくるプロセスを指している。この「刺激」によって生まれる風景異化は、まなざしのデザインを考えるうえで非常に重要である。

刺激には様々なものが考えられる。災害は、人の手によるわけではないが、突然加わる大きな刺激である。

建設や、イベントなどによる場所の変化は、人が意図的に起こす刺激である。場所が変化すると私たちのまなざしに映るものも変化する。

場所ではなく私たちのまなざしの方に刺激が加わることもある。旅に出て帰ってきた時には意識が変わるので、見慣れたものでも違って見えるジャメヴュを感じる時もある。その反対に見たことのない場所なのに、なぜか懐かしい感じがするデジャヴュを覚えることもあるだろう。その時には客体はまるで変化していないのに、それを見ている私たち主体になんらかの刺激が突然加わっているのである。

刺激は頭の中で持続することもある。過去にひどい交通事故にあってしまった人の中には、それ以降に車がたくさん通る交差点を恐ろしい風景として感じることがあるという。強くショッキングな刺激が急激に加わると、ＰＴＳＤ（心的外傷後ストレス障害）になり、日常生活に支障をきたすようなレベルになることもあるのだ。

しかしこうした刺激は適度にコントロールされると、人を楽しませるようなエンターテインメントとなる。例えば第3章で取り上げたマジシャンは人を楽しませるために錯覚やトリックを使って風景異化を意図的に起こしている。プロジェクションマッピングやトリックアートのように、実際の風景に映像や絵を重ねることで、目の前の風景を変えるようなものもある。見慣れたものが突然違う状態へとズラされる劇的な刺激は、多く

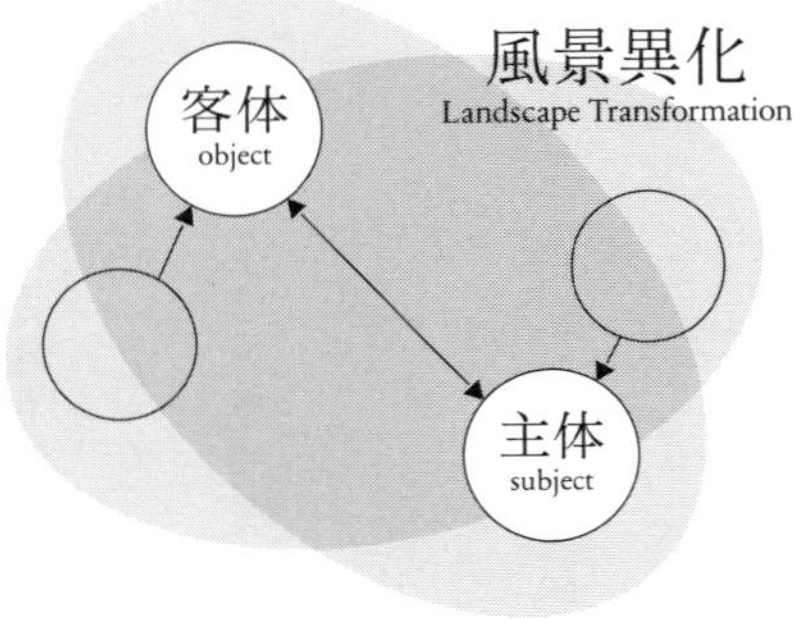

5-2

の芸術表現の中で用いられている。

このように風景異化とは、なんらかの刺激が加わることによって客体と主体との関係性が以前とは別の状態へと変わり、異なる風景が見え始めるという現象である(5-2)。それ自体に対して良いとか悪いとかいう判断はできない。同化は人間に必要な能力であるし、一方で先ほどの災害の例のように異化が必ずしも良い結果をもたらすとも限らない。しかしここで考えたいのは、風景異化という現象の是非ではなく、それをまなざしのデザインに利用して日常を冒険する可能性である。次章ではもう少し具体的にそれを見てみる。

第6章 ―― 日常を冒険する

デザインのフレームワーク

風景異化という現象を利用して、まなざしのデザインをどのようにして展開するのかをこの章では整理したい。風景異化によるまなざしのデザインは、これまで見慣れた日常を冒険するための方法である。しかし、あまりに具体的な方法論に絞り込むと手法が個別化してしまう。そうなるとデザインの創造性が制限されてしまう恐れがある。

一方であまりに抽象的な概念しかないと、手がかりが少なすぎて具体的にどうやってデザインしていいのか分からなくなる。だからここでは、まずは基本となるフレームワークを先に示し、それを元にした具体的な展開事例として私の取り組みを紹介することにする。抽象的な概念と個別の展開との両方を示すことで、その中間をつなぐイマジネーションへ導くことを試みる。それがこれからまなざしのデザインを試みようとする人が個別に展開するうえでの助けになればと思う。

さて、第4章で明らかにした風景の特性をもう一度確認してみよう。風景とは"眺められる客体"と、"眺めている主体"との関係から生まれる。風景異化はその両者の関係性が変化する時に起こるため、デザインの際には「客体」と「主体」のいずれか、あるいは両方に対してアプローチする。客体と主体にはそれぞれ、「物理的」な特性と「心理的」な特性の二つがある。したがってそれらを掛け合わせた四つの特性に対してデザインする方法が考えられる。これらは第4章で風景の解剖をした際に整理した、「客体－主体」という軸に対して、「物理的―心理的」という軸を交差させた四つである（6-1）。
この四つの特性とは①「環境」（客体の物理的特性）、②「記号」（客体の心理的特性）、③「知覚」（主体の物理的特性）、④「認知」（主体の心理的特性）である。この四つを対象にするデザインが、風景異化を考えるうえでの基本的なフレームワークになる。

これら四つの特性に対して、それぞれ具体的な操作対象を用いてデザインを行う。それが図に示した「素材《マテリアル》」、「分類《コード》」、「道具《ツール》」、「型《モード》」である（6-2）。これらの四つを操作することで、客体と主体の物理的・心理的な特性に対してそれぞれアプローチできる。

①「環境」と②「記号」は、客体に備わった特性であり、物体《モノ》や状況《コト》、あるいは現象《エネルギー》なども含めた、あらゆる客体がデザインの対象となる。そうした目に映る対象物の物理的な「素材」と、心理的な「分類」を変化させることで風景異化を起こす。これが間接的にまなざしをデザインする方法である。

もう一方の③「知覚」と④「認知」は、主体に備わった特性であり、デザインしたい人間の方へアプローチして、これらを変化させる。それには、「道具」を用いてその人の物理的な「知覚」を変える方法と、「型」を使って心理的な「認知」を変える方法によって風景異化を起こす。こちらが直接的にまなざしをデザインする方法である。これから具体例を交えながら、それぞれの方法について、もう少し具体的に見ていきたい。

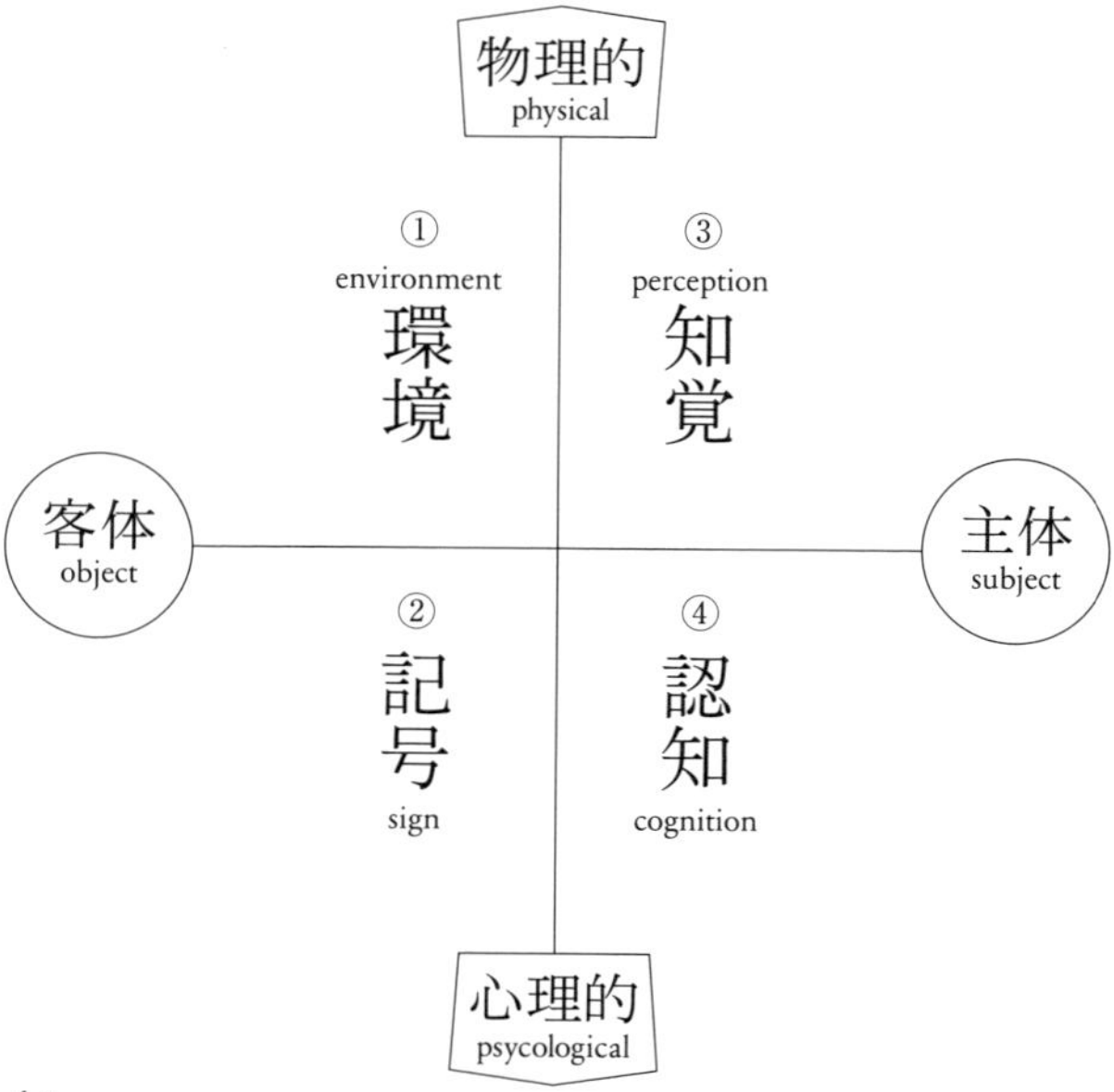
物理的
physical
①
environment
環境
③
perception
知覚
客体
object
主体
subject
②
記号
sign
④
認知
cognition
心理的
psycological

6-1

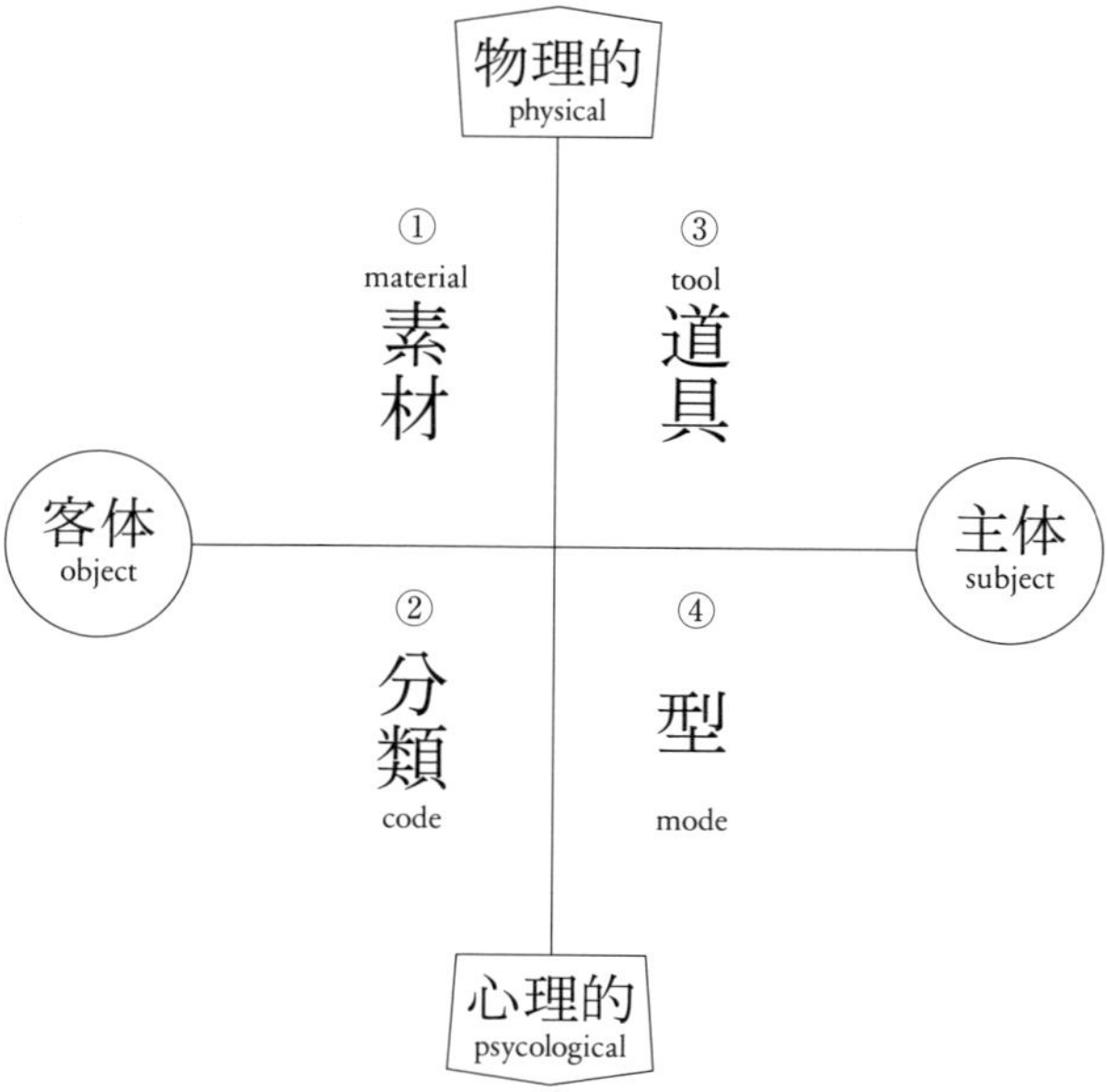
物理的
physical
①
material
素材
③
tool
道具
客体
object
主体
subject
②
分類
code
④
型
mode
心理的
psycological

6-2

①環境の変化――客体の物理的なデザイン

―素材《マテリアル》を操作する―

客体の物理的な特性をここでは「環境」と呼んでいるが、これは私たちを取り巻くすべての物理的要素を指している。環境を変化させて風景異化を起こすためには、その環境にある「素材《マテリアル》」をデザインする方法を採る。私たちを取り巻いている環境はすべて何かの素材でできている。その素材を目にすることで私たちは風景を見ているのである。だからそうした素材を様々な形に変化させることで風景は異化される。

例えば、長年住んでいる部屋の眺めに飽きた時に、それを変える一番シンプルな方法は、部屋の模様替えをすることである。新しくソファやテーブルを買ってきて置く。カーテンや壁紙を替える。こうやって部屋の環境をつくっている素材を変えると風景が変わる。

私たちが普通、風景が変わったと認識する時は、この素材の状態が変化したことを指している。だから環境に素材を追加し、変更し、交換する方法は、風景を異化する最も代表的な方法である。一般的にデザインの仕事の大半は、素材を使ってそれらを配置したり造形を考えることである。

一方で素材を追加したり変更するのではなく、机や本棚といった部屋にすでにある素材《モノ》の配置を組み替えることでも、眺めは新鮮になる。またクリスマスやお正月にする装飾のように、一時的に何かの素材を追加することでも風景は変わる。環境に一時的に何かの素材を挿し込み、眺めの印象を変えるような方法は、空間に何かを挿入《インストール》するという意味から、「インスタレーション」と現代アートでは呼ばれる。インスタレーションという方法は、風景の異化を起こす最も一般的な方法である。

もしくは挿入の逆として、その環境から何かを削除する素材の操作も考えられる。部屋に溢れているものを思い切って捨てると随分と部屋の印象は変わる。毎日通る道沿いに立っていた建物が取り壊されて空き地になると、その場所の雰囲気は変わる。その場所にある素材を削ったり、取り去ったりするマイナスのデザインも風景異化を起こす。

また風景異化において扱う素材とは、コンクリートや木材や布といった「物体」だけではない。光や音などの「現象」も素材となりうる。だから物体を変えるのではなく、部屋の照明を替えてみたり音楽を鳴らすことでも部屋の風景は変化する。それをもっと大規模にすると、建物に映像《イメージ》を投影するプロジェクションマッピングなどになる。光や音は環境を構成する重要な素材であり、風景異化に効果的な素材である。

一方で人間も物理的な素材として捉えることができる。家に友人が来れば部屋の様子が変わるように、同じ場所でも人で賑わっている時と、誰もいない時とではまるで風景は異なる。人の密度や振る舞いなどの「状況」のデザインによって環境の質は大きく変わる。演劇や舞台芸術では人間という素材をステージに配置して人の風景を表現するが、人間は風景の物理的な要素として非常に重要である。

このようにイマジネーションを膨らませれば、様々なものが風景異化の素材になる。そして、どのような素材を扱うにしても、場所に素材をほんの少し追加・変更することから、一〇〇％違うものへ取り替えること、完全に取り去ることまで、様々な変化の方法が考えられる。そのような客体の物理的な要素である素材を変化させることは、風景異化を起こすための代表的な方法である。

―風景のリミックス―

素材を変化させることによる風景異化を大規模に展開した例として、私が「ある場所」で行ったイベントの会場プロデュースを取り上げたい。通常イベントが行われるのは、そのための設備や条件が整っている場所である。しかし今回取り上げるイベント会場とは、なんと地下鉄の駅の工事現場である（6-3）。まだ工事が実際に行われている地下鉄の駅を三日間開放して会場にしてアートイベントを行う。そんな実験的なプロジェクトに参加する機会があった。

そこは実際に地下鉄を掘っている最中の工事現場である。現場には工事資材がたくさん溢れていて、制約もたくさんある。その中でステージプログラムやトークイベント、展示や映像上映、動線処理など様々な条件を満たす必要があった。それを前提にしながらも、この場に訪れた人々にとって風景が異化されるような体験を考えることにした。

多くの人々にとって、人生において地下鉄の工事現場に入る経験はほとんどないだろう。工事現場の中の様子を目にすること自体が、特殊な風景に入っていく体験である。しかし、訪れた場所が工事現場らしくないような設えになっていたら興ざめしてしまう。だから場所のプロデュースを進める際に、できる限り工事現場にあるものだけを使うということを考えた。

現場に溢れているたくさんの工事資材は、よく見ると面白い形をしている。日常生活で見かけない資材がたくさん置かれている状況こそが、工事現場らしさを生みだしている(6-4)。こうした資材は用事が済めば、また別の工事現場に行ってしまう。だから工事現場の風景は、常に未完成で一時的にしか現れない。その場所の印象をそのまま残した状態で、風景を異化するためにはどうすればいいのだろうか。そう考えた結果、この工事現場にある現場資材を「組み替える」だけで風景をつくることにした。

例えばイベントの客席は、現場に積み上げられた一六〇〇個ほどの土嚢袋を組み合わせてつくった(6-5)。ベンチも巨大なH型鋼の鉄骨を組み合わせ、イベントのバナーを吊るす支柱も現場にあったクレーンをそのまま使用した。入り口をくぐり抜けた場所にある第二ゲートには小型のショベルカーをゲートの形になるように設置し、夜の照明には土を削り取るバケットの中に投光器を仕込んで照明へと変えた。

工事現場にある資材運搬用のカゴ車の中にパイプをたくさん詰めて工事用の投光器を中央に入れることで、光が拡散するいい感じの間接照明ができあがった。フェンスなどに取り付けられる赤いホースのような管の中に電球の入ったチューブライトと呼ばれる資材があるが、それは中央の樹木に輪っかのようなオブジェとして括り付けることにした。

地下鉄工事の掘削の様子をプロジェクションするための映像用スクリーンには、工事現場用の仮囲いの巨大なシートを利用した。入り口の特設ゲートは工事用の単管パイプで組み上げて、そこにサインとしてヘルメットをぶら下げた。これはこの工事現場に出入りするすべての工事業者が使っているヘルメットで、それを集めてきて色に応じて並び替えた（6-6）。

その場所にある資材をすべて、イベントのプログラムを支えるための「素材」として見立てる。それをもう一度再編集、再構成するというデザインの作業は、音楽でいうリミックスに近い方法である。リミックスとは、もともとの曲を、一度すべて音源という素材に解体してから、それを組み合わせて新しい曲をつくることだ。

6-3

6-4

6-5

6-6

ここでは現場資材をもう一度その素材にして、新しく組み合わせて風景をつくった。だからこの手法を「ゲンバリミックス」と名付けた。

―ブリコラージュが開く想像力―

ゲンバリミックスでは、素材を足したり引いたりしているわけではない。すでにそこにある素材を組み替えるという方法を採っている。それは物理的に客体の状態を変えているのではあるが、しかし単に模様替えのように配置を換えただけではない。素材を別の用途として読み替えることで客体の心理的な要素も同時に変化を与えている。こういう方法は「ブリコラージュ」と呼ばれることがある。[1]

ブリコラージュとは、人類学者のクロード・レヴィ＝ストロースが唱えた概念である。すでにそこにあるものを組み合わせたり、組み替えたりすることで、その場の課題を乗り切る方法を指す。

例えば、ブリコラージュの分かりやすい例として料理を考えてみる。一流のシェフが料理をつくる時には、先にレシピを綿密につくる。それにもとづいてあちこちで最高級の食材を揃えてきて、適切な調味料を取り寄せて調理をする。それに対してブリコラージュ的な料理とは、冷蔵庫を開けてみてから何をどうつくるかを決める。冷蔵庫に今ある食材と、棚に並べられている調味料を組み合わせて、美味しい料理をつくる知恵である。

何かの設計図にもとづいて物をつくることをレヴィ＝ストロースは「エンジニアリング」と呼んでいる。近代以降の産業社会とはエンジニアリングを駆使する専門家が重要な役割を果たしてきた。それに対してブリコラージュにおいては、何かをする必要性が生まれた時に、そこにすでにあるものを創造的に読み替える。それは時には本来の用途とは別の使い方をしながら、うまく乗り切る〝素人の知恵〟が中心になっている。レヴィ＝ストロースは、そのブリコラージュを〝未開の部族たち〟の持っている知恵として取り上げた。

これらはどちらが良いかという話ではなく、考え方の違いによる。ただ産業革命以降の社会は特に、エンジニアリングの考え方に慣れてしまっている。工事現場とは、まさにそのエンジニアリングが最も働いている場所の一つだ。機械や資材にはそれぞれ一つの目的が当てはめられている。

しかしここでは、そうした用途の記号をすべて一度外して、単なる素材に戻す操作をしている。イベントの用途に合わせてもう一度組み替えているのである。素材自体は何も変わっていないので、一見すると工事現場のように見える。だがそこにあるものはすべて異なる用途として使われている。イベントに訪れた人々はそれに気づいた時に、まなざしが変わる。もし次に他の工事現場の資材を見た時には、これまでとは違った想像力が働くのだろう。

想像力を豊かに持っていると、身の回りにあるものはなんでも素材に見えてくる。私たちは何か新しいことをする時に、何かを持ってきてゼロからスタートしようとしがちである。しかし、その場所には必ず何かがすでにあるのである。何もない状況など実際にはなくて、何もないと思い込んでいる私たちのまなざしがあるだけである。

「これがないからできない」「ここではそんなことはできない」というように、私たちは最初からその場所の可能性を塞いでしまうことがよくある。しかし本当の創造性とは、すべての条件が与えられてから発揮されるのではなく、その場所にすでにあるものをいかに条件にしていくのかという能力である。それを育むためには、そこに物理的にあるすべてを素材として発見しなおすことが重要である。

②記号の変化 —— 客体の心理的なデザイン

―分類《コード》を変える―

客体の心理的な特性とは対象物に与えられた「記号」のことである。記号というと、数字や標識、看板などのサインをイメージするかもしれない。しかしここで言う記号とはそうしたサインだけを言っているのではない。ここで記号と呼ぶのは、その客体に対して社会が共有している「意味」を指している。私たちは客体を物理的に認識するだけでなく、意味として区別して認識しているのである。

例えば、「椅子」「上着」「学校」というように、私たちが見ているほとんどの物事にはそれぞれ「名称《ネーム》」

がつけられている。その名称によって私たちはその対象を認識し、またそれを他の人々と社会的に共有する。その名称は社会や言語が変われば、当然共有のされ方がそれぞれ異なる。英語になると「椅子」は「チェア」、「上着」は「ジャケット」、「学校」は「スクール」と呼ばれる。たとえ視覚的には同じ対象であっても、そこには違う記号が貼り付けられるのである[2]。

その名称に加えて、私たちが見ているほとんどのものには、用途や機能といった「分類《コード》」が貼り付いている。椅子は座るためのもの、上着は着るためのもの、学校は学ぶための場所。こうやってそれぞれ用途に応じて分類されている。同じ素材であっても分類が変わると大きく意味が異なる。同じ石という素材であっても、それが墓石なのか、石像なのか、石づくりのテーブルなのかによって大きく意味は変化する。だからその対象にどのような社会的な分類が与えられているのかによって、私たちはその対象の意味を共有していると言える[3]。

分類と名称は連動していることが多い。分かりやすい例は「出世魚」である。出世魚には同じ魚にもかかわらず、「ハマチ」や「ブリ」など、成長段階の分類に従って異なる名称が与えられている。もちろん人間の出世を考えても「課長」と「社長」では随分と意味が変わってくる。それは単に名称が違うだけでなく、部長と社長では責任の範囲や権限も異なる。だから同じ人間であっても、社会的な分類が変われば意味が変わり、私たちはその意味によってその人への見方を変えることもある。

場所に対しても同様で、分類や名称などの記号によって、同じ場所でも社会的に共有される意味が変わってくる。「江戸」から「東京」へ、「難波」から「大阪」へと名称が変わるのは、時代的な分類や政治的な区分が変更されたことと連動している。こうした記号の書き換えは、ある種のリニューアルやリ・ブランディングであり、その対象の捉え方を新しくする効果がある。

このように私たちは世界を見る時、単に視覚的な体験をしているわけではなく、その客体に貼り付けられた心理的な記号による意味を見ている。この記号とは個人の心理状態ではなく客体に備わっており、社会の多くの人が約束事としているものである。記号は私たちが生まれる前から存在していたり、多くの人間が何度も使用することで社会に定着していき、その記号の体系の中に私たちは組み込まれている。

こうした社会の約束事としての記号があるからこそ、私たちはその場所や事物に対しての関わり方が分かるのである。一見してその対象の名前も分類も分からないものは意味不明なため、関わり方も分からないだろう。[4] 私たちは世界の様々な対象に記号を貼り付けることによって、それを自分の意識化に置いているのである。さらに、そうやって共有された記号が与える意味は、だんだん自明になっていき、私たちは普段意識して確認しなくなる。だからその対象は意味と同化したものとして捉えられるのである。

しかしそのような客体の記号が変化したり失われたりする時に風景が異化される。アートの中には、椅子に見えない椅子や、フォークに見えないフォークなどがあるが、こうした表現は、そのものに貼り付いている分類を一度引き剥がす異化効果がある。これが大規模になったのが、普段は道路として使っている場所をマラソンのルートとして使うというような場合だ。多くの人が共有する場所の記号を一時的に書き換えると、その場所へ向けるまなざしは普段とは異なるものとなる。

この記号の変更には、組み合わせを変えることや、文脈を変えることも効果的である。同じドーナツでもカフェテーブルのお皿の上に盛られるのと、ゴミ箱の中に置かれるのとでは、まるでその分類が異なる。さっきまでパクパク食べていたドーナツが、ある瞬間に突然食べ物に見えなくなる時。それはドーナツから「食べ物」という分類が外れる時である。この分類が外れる時に、ジャメヴュが起こり、純粋に視覚的な状態に変わるのである。

このように客体に心理的な変化を与えるというのは、分類を変化させることで、その客体の意味を変える方法である。風景を異化するには必ずしも素材を変更する必要はない。分類を変更することによって、その位置付けを変えることでもよいのだ。

―フェイクを挿し込む―

分類を変化させることによってまなざしを変えるというのは、現代アートが得意とするところである。その例として、ある山の中で開催された芸術祭で行ったインスタレーションを紹介したい。そのイベントで私に出されたリクエストは「山を丸ごと違う風景に変えてほしい」という無理難題であった。

与えられた場所は、一回りするのに歩いて三〇分ほどかかる広大な山の散策ルートであったが、制作のための予算は多くない。そのため、通常のランドスケープデザインのような大きな空間の改変はできないが、リクエストの山を丸ごと違う風景に変えることにチャレンジせねばならなかった。

まずは現場となる山道を調査しながら色々と観察した。イベントの開催は五月で調査に入ったのが三月。山はこれから春から夏に向けて新しい命が芽吹いてこようとしており、面白い状況になりつつあった。

山の生命《イノチ》は結構グロテスクな姿をしている。クヌギの裂け目にキクラゲのように寄生している植物。擁壁《ようへき》の目地に沿って直線上に走っている笹。倒木した木にビッシリと生えるコケ。まるで人工的に造形されたような植物などがたくさんあることに気づいた。山道を歩きながら、この奇妙な自然をまるで芸術作品を鑑賞するようにできないだろうかと考えた。そこで私は山の散策ルート上の三〇カ所に「作品」を挿入することにした。そして同時に、どこに作品があるのかという地図を作成して来場者に配った。

芸術祭の当日。多くの人が地図を持って山の散策ルートを歩きだす。そして人々は作品のポイントとして地図に指し示された箇所に来てみると、**6-7**のような風景と出会うことになる。一見するとなんら変哲もない山の様子である。周囲を見渡してみても芸術作品とおぼしきものがどこにも見当たらない。やってきた鑑賞者は戸惑ってどこに作品があるのかを探そうとするが、めぼしいものは見つからないのである。

これは芸術祭であり、地図には作品の位置が指し示されている。だからそこに行けば、何か見るべきものがあるはずであると通常は思うだろう。しかしそこには、作品らしいものはなく、単なる山林があるだけなのだ。ここには一体何があるのだろうか。

実は6-8のような大量のプラスチックの植物を、山の中に挿し込んだのである。このシダも草花も全部プラスチックでできている。最近の造花やフェイクの植物は本当によくできており、形や質感まで本物の植物とそっくりにつくられているのでほとんど見分けがつかない。それらを山の中にそっと挿し込むのだ。しかも、いかにもそれが自然に生えていそうな場所に。

そうするとそれが偽物かどうかは本当に分からなくなってしまう。展覧会が始まる前に何度もこの山道を歩きながら、そこに生えている植物を観察し、それに近しい形をしたフェイクの植物を選んで忍ばせた(6-9)。だからそこに訪れた人はその偽物の植物をなかなか発見できない。

6-7

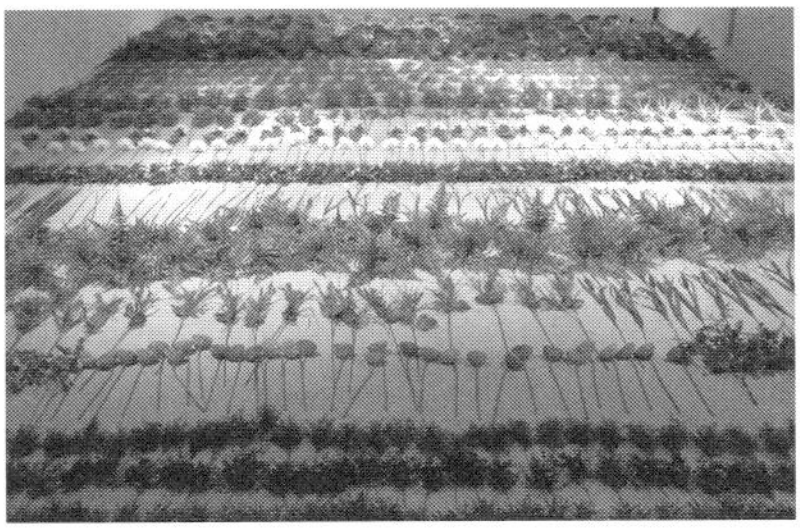
6-8

6-9

6-10

とはいえ、三〇カ所もあるポイントで何度もそのような体験をしていると、訪れた人はだんだん違和感に気づき始める。偶然触れてしまってプラスチックの植物に気づく人もいる。目で見るよりも触れた方が違和感に気づきやすい。勘の鈍い人でも触れると、これがプラスチックでできた偽物であると気づくのである。しかし重要なのは気づいたその後である。

プラスチックの植物はかなりリアルにできている。だから一見しただけではなかなか本物の自然と見分けがつかない。しかしひとたび偽物の存在に気づいてしまうと、山の風景が突然別の状態へとスライドする。つまり、どれが本物の自然でどれが偽物なのかの境界が怪しくなってくるのである。

プラスチックの植物はかなりリアルにできている一方、実際の植物は〝不自然な形〟をしていることもある。だから偽物と本物の判断は意外に難しくなるのだ。偽物と本物の境界線が曖昧になった瞬間に、その人の山へのまなざしはパチリと切り替わる。そうなると訪れた人は詳細に山の自然を観察しだすようになる。その結果、作品でないものまで作品だと〝誤解〟して帰る人が出始めるのである。

散策ルートの途中に小さな池のようになっているダムがある。そこにプラスチックの蓮の葉を一五〇枚浮かべて、あたかも蓮が自生しているかのような状態をつくった(6-10)。一枚、二枚ならばともかく一五〇枚も浮かべれば、まさか偽物ではないだろうと人は思い込む。大きすぎる嘘はバレにくいのである。

しかし、それが偽物だといったん気づかれると面白いことになる。大量の蓮が偽物だと認識した人々には、本物に見える笹やシダの群落も怪しく見えてくるのだ。これらも実は偽物なのではないかと疑い始めるのである。山は丸ごと違う風景に変わってしまう。

―風景の補助線―

「見えてはいるが、誰も見ていないものを見えるようにするのが、詩だ」。これは詩人の長田弘の言葉である。一編の詩は、それまで誰もまなざしを向けていなかったものへ、まなざしを向けさせるための補助線になることを言い表している。補助線とは数学の図形問題などで、そのままの図では解けないものに、一本を加えるだけで答えを導くような線のことを指す。補助線そのものは答えではないのだが、答えを導く手助けをしてくれるのである。

私は山の中に「風景の補助線」を引くためにプラスチックの植物を挿し込んだ。それは普段はつぶさに見ることがない山の自然をじっくりと見る体験をしてもらいたかったからである。山の植物は自然に生えているものであると私たちは思い込んでいる。しかしリアルにつくられたプラスチックの植物の存在に気づくことによって、植物から生命という記号が外れることになる。一見して本物と区別できない偽物が、分類を確認するための補助線となるのだ。その時にまなざしが変わるのである。

余談であるが、植物を記号として見ているのは人間だけではない。放棄水田の中に私が差し込んだプラスチックの草が、数日後掘り返されていた。形跡からして、どうも人間の手ではないらしい。プラスチックに残っていた歯型から、野生の猪がやってきてこれを掘り返していたのだと後で分かった。

それを発見した時には、私は野生の猪のまなざしをデザインした世界で最初の人間かもしれないと本気で思った。しかしよく考えてみれば、野生生物と人間との〝ばかしあい〟は、農作物を守る案山子《かかし》のような形で昔からされている。人間以外の生物が、自然をどのように見ているかは興味深いことである。

私はこの一連の作品を「ニテヒナル／THE FOURTH NATURE」と名付けた。これは似て非なる《ニテヒナル》という意味であるが、同じように見えて違うものを指している。もちろんここでは、植物の形をしたプラスチックのことを指している。しかしこのタイトルをつけた理由は、こうしたフェイクと本物の植物を並べることで、「人は生命《イノチ》を見分けることができるのか」を確かめたかったのである。

自然の花と造花は視覚的には同じような形をしている。だから一見すると両方とも「花」という記号として私たちは見てしまう。しかしよく観察するとまるで違うものであることが分かる。生命《イノチ》は単なる静止した「形《カタチ》」ではない。芽生えがあり成長があり、そして滅んでいくという移ろいの中にある現象である。しかし私たちは生命をそのような現象として見るのではなく、いつのまにか物体と同じ分類として捉えていないだろうか。そんな疑問がくすぶっていたのである。

都市の中での私たちのライフスタイルを観察していると、生命をものとして眺めていると感じる瞬間がよくある。例えば日々私たちが口にする食べ物である。ほとんどの食べ物はスーパーやコンビニなどの店舗で「食品」として並べられている。それは加工や調理されていたり、一部だけが切り分けられていたりすることが多い。

しかし食品とはかつて生命であったものだ。その生命がもともとどういうカタチをしていたのか。それはどのような育てられ方をしたのか。そんなことへ想像力は及ぶこともなく、冷蔵庫に並ぶ食品は単なるものになっている。成分表示が記載されたラベルによって、それが食べ物であることを私たちは知るが、それも賞味期限の日付が過ぎれば〝ゴミ〟として分類され、あっさり捨てられてしまうのである。

もちろんそれは一つの例であるが、一事が万事、私たちは普段から目にするものを様々に分類して無意識に眺めている。そういう日常を繰り返している私たちは、感覚が麻痺しており、生命とモノとの分類の区別がつかなくなっているのではないか。そんな不安があったのである。

それを確かめたくて、山の中にプラスチックの植物を使って補助線を引いてみた。山は物体でできた都市空間とは違って、生命で構成されている自然空間である。そこに生命とは似て非なるフェイクを挿し込むことで、山が持つ生々しい生命力が浮き彫りにならないかと考えたのだ。分類の境界線が揺れる時に、私たちはふたたび目を開く。そのことで自然や生命に対してまなざしを向けさせたかった。

このインスタレーションで、もう一つ問いかけたかったことがあった。それは芸術作品という記号である。〝芸術祭〟に訪れた多くの人は、山の中に置かれているのがなんらかの〝芸術作品〟だというイメージを持っている。オブジェか何かを期待していたのかもしれない。しかしそこにあるのは単なる山の風景と、単なるプラスチックの植物である。もし発見しても、それはいわゆる芸術作品らしくは見えないだろう。

散策ルートの最終地点は不法投棄されたゴミが散乱する場所だった。ここにはあえてプラスチックの白い花を印象的に挿し込むことにした。考えてみるとおかしなものである。散乱しているゴミの山の大半はプラスチック製品だった。挿し込んだ花もプラスチック製である。しかし花の形をしたプラスチックは「作品」と呼ばれ、かたや他のプラスチック破片はゴミと呼ばれるのである。芸術作品とは一体なんなのだろうか。芸術という分類自体が、自然から見ると意味をなさないのだ。このインスタレーション自体も単に山の中にゴミをばらまいているだけの可能性もある。それは果たして芸術なのか。芸術とは意味や記号の一種なのかもしれない。

私たちは対象に貼り付けられた意味によって風景を見ている。その意味は対象と同化してしまうことで、まなざしが固定化するのである。しかしそこに違った補助線を描き、意味を変えると、まなざしを向ける角度も変わってくる。すると見ていなかったものが見えるようになるのだ。

③知覚の変化 ― 主体の物理的なデザイン

―道具《ツール》を用いる―

ここまでは客体を変化させることで、風景を異化するアプローチを取り上げてきた。対象物が変化すると、風景が変化するのは経験的に理解しやすい。その一方でそれを見る主体に働きかけることで、直接的にまなざしを変化させる方法でも風景は変化する。人間が対象物を捉える際には物理的な特性と心理的な特性の二つを用いている。

その物理的な特性の中心は眼である。人間は視覚を中心に世界を捉えているが、眼に映るものだけではない。音や匂い、そして重力や湿度のように、周りの環境を身体で見ているのである。それを全般的に言うと「知覚」ということになる。知覚とは眼の網膜や耳の耳小骨《じしょうこつ》や皮膚といった、身体の「感覚器」を通じて得られる。だから、その感覚器への物理的な入力《インプット》を変化させる方法は風景異化には効果的である。

インプットを変える一つの方法は、身体の状態を普段とは変えることである。最も簡単にできることとしては、視線の高さを普段の位置から変えてみたり、耳をそばだてて何かの音に集中するというような身体的な変化を与えることである。感覚を鋭敏にする身体のワークショップでも、一時的に周りの環境の感じ方は大きく変わる。

身体感覚が修練されていくことによって、風景はより精彩に変化していく。職人や芸術家の技術の修練。スポーツや武道などの身体技法の訓練。これらはすべて知覚を変えて風景の解像度を上げていくことである。例えば動体視力が鍛えられているボクサーには、私たちには見えないようなスピードで動くものが見えている。画家は対象の形や表面の肌理《きめ》、光の方向や反射などを精細に捉えている。こうした鍛錬では手の技術の向上よりも、眼の能力を鋭敏に鍛えることが重要なことがある。

一方で知覚を鋭敏にしていく変化とは正反対に、知覚を急激に奪うことでも環境の捉え方はガラリと変わる。視覚や触覚を奪うことも感覚器への物理的な入力を変えることである。特に私たちは視覚に依存して生きているので、視覚を遮断すると別の感覚が開いたり、視覚とのズレが意識される。例えば目隠しした状態で実際に走ってみると分かるだろう。ほとんどの人は視覚で確認した距離の半分も走ることができないはずである。こうした知覚の遮断を実際にどう役立てるのかという問題はいったん脇へ置いておき、風景を異化するという観点では知覚を奪うことは非常に効果的である。

知覚を鋭敏に鍛えていくことは、本質的な意味でまなざしをデザインする最も効果的な方法である。しかし、その一方で鍛錬にはとても時間がかかる。だから短期的な風景異化を起こす際には、「道具《ツール》」を用いて知覚への入力を変える方法が有効である。例えば、これまで紹介したいくつかのワークショップ事例で使ったような、カメラや人形のような道具は、視覚をフレーミングしたりフォーカスする場所を変える。こういう簡単な方法でも知覚の入力は変わり、風景も変化する。

道具は私たちの感覚を拡張する。裸眼ではよく見えなかったものも、メガネをかけて見れば全然違って見えるし、望遠鏡や顕微鏡といった道具を持てば眼のズームが様々に変わる。集音機や補聴器のような道具は聴覚を拡張し、杖のような道具は触覚を拡張する。車椅子や自転車、スケートボードなどの道具は、運動感覚を拡張する。

またもともと備わっている知覚だけではなく、新たな知覚を生みだす道具も考えられる。温度計のようなアナログな道具から、放射能測定器やレーダーのようなセンシング装置まで、これまでは視覚では捉えられなかったようなものが、こうした道具によって知覚できるようになる。特に新しいテクノロジーや電子的な道具《デバイス》は新しい知覚を開く可能性を広げる。実際の環境にはないものを知覚させる、拡張現実（ＡＲ）や仮想現実（ＶＲ）などの技術は、風景を異化する大きな可能性がある。

こうした道具は身体の延長であるため、訓練することによって、さらに優秀なセンサーとなる。熟練の板前にとって包丁は実際の指よりも敏感に対象を感じ取る感覚器である。盲人の杖の先は目の代わりに環境の微妙な違いを感じとる。剣術の達人にとって刀は手足のように動く。こうやって道具は自分の身体や認識に次第に馴染んでくると、身体と一体となり知覚を拡張させていくのである。

道具を通じて環境を知覚しだすと、私たちのまなざしは変わり始める。道具を使うことを想定して、周囲を眺め始めるようになるのだ。スケートボーダーは階段や手すりや花壇の段差を見る時に、自分が滑ることができるかどうかという視点から眺めている。望遠鏡を持っていると、どこか覗ける場所を探しだす。私たちはトンカチを持っていると、何か叩けるものを探しだす。釣竿を持っていると、魚がいる場所を探しだす。私たちは道具に応じてまなざしを何かにズームし、フォーカスし、フィルタリングするようになる。つまり道具を持つとそれを使うことが可能な対象を探し始める。

こうして道具は人間の知覚を変化させ、次第に道具を使うために必要性を探しだす。だから手段であった道具は馴染んでくると目的化していくことがある。それは人間と道具との関係が容易に反転することを物語っている。最初は人がコントロールしていた道具が、知らない間に今度は人をコントロールするようになることもある。その延長線上には武器を持っているとそれを使いたくなるという危険な考えがつながっている。それぐらい道具というのは人のまなざしを変える強力な力を持っている。だからこそ適切な方法が必要になると言える。

―風景のオルタナティブ―

知覚を変える新しい道具の提案によって、まなざしのデザインを具体的に考えてみた事例を一つ取り上げたい。それは二〇〇八年に、あるプロポーザルコンペに応募したアイデアであるが、ランドスケープでもなく、アートやデザインでもなく、なんと人工衛星の測位情報システムに関するものだった[6]。

ちょうどその当時、数年後に日本で初めての「準天頂衛星」が打ち上げられるというプロジェクトが話題を呼んでいた。準天頂衛星とは、日本列島の真上を通る軌道に打ち上げられる人工衛星である[7]。日本の真上に衛星を飛ばすと何が便利かというと、GPSの精度が飛躍的に上がるのである。それまでのGPSはアメリカなど他国の人工衛星を使って位置を測定していたが、その衛星は必ずしも日本列島の上を通る軌道上にあるわけではないので、位置の測定に誤差が大きかったのだ。

しかし準天頂衛星を上げることで、それが解消されるのである。宇宙航空研究開発機構（JAXA）がそのシステム構築をめざして二〇一〇年に打ち上げたのが、初号機の準天頂衛星「みちびき」である。それは、もちろんカーナビや船舶の航行支援、建築・土木の測量などに活用できる。しかしその他にどんな活用法があるのかは、当時はまだ未知数であった。そこで衛星測位利用推進センターという一般財団法人がアイデアを募集したのである。

グローバルベースという独自の地理情報システムを構築していた研究者の森洋久氏から、そのシステムを活かして、何か提案できないかという相談を受け、その経緯でこのアイデアコンペに一緒に応募する運びとなった。当時から私は情報を用いた風景異化のアイデアをいくつか考えていた。アナログな方法ではあったが、実際に大学キャンパスを使って、インターフェイスを通じた風景異化の実験的なプロジェクトもいくつか試みていた。それを膨らませることで、テクノロジーとデバイスを用いた風景異化のアイデアを思考するよい機会だと考えたのだ。

今回は位置情報という切り口である。ポイントはGPSの精度が飛躍的に上がって、一m以内の誤差が拾えるようになる時に、一体何が変わるのかである。精度が一m以内になるということは、自分とすぐ近くにいる誰かとの識別が地図上で可能になるということだ。目の前の人間が違って見えるような風景異化が起こせる可能性があると考えた結果、GPSを使ったゲームを提案した。

「パラレルスケープ」と名付けたこのゲームは、簡単に言うと都市空間の中で知らない人とする「仮想の鬼ごっこ」である。このゲームには精度の高いGPSとその位置情報が確認できるモニターやデバイスが必要である。

当時はまだそれほどスマートフォンが普及していなかったので、別のデバイスの可能性も考えていた。しかし今これをやろうとすればスマートフォンとアプリで十分である。要はこのゲームはプレイヤーの位置情報を常に追跡する必要があるのだ。

ゲームの舞台は人がたくさんいる実際の都心部を想定した。ゲームの参加者はログインすれば、自分の位置情報が地図の画面上に出るようになる。その地図画面には自分以外にログインしている近くのプレイヤーの位置情報も表示されている。そしてその位置情報はリアルタイムでずっと追跡されているので、画面上でも動き回る。だから近くにどんなプレイヤーがいるかは画面の中で常に分かるのである。鬼ごっこはその地図画面の中だけで行われる。

例えば自分が鬼に追いかけられている側であるとする。そうすると、画面の中には自分の位置と、鬼の位置が表示されている。鬼は相手を捕まえようとすると、そのプレイヤーのいる位置の一m以内に近づく必要がある。逆に言うと、自分は鬼に一m以内に近づかれると捕まってしまうのである。だから画面を見ながら逃げねばならない。しかし実際に目で見えている街の人々の様子からは、誰が鬼なのかはなかなか特定できない。前にいる人が鬼かどうかは地図画面の中でしか知覚できないのである。

例えば信号待ちしている間にちらりと画面を見ると、この横断歩道の対岸に鬼がいるという表示がある。向こうもこちらの存在には気づいているはずである。ヤバイなと思いつつも信号が変わってしまった。しかしここで歩きながら画面を覗いていると、自分がこのゲームのプレイヤーであることに気づかれてしまう。信号が青に変わり、前からはたくさんの人がこちらへ向かって歩いてくる。

この人混みの中の、誰が鬼なのかは分からない。あの背の高いサラリーマンの男性なのか。その横を歩く髪の長い女性なのか。あるいはその後ろを歩くメガネをかけた男の子かもしれない。いや、ヨタヨタと歩いているあの初老の紳士も意外と怪しい……。

そんなことを考えながら街を眺めるのである。確実に目の前の人々に対するまなざしは変わるだろう。少々人間不信になるかもしれないが、それを除けば、街はこれまでとは全然違う楽しみ方ができる。ここでは鬼ごっこであるが、もちろんアプリケーションを変えれば、また違うゲームを楽しむことができる。風景異化の観点から考えれば、そのアイデアはいくらでも出てくる。このパラレルスケープには「都市空間の新しい楽しみ方」という副題をつけることにした。

こうした電子デバイスは日進月歩であり、このパラレルスケープを提案した時よりAR技術が進んでいるので、今ではより様々な可能性が広がっている。実際にARを用いて、観光地などの眺めに画面の中で違う映像を重ねることで活性化を図るような事例もよく見られるようになってきた。

現にGPSとARを活用した世界的なゲームである「ポケモンGO」は二〇一六年七月にリリースされている。[8] 道具を使った風景異化のアイデアはゲームにとどまらず、地域活性化や観光、世代間コミュニケーションなど様々な社会課題を解決する活用方法がある。適切に使われれば、今後大きな可能性があるだろう。

―知覚の混乱―

ＧＰＳという道具の元を辿れば地図に行き着く。地図は私たちの位置に対する知覚方法を変えた。地図的な認識は視点場が上空にある。だから地上にいる私たちがアイレベルで見る実際の風景とは異なるのである。しかし私たちは地図という道具に馴れ親しむことによって、自分の位置を風景の中に重ねて想像することができる。

私たちはよく知っている街であれば、自分が街の大体どのあたりの位置にいるのかを認識している。それは誰しもが頭の中に想像上の地図を持っているからである。地上を歩く経験は蓄積されていき、空間的な位置関係を頭の中に描く。

それは道具と知覚との新たな関係を考える例の一つと言えるだろう。私たちは地図という道具を手にしたことによって、地図的な空間の捉え方を、新たに脳に開いたともいえる。地図を実際に手にしていなくても、地図的な知覚で街を見ているので目的地に辿り着くことができるのである。

例えばカーナビを使う時をイメージすると分かりやすいかもしれない。私たちはカーナビを使う時に、画面の中で指し示されている情報と、実際の景色を重ねながら目的地へ向かう。時々、カーナビが示すことが間違っていることもあるし、実際に見えている眺めとズレることもある。その際に知覚が混乱し、風景異化が起こる。私たちが眼で見る知覚と、脳で見る知覚がズレることで起こる混乱である。

「パラレルスケープ」では、そのズレや混乱をポジティブに捉えて、より強調するような提案をしている。このゲームを提案した時には話を面白くするために、鬼と鬼以外の人を、宇宙人と地球人というように分けてストーリーをつくった。しかしそれは、ハンターと獲物でも、赤と青でも、AとBでもなんでもよい。二種類の情報がデバイスの中で区別されるといいのである。ポイントは、目の前にいる人が敵か味方かが、人々の外見からは判断できないという状態である。それを識別するためには道具に頼るほかない。そしてその道具が指し示す情報と、実際に見えている情報のズレが大きいほど、大きな風景異化が起こるのである。

風景異化とは知覚の混乱である。まなざしのデザインでは意図的にその混乱を起こして、様々なオルタナティブな風景を見せる。それは強すぎれば単なる混乱である。しかし安全に混乱を起こすことで楽しめれば、色んなことに気づけるのである。道具はそのための一つのアプローチである。

知覚の混乱は、私たちの身体の感覚器へのインプットが変化するだけではなく、脳神経の物理的な変化でも起こりうる。近年は脳科学がめざましい発達をすることで、身体と精神、知覚と認知の線引きは急速に曖昧になってきている。脳は物理的・化学的に変化することでも、私たちの心理状態を変える。脳神経系統という捉え方をすると、物理的な知覚と心理的な認知の境界をはっきりと区別しづらくなる。

アルコールやドラッグなどによる脳や神経の化学物質の変化、また電気刺激による物理的な刺激によっても、私たちの知覚は混乱し、心理状態も変化する。こうした薬物や電気刺激によって感覚器や脳神経への信号の入力を変えて幻覚を見せる風景異化も、極端に言えばまなざしのデザインに用いることは可能である。

実際に脳科学の最先端の現場では、脳に電極を挿してその電気信号や神経伝達物質をコントロールするＢＭＩ（ブレインマシンインターフェイス）のような研究も盛んにされている。[9] そこでは機械によって強制的に外からの脳回路を書き換えるようなことで、脳内風景をデザインする可能性が示唆されている。

外から脳の配線をつなぎ替えるような方法はかなり危険な側面がある。だから物理的に脳の回路を書き換える方法は、洗脳やマインドコントロールなどと同様に、倫理的な問題を慎重に検討せねばならない。しかしそれらもまた風景異化を起こす極端な方法の一つであると言える。

④認知の変化 —— 主体の心理的なデザイン
—型《モード》を取り替える—

主体の心理的な特性である「認知」を変化させる方法は、まなざしのデザインにとって最も重要である。なぜならば、見方が変わるとは、この認知や認識が変わることだからである。だから他の方法を使ったとしても、まなざいのデザインは最終的にはその人の認知を変えることへ向けられている。

認知とは、人間が頭の中に持っている理解と想像の型《かた》である。環境の理解の仕方や解釈、そして意味と言ってもいいだろう。感覚器からインプットされ、神経を通じて脳にやってくる情報を解釈し、その価値を判断するような心理的な働きのことである。その心理的な働きが変化すると、目の前の風景が異化される。その方法として、ここでは道具や電気刺激などを用いて物理的にアプローチする方法ではなく、主体が抱く意味や想像力へ働きかける方法を採る。

私たちは環境や物体などの客体について、認識の型を持っている。道路は歩く場所で、椅子は座る場所で、パンは食べるものであるというような、私たちが頭の中で認知しているフォーマットである。これは客体の記号と似ているが、具体的なデザインの対象が異なる。つまり対象に貼り付けられた記号を変更するのではなく、人間の認識の方へアプローチするのである。普段している行動や、頭の中で習慣化している認識の型に対して働きかけることで、結果として風景は異化される。

街の大通りをマラソンのコースにするなど、対象に働きかけて記号《コード》を変更するのとは異なり、認知へのアプローチは個別の主体の想像力へと働きかける。その方法として新たな知識や別の情報、知らなかった歴史や込められた物語などを伝えることも有効な方法である。ある場所や対象についての認識の型が変わると、風景も変化する。例えばある公園を目の前にしながら、ここで出会って結婚した幸せなカップルの話をするのと、ここで起こった凄惨な殺人事件の話をするのでは、随分と印象が変わってくる。どういう情報を与えるかによって風景は操作されるのである。

対象への認知は、言葉にならないイメージや経験などの情報によっても変化する。ホラー映画を観た後に、暗い廊下を歩くのが怖くなるのは、廊下への認知が変更されているからである。海で溺れそうになる経験をしてしまうと、海に対してのそれまでの認知の型は書き換えられる。強烈な経験は急激に認知の型を変え、また頭の中に記憶として蓄積し反復されることで、長期間においても徐々に認知の型を変更する。

認知が変化すると、個人の中での意味が変化する。それが拡がり、その新しい意味が社会に共有されていった結果、その対象の記号も書き換えられていくのである。いずれにしても両方とも私たちの頭や心の中で抱く想像力が生みだしている。記号が人々の集合的な想像であることに対して、認知はその人の個人的な想像であると言ってもいいだろう。

もちろんこれらは完全に分離することはできない。どちらも相互に関連しているからである。しかしここではデザインのアプローチとして最初にモノへ働きかけるのか、ヒトへ働きかけるのかの選択の仕方を変えることは可能である。

だからここでの主体の個人的な経験や行動、そして知識や情報に直接働きかけるというアプローチを記号へ働きかけるものとは分けて考えた。例えば、第2章で紹介した見立百景では、共に参加者が普段はしないような行動の型を与えている。こうしたワークショップという方法は主体の経験や行動に直接働きかけやすい。普段のフォーマットからズラされた経験や行動がその人の認知を変えるからである。

―風景を演じる―

私たちの行動や認識の型に働きかけるパフォーマンスの試みを、二〇一〇年頃からいくつかの街で実験的に実施している。これは参加者と一緒に〝街を演じる〟もので、「エクソダス（脱出）」と名付けている。パフォーマンスに参加する人々にとっては、これまでの認知の型から脱出し、出くわした人々にとっては街での振る舞いの記号から脱出するという意味である。

私は「風景になる」ということを度々試すことで、自分に対する認識の型に変化を与える試みをしている。その方法は、都市空間でパフォーマンスをすること、俳優として映画や舞台で役柄を演じること、講義や講演として人前で話すことなど様々である。しかし自らの身体を風景にしてみると気づきがたくさんある。

何かを演じるというのは、自分の振る舞いの型に自覚的であることが必要である。なぜ自分はそこでその行動を取るのか。どういった周りの状況が自分にその行動を取らせるのか。ある行動をするうえでの動機や、その思考パターンがどういうものなのかを見つめてみるのである。

私たちは、普段必ずしも自覚的に行動しているとは限らない。むしろ、いつもしている行動や、慣れ親しんだ場所ほど、私たちの振る舞いは無意識の型になっている。そして、それを疑うことは少ないのである。だからその振る舞いのモードを変えてみることで、まなざしを変える可能性を考えてみた。

エクソダスでは、普段私たちが街の中で取っている行動から、〝脱出する〟ことを試みる。つまり普段しないようなことを街の中でしてみることである。これは一人でやると、単なる奇異な行動かもしれない。しかし集団でやるとまた違った風景が現れる。だからこのパフォーマンスは一緒にする参加者がいないと成立しない。というより、一緒にパフォーマンスをした人々の中の認識の型に刺激を与えていると言ってもいいだろう。特に難しいことはなく、誰でも参加できる。場合によっては一般の方々から参加者を募ることもある。

この実施は参加人数が重要である。二〇人以上いれば風景異化として街にも刺激を与えられる規模になるだろう。私たちが演じるのは街の人々なので、年齢構成や社会的な立場などはできるだけバラバラに見える方が効果的である。そしてパフォーマンス中の指示はその都度に目立たない形で出される。ルールとしては、互いが顔見知りではなく、まるで無関係であるということを演じること。そして、その行動がさも当然であるかのように振る舞うこと。この二つである。

例えば、まず二〇人ぐらいの集団で街へ出ていく。この人々を「一列で歩く」(6-11)という行動を取るように指示してみる。そうすると普段とは違う状況が街に生まれる。私たちは普段、何か特別な理由がなければ一列になって歩くことはない。行列ができることはあっても、まるで関係なさそうな人同士が、ぞろぞろと街の中を一列で闊歩するということはないのだ。

6-11

6-12

さらに先頭を歩いている人間が「誰かについていく」と、より面白い状況が生まれる。後ろに並ばれた無関係の人は自動的に先頭になる。そうするとあたかも自らの意思で、私たちを引き連れて歩いているかのように見え、パフォーマンスに巻き込まれてしまうのである。横断歩道で待っていて後ろを振り返ると、自分の後に列がずらりとできている。自分が知らない間に街のルールが変わってしまったのではないかと思うかもしれない。

誰かがまなざしを向けているものに対して、人は特に関心を示す。それが最も効果的なのはカメラを向けることである。「街灯の柱をカメラで撮影する」では、二〇人が携帯電話やデジタルカメラをかざして、何もない電柱を撮影する。そうすると大勢の人が立ち止まり、一緒になってそこに何かを探そうとするのである。色んな推測をして見るべきものを勝手に設定して納得しだす人も中には現れた。カメラは人のまなざしが拡張されたものである。大勢がまなざしを向けることで見えないものが見えるようになったり、価値がないものに価値が付与されたりするのだ。これはまともに考えると実は怖いことである。

二〇人で「エレベーターに乗りつづける」(6-12)ということを試してみた。二台あるエレベーターの一方に乗り込んで、ずっとそこにとどまって上り下りを繰り返す。そうすると一台だけ混み合っているという奇妙な状況が生まれる。この時に、全員がドアを背にし

6-13

6-14

て立ってみるとどうなるだろうか。後から乗ってきた人も、そのルールに従って背中向きに立ち始めるのである。二〇人が同じ行動を取っていると、そこに無言のルールが生まれる。これは街の規範を考えるうえで非常に示唆的なことである。

より積極的な行動を取ってみると、その街で共有されている振る舞いや心理が浮き彫りになる。普段は放置されている路上の自転車を、「係員の腕章をつけて勝手に整理」(6-13)してみた。写真の中央にいる年配の男性は自転車をとめようとやってきた人である。その時に私たちが係員の腕章をつけて整理をしていた様子を見て逡巡していた。そしてついに私のところに近づいてきて、こうつぶやいた。「申し訳ないが五分だけ置かせてもらえないだろうか?」と許可を求めたのである。私たちは自主的なパフォーマンスとしてやっているので、そこには何も公的な位置付けはない。しかしこの男性は、私たちに何か権力的なものを感じていることが分かる。

スクランブル交差点で「白紙のチラシを配る」(6-14)という行為をしたこともある。通りがかりの人に紙を差しだすと、それが白紙であっても人は無意識のうちに受け取る。そこに書かれている何かを探そうとするのだが、見つからないと不安になるのだ。自分が受け取ったものは、一体なんなのかを考えだすのである。私たちのパフォーマンスの隣でポケットティッシュを配っていた女性がいたが、人々はその女性にはなんの違和感も感じなかった。理由が分からない私たちのパフォーマンスには、怪訝なまなざしが向けられるのである。しかし興味深いのは、こちらがずっと白紙を配りつづけていると、その状況がだんだんと変化してくることである。隣の女性まで私たちの仲間として、一緒にパフォーマンスをしているように見えてくるのである。そして誰がパフォーマーなのか、だんだん見分けがつかなくなっていく。

―ルールの外からまなざしを向ける―

エクソダスに似たパフォーマンスは、最近では「フラッシュモブ」という名前で呼ばれて定着してきている。しかし、皆がやり始めて一つのジャンルになっていくと、それは途端に記号となってしまい、力を失う。この状況が仕組まれたパフォーマンスだと分かった瞬間に、人は思考することを止める。それはパフォーマンスというフレームの中で、目の前の状況を捉えるようになるからである。だからエクソダスでは、どこからどこまでがパフォーマンスか分からないように気をつけることにしている。誰が観客で、誰が演者なのか区別がつかず、一体何が起こっているのかの理由が分からない状況に意味があるのである。

街を見渡すと、様々な人が様々な行動を繰り広げているように見える。しかし面白いことに、脚本が与えられているわけでもないにもかかわらず、人々の行動の型には一定のパターンが見られるのである。夕方に京都の鴨川沿いに出てみると、夕涼みしているたくさんのカップルが、川辺にずらりと並んで座っているのが見える。その座る距離は、カップルとその隣のカップルの間がきれいに等間隔になっているのだ。他にも電車の席の埋まり方や、喫茶店の埋まり方を見ていると、パターンが見られる。必ず席の端から人が座り、混んでくると等間隔に距離を保ちながら、次第に間が詰められていくのである。

私たちがそのような行動をするのは、自分の身体の周囲に見えない領域を持っているからである。文化人類学者のエドワード・ホールはその領域のことを「パーソナルスペース」と呼ぶ。[10]私たちはそのパーソナルスペースの内側に、親しくない誰かが入ることをいやがるのである。だから無意識のうちに人との間に距離を保つのだ。

こうして、私たちは見えない補助線によって行動を方向づけられているが、それは本能的な習性だけではない。社会的に引かれた補助線も、私たちの行動に影響を及ぼすのである。例えば日本では、エスカレーターに乗る際に左右のどちらかに寄って並ぶ。この並ぶ時の立ち位置が、東京と大阪では逆になるのは有名な話である。なぜそうなっているのかをあまり考えることはない。それはそういうものであるとして、私たちは同じように列に並ぶのである。

私たちは、その時の状況や、周りの人のまなざしに合わせるように、行動を決めていることがある。人は一人の時の行動と、人に見られている時とでは行動が変わる。誰かのまなざしを気にして動くのである。そして、多くの人々が行き交う街は、皆が皆に視線を向け合う「まなざしの集合体」と言える場所だ。そんな場所では何が適切な行動で、何が不適切な行動なのかという暗黙の公共性が生まれてくる。まなざしの集合によってそこに社会規範《ルール》が生まれ、それは生活の型となって私たちの認識を導く。

こうした社会規範や公共性は、かつてはその場所での営みの中で自然に生まれてくるものであった。同じ土地で、たくさんの人が争わずに仲良く生活するために必要だからである。それがはっきりと明文化されていったものが、法律や制度という記号になる。

しかし今の街には、必要なのかどうか分からないような法律や制度がたくさんあるように思える。「街角でギターを鳴らしてはいけません」、「路上で物を売ってはいけません」、あげくの果てには、「公園でキャッチボールをしてはいけません」ということになる。

一体どういう意味があるのか明確ではないルールは単なる記号だ。それがなぜダメなのかという理由が共有できないまま、ルールを押しつけられて従っていることがある。そうやって与えられているルールに、自分でいちいち判断せずに従っていると、今度はそれが無意識の型となってくる。

なんとなく街を眺めて、なんとなくその場の型に従っていると、そのうちに周りの物事に対する疑問は次第に薄れていくのである。私たちは、なぜその行動をしているのか、なぜその場所にそのルールがあるのかを改めて考えなくなる。そうすると今度は物事の判断基準が「ルールに従っているかどうか」に変わってしまう。まなざしが集まるからルールが生まれるのではなく、決められたルールにまなざしを合わせることになる。

ルールとは私たちが共有している記号である。街ではどういう振る舞いが共有されていて、どういう行動は許されないのか。それに対して街の人々が想像したことが集合した結果として、取り決められるものである。しかしそれは繰り返される間に、だんだんと単なる記号になり、私たちの行動や認識も、単なる型にはまっていく。だからこそ、もう一度それに正しくまなざしを向けなおすためには、その想像の型をいったん外して、全く違う型を取ってみることが重要なのである。

―創造性のためのフレームワーク―

私の取り組んできた事例も交えながら、風景異化を起こすための具体的なアプローチを考えてきた。客体の「環境」と「記号」、そして主体の「知覚」と「認知」を変化させるのに、それぞれ具体的な方法を採るということ、さらにそれが「素材」「分類」「道具」「型」をデザインすることであるという整理をした。

これらは単独で変化させる方法でもよいし、組み合わせることもできる。多くの場合はどれかを端緒に方法を考えれば、他のものも変更されることになる。ここに示した方法は、大きなフレームワークであり、実際にはそれぞれの現場で毎回試行錯誤して個別の手法を培うことが重要である。それぞれの現場によって事情は異なるので、出てくる答えも変わってくるだろう。

しかしまなざしをデザインする最も重要なポイントは、主体の認知の状態が変更されることである。風景異化という現象を利用するのは、あくまでもまなざしにはめられた枠の存在に気づくことを目的としている。心の中にある枠は見えないので、それをいきなり直接変化させるのは難しい。だから物理的で分かりやすいものから操作していく。「環境」や「記号」といった客体や、主体の物理的な「知覚」に刺激を与えるのも、認知を変更するための間接的なアプローチである。

一時的な「型」の操作は、認知の方法を直接変更するアプローチであるが、他のアプローチを取っても、最終的にはこの認知が変更されることが重要である。見方が変わることを言い換えると、それはすなわち世界の認知が変わることであるからだ。

風景異化を利用したこれらの方法は、デザインやイノベーションという区別を超えて、何かを創造するためのフレームワークとしても使うことができる。客体と主体の関係性である風景とは、個人が目にする世界の事象のすべてである。だから風景を扱うこのフレームワークでは、様々なものが操作の対象として捉えられる。

このフレームワークそのものは、創造性の開発や教育の方法としても応用できる可能性もある。これに沿ってモノを眺めて思考すること自体が、モノの見方を変える一つのツールになりうるからである。創造的な見方は、デザイナーやアーティストといった専門家だけのものではない。本来は誰でも創造的な見方ができるし、訓練によって育てられると私は考えている。

日常の中でのほんの小さなことでもいいので、想像力をこれまでとは違う形で開いてみることは創造性を培う訓練になる。創造的に見ることができると、日常は冒険の場へと変わる。それだけでなく固定化されたまなざしを揺さぶり、様々な方向から物事を見る体験は、物事への認識が深まり、寛容な心を育て、結果として人間を成熟させる。そのために、まずは自分の風景を異化する体験を持つことが重要である。

第7章　場を組み替える

コミュニケーションのデザイン

風景異化を用いたまなざしのデザインを、実際の社会の課題へと応用した事例をこの章では取り上げてみたい。すべての行動の根元になっているのは、私たちのモノの見方である。だからその変更を促すまなざしのデザインは様々な局面で応用が利く。しかしそれが特に社会の中で役立つのは、人同士のコミュニケーションの場においてである。

今の社会の問題の多くはコミュニケーションの問題と言ってもよいかもしれない。対人関係から、組織間の関係、そして国同士の関係に至るまで様々なレベルで行われるコミュニケーション。そこでは必ずと言っていいほど意見の食い違いや、認識の違いといった問題が起こる。コミュニケーションの問題は社会的に大きな課題であり、誰もが頭を悩ませる問題だろう。

コミュニケーションとは言葉のやりとりだけではない。人間は言葉以外でもコミュニケーションをしており、むしろ言葉ではない部分が本質的である。だから、言葉上の意味は完全に共有されて内容も伝わっているにもかかわらず、コミュニケーションに問題が生じることは少なくない。

言葉以外で交わされているコミュニケーションが、言葉の解釈や意味の方向性を導いているとも言える。同じ言葉であってもそれを口にするのがどういう人なのか、どういう関係性やシチュエーションで言葉にされるのかによって、まるで違った意味となるのだ。

コミュニケーションの問題とはつまるところ、双方の意識やイマジネーションの問題である。その双方の意識がズレたまま固定化することが、問題を生むのである。その解決のためには個々人の意識の問題よりも、「場」の問題として捉えた方がうまくいく場合がある。

場は特に人々のコミュニケーションに無意識に影響を及ぼす。人は物理的な場の状態を読み取って、自分の意識や振る舞いを変えている。会議室で交わされる会話は、パーティ会場で交わされる会話とは、内容が全く違う。ソファに座ってくつろいで話す時と、エレベーターの中で立ち話する時では、話す内容もまるで変わってくるだろう。どういう場で会話するのかは、会話の内容にまで影響する。

場は人々の心理状態を誘導し、そこでのコミュニケーションの型の下敷きとなっている。だから場のデザインがコミュニケーションにとって重要であるのは、そういった無意識の文脈をセッティングするためである。そう考えると空間デザインとは単に機能的に空間の設えをつくることではない。物理的な空間を通じて人々の意識と無意識を導き、コミュニケーションの型を設定することでもあるのだ[1]。

一方で場は物理的な設えだけでできるのではない。人の意識の状態もまた場を生み出す。物理的には全く同じ空間であっても、人々が激しく口論している時と、和やかに話している時では、その場の状態は明らかに違う。それは個々人の意識の問題というよりも、意識が寄り合わさることで生まれる「場の空気」である。それが見えない補助線としてその場でのコミュニケーションの型を導くが、それが閉塞した時に問題が生まれる。

そういう場合に風景異化が有効に働く。場の状態と人々の意識との間にある閉塞した関係を組み替えることで、問題が解決されうるためである。それは論理的な方法で行われるわけではない。コミュニケーションの問題が言葉だけではない以上、論理的で理性的なアプローチだけでは役に立たない。そこではむしろ、感覚的で無意識に働きかけるような力が必要になる。

その際にアートの出番がやってくる。アートは私たちの感覚や無意識へ働きかけ、想像力《イマジネーション》を柔軟に組み替える力を持っている。それが場に別の空気をもたらし、結果としてコミュニケーションの問題をいつのまにか解決しうるのである。

人々のコミュニケーションや意識が、ある型にはまり記号化してしまっているような場でこそ、論理的ではない方法で風景を異化するアートの力が発揮される。それが人々のまなざしや関係性を組み替えるのに役に立つのである。

人の生死に関わる場所

街の中でも特に場所の記号が強く、コミュニケーションの条件が厳しい場は一体どこだろうか。最も条件が厳しい場所で風景の異化が力を持つのであれば、おそらくどのような場所でも展開できる可能性が広がるだろう。

都市には様々な場所がある。街路や公園、河川や商業施設、役所や駅、広場や交差点。どこもそれなりに制限がある場所である。それぞれの場所には社会的な記号がそれぞれ埋め込まれている。つまりその場所でどのように振る舞うのかという社会的な約束事である。その約束事に従う形で人々の意識や、コミュニケーションの型は導かれている。制限が多い場所ほど、すべきこととすべきでないことの記号が強くなり、人々のまなざしもだんだん固定化されていく。それが最も強く働く場所は一体どこだろうか。

そのうちの一つに"病院"という場所があるのではないか。特に大規模な病院は、社会的な属性や立場の違う不特定多数の人々が訪れる公共空間の一つである。それは都市の縮図のようなものであり、様々なコミュニケーションが生まれる場所である。しかし一方で、病院は人の命を救い、病を治療するという強い目的を持つ場所でもある。

強い目的を持つ場所では、その場所にいる人々のまなざしは全員その目的に照準を合わせる。だから逆に目的にそぐわないことに対しては、不必要なことであるとされがちである。そうなると人々のまなざしやコミュニケーションもだんだん閉塞していく。

しかし、そんな場所でこそ、固定化されたまなざしを組み替え、人々の意識をふたたび新しくするような役割が求められる。アートがそれに貢献できることは少なからずあるはずである。私がそう考えるようになったのは、ある病院のアートプロジェクトに関わるようになった二〇〇七年のことである。

大阪市立大学医学研究科の山口悦子先生からアーティストとして病院に関わってほしいというお話をい

ただいたのが最初のきっかけである。大阪市立大学医学部的属病院ではそれまでの数年間、山口先生や当時の庶務課施設担当の平井祐範副課長などの努力により、プロのアーティストと職員との共同によるアートプロジェクトが継続して企画されていた[2]。多くの病院とは異なり、院内で芸術的な活動を行うことへの理解が共有されていた稀有な場所である。

私はこの病院で三年ほどアーティストとして関わらせてもらったことで、その後、病院や医療ということが自分の中で一つのテーマとなった。その取り組みの一つとして行った二〇一〇年のプロジェクトをここでは取り上げたい。それは八〇〇以上のベッドがある入院病棟で行った風景異化の取り組みである。そこでは風景異化によって入院病棟にいるすべての人々のまなざしとコミュニケーションをデザインすることにチャレンジした。

急性期の入院病棟は特に生死に直結する問題を扱う場所である。だから他の公共空間と比較して行動や表現の幅が非常に限定されている。病院の中では病気を治療するという目的以外の行為は極力限定され、患者の行動にも制限が加えられる。医師、看護師、ナースエイド、職員、患者の全員がそれぞれの役割を果たしながら病気を治療していくことへ意識が向けられている。だからそこでのコミュニケーションはすべて治療と回復という目的に向かって進んでいく。無駄話に時間を割くことは少なくなる。

一方で、数日から時に何ヵ月に至って入院生活をせねばならない患者たちは心に不安感を抱えている。物理的な治療だけでは取り去れない不安から解放されるコミュニケーションを心のどこかで望んでいるのではないだろうか。それは患者たちだけではない。毎日のように人の生死に直面する厳しい医療現場に置かれた医師や看護師の心の中も、無意識のうちに余裕を失っていることも多い。そのような中で、治療という目的から一瞬でも離れたコミュニケーションの時間を持つことは大切なことのように思える。

病院は人々の閉塞した意識が積み重なる場所である。だからこそ、すべての人々のまなざしを一度リセットするための場の異化が有効である。そして、それが結果として閉塞したコミュニケーションを組み替えるような意味を持つのではないかと考えたのである。

無駄な空間

そんな異化の試みをするのに最もふさわしい場所として見つけたのが、入院病棟の六階から一八階までのすべてを貫いている光庭だった。この光庭は病院の中央に位置していて、一辺約一二mの正方形をしている。そして一二階分がすべて吹き抜けになっており、空に向かって開いた五〇m以上の縦穴になっている。それに加えて、この光庭に面する壁は採光のためにすべてガラス張りであり、四周にある廊下を見渡せるようになっていた。

この光庭には全病棟が面している。だから異なる階にある入院病棟に視線が通る唯一の場所だ。光庭に出ることはできないが、エレベーターホールもナースステーションもこの光庭が見える場所にある。つまり入院病棟を行き交うすべての人々が、この光庭を必ず目にする構造になっているのである。だからこの場所が、院内のすべての人のコミュニケーションを空間的に生みだせる唯一の場所だと考えた。

ところがここは、院内では積極的な意味が見いだされている空間ではなかった。光庭は建物の構造上の光取りを目的に設けられている場所である。だからこの場所を眺めている人もほとんどいない。病院の中央にあるにもかかわらず、それはまるで裏側のように意識が向けられていない場所であった。

そこで、医療従事者の何人かにこの場所についてどう感じるかを聞いてみることにした。返ってきた答えは、ほとんどの人がここをそれほど重要視していないということだった。それどころか、このような場所が病院の中心部分にあることに意味を見いだせないという意見もたくさんあった。この場所を何もない状態で空けておくことは無駄なのではないか。むしろ病棟として整備する方が、よりたくさんの入院患者の方を受け入れられるのではないか。そんな意見が会話の中で上がっていたのだ。

確かにそれはそうかもしれない。病院の経営効率を考えても、ここを病室にする方がいいだろう。治療を受けたいけれどベッドが空いていなくて、入院することが難しい人々もたくさんいる。そんな人々を助けるためにこの無駄な場所を活用するべきであるという意見には、誰もが納得する理由がある。

しかし一方で、誰もが納得して、同じような考えになっている時こそ気をつける必要がある。誰もが共有する感覚だからこそ、盲点がある場合もあるのだ。だからその外側からまなざしを向けてその正しさを確かめる役割を、誰かが担わねばならない。

人が〝無駄だ〟とか、〝価値がない〟とか、〝意味がない〟というような状況。そんな状況であればあるほど、本当にそれは無駄なのか、意味がないのかと誰かが考えることは大切なことである。それを全員が常に考えている必要はない。しかし、社会の中でそれを考える役割が担保されていることが大切だと思うのだ。

誰かが別の補助線を描いておくことは、大勢の人が抱いている価値観や、感じている意味が、移り変わる時に重要になる。それは車のハンドルの〝あそび〟のような役割を果たす。それが結果として社会を柔軟にするのである。

機能や効率だけを見つめていると、その目的以外のことはすべて無駄だと見なされがちである。しかし合理的な仕組みだけでは、人が生きるのを支えることは難しい。一見、無駄に見えるようなものにこそ、人々の心を支えるための大切な役割があるのではないだろうか。この場所もそんな役割を持っているように思えた。

見ることと見られること

この光庭はとても視線の通りがいい場所である（7-1）。すべてガラス張りなので上下左右を見渡すこともできる。それぞれの階には違う入院病棟があり、そこで人々が違った様子で過ごしているのも見える。特にこの場所は同時に数階分が見渡せるため、人が歩いたり動いたりする様子の違いが目に入る。その様子はバラバラのようにも見えるが、ずっと眺めていると一日の中で同じようなリズムを持っていることにも気づく。そこを眺めているだけで様々な風景を目にすることができる。

つまりこの窓辺はまるで観客席のように、"人々のドラマ"を眺めるのに格好の場所だと言える。同時に、ステージのように自分も見られる対象となり、ドラマの中に入り込んでいることにも気づく。ここはステージと観客席との区別がない劇場のように、互いのまなざしを交わし合う一つの場になっている。

今はここでは何も起こらないので、誰もまなざしを向けていない。しかしひとたび何かが起こればおそらく大勢の人々がまなざしを交わし合うだろう。この病院には患者、医師や看護師、ナースエイドなどの医療従事者、事務職員や清掃員などの医療スタッフ含めて一五〇〇人以上の人がいて、見舞いに来る家族や友人など合わせると膨大な人々がいるのである。そのすべての人々が一堂に会して互いにまなざしを交わし合うコミュニケーションがここでは生みだせるのではないかと考えた。

とはいえ、ここにまなざしを向けさせるための仕掛けとして、オブジェクトを置くことはそれほど有効ではない。縦に五〇mという広大な空間で、平面的なオブジェクトを置くことは視覚的な効果としては小さいからである。しかし、何かを立体的に吊るす大掛かりな仕掛けをする予算はなかった。

一見何もないように見える光庭の中をよく観察してみると、実に様々なことが起こっている。この光庭は四周を建物で囲まれていて、上部は空に向かって開口している。それは、いわばコップの中のような空間になっ

7-1

ているのだ。だから外で吹いている風の影響をそれほど受けずに空気は穏やかに流れている。雨や雪の時でも横殴りの雨ではなく、真っ直ぐに穏やかに落下してくる。中を流れている空気も、冷たいものは下に、暖かいものは上に移動するので、上下で空気の温度が異なる。

そして空に強風が吹き荒れる日は、この光庭の底の方の空気は持ち上げられて、中の空気が動き始める。ちょうどコップの中に軽い紙吹雪を入れて横から息を吹くと、中にある空気が持ち上げられて紙吹雪が舞うような感じである。私たちには普段見えないのだが、実はこの光庭の中では見えない"空気のドラマ"が様々な形で繰り広げられているのだ。

ゆえに、この垂直に広がる縦穴で起こっている空気のドラマを、一時的に見えるようにできないかと考えていた。敏感に空気に反応しながら、一時的にやってきては消えゆく現象によって、はかない空気の動きを可視化する。そうやって場を劇場化することで、そこにたたずむ人々が互いにまなざしを交わし合う。見ることと見られることの両方が一つになる場を生みだすことによって、人々のコミュニケーションを組み替えていけないかと考えた。

霧はれて光きたる春

二〇一〇年三月八日。穏やかな月曜日の夕方にその場所は一変した。太陽が南から西へ移動した夕方の一六時二五分。光庭の一番底である六階はすでに薄暗くなっている。反対に一番上の一八階は強い西日が差し込んでいてとても明るい。

ずっと一緒にこのプロジェクトを進めてくれた看護師長の優しい声が、全館放送を通じて入院病棟に響き渡る。これから中央の光庭で霧とシャボン玉によるインスタレーションの「霧はれて光きたる春」が始まるとそのやわらかな声は告げた。

一六時三〇分。一滴ずつしたたる水の音が静かな院内に響き渡る。光庭の底からは空に向かって光がゆっくりと上げられ、これからやってくる出来事の気配を伝えている。この雨音を合図に人々は窓辺に引き寄せられて病室を抜けだす。

7-2

一六時三五分。シューッという発生音と共に煙が底から上がり始める。大きさを増す音と共に、まるで事故のように発生した煙はゆっくりと上がり、各階で眺める人々の前を通過していく。下からやってくる白い塊が目の前を通過すると、窓の外は真っ白に染まり視界は奪われる。空まで達した白い煙は風に吹かれて散り散りになるが、光庭の中は霧に満ちたままだ。不安なぐらい、量と勢いを増す霧は、さっきまで光庭の対岸に見えていた人々の姿を深く閉ざしていく。

一六時四〇分。下からやってくる霧は音と共に完全に止まる。遠くで鐘が鳴るような音の中に、静けさと不安感の入り交じるような音色が漂う。白く光っていた空気は、気がつけばほんのりと青い色に変わっていて寒々しい。音がこだましているだけで何も起こらない時間。しかし霧はだんだんと薄まっていく。

一六時四五分。不安な音色の中にオルゴールのような音が入り始める。一定のリズムを細かく刻みながら、近づいては遠ざかる音が流れる中、霧は次第に晴れていく。そうすると対岸の人々の姿がうっすらと見えてくる。その空気の色が薄れていく中、目を凝らすと小さな粒子が浮いている。雪のようにも見えるが輝いていて、落下の速度はもっとゆっくりとしている。中には一度落ちてきてはまた下から上がってくるものもある。その光の珠に目を凝らす。それは小さい頃に遊んだ記憶のあるシャボン玉だ。目で追いかけているうちにだんだんとその量は増していき、いつのまにか空からは大量のシャボン玉が落下していた。

無数の光の珠はオルゴールのリズムと共に到来し、落ちてきては上がり、やってきては割れて消えていく。空気の動きに身をまかせながらずっと漂っている光の珠を見ているうちに、気がつくと対岸には先ほどよりもたくさんの人々がいることに気づく。

一六時五〇分。上下に見える各階の病棟の窓にはいつのまにか病室を抜けだした無数の人々が集まってきて、それぞれが思い思いのまなざしを向けている。通り過ぎようとしてそこに立ち止まった、点滴をつけたままの青年。両手の松葉杖を脇に挟み体重を預けてたたずむ女性。車椅子に座ったままシャボン玉を目で追いかけるおばあさん。窓に寄りかかろうとする呼吸器を鼻につけた初老の男性。窓に掌をぴったりとくっつけて凝視する頭に白い包帯を巻いた少年。全員が違う事情でここに入院していて、身体の状態も心に抱いているものも異なる。だが共に病気と向き合っていることは変わらない。

7-3

窓辺にただずんでいるのは入院患者だけではない。廊下を忙しそうに通り過ぎる看護師も立ち止まり、窓辺には医師たちがずらりと並んでいる。作業の手を止めてパソコンのモニターから顔を上げる事務職員。モップを持ったまま光庭に顔を向ける清掃員。帰ろうとしてエレベーターを呼んだまま、それに乗らずに窓に釘付けになる面会の家族。そこにいる全員が空を見上げ、光庭に到来するおびただしい数の光の珠を追いかけている。そうするうちに向かい合う人々の無数のまなざしは光の珠を通して一瞬交わされる。

一六時五五分。ある入院患者は病室を抜けだして通りがかった廊下の窓の外に、圧倒的な光景が広がっているのを目撃する。その患者が目の前の現象に夢中になり釘付けになっていると、隣にお医者さんが立っていることに気づく。お医者さんの様子はいつもの回診の姿とは違う立ち姿だ。この先生はこんな子供のような顔をする時があるのかと思っていると、対岸で見ている若い看護師と一瞬目が合う。その看護師の目は、いつも世話をしてくれる時に見せるしっかりとした目ではなく、その年代の普通の女性と変わらない無邪気なまなざしだ。

遠くから子供の声が聞こえてくるが、院内とは思えないぐらいに明るい声だ。死期が近づいている子もいると耳にしたが、ひょっとすると最期にこの風景を目にしたまま、天国へ行ってしまうのかもしれない。病室や廊下で見かけたことのある他の入院患者と初めて言葉を交わした。こんな声をしていたんだと思いながら、お互いに窓の外に顔を向けたまま、一体これはなんなのですかね、さぁなんなのでしょうか、とたわいもない会話をする。でも答えなどお互いに求めていないことは分かっている。なぜならこの風景に答えなど誰も持っておらず、誰もこの目の前の現象に対して理由を知っている特権的な立場ではないからだ。

ここにいる人々は、全員空を見上げている。病状や身体的な状態の違いによらず、患者や看護師や医師や家族といった立場や役割の違いによらず、大人や子供や老人といった年齢の違いによらず、男女の性別や国籍の違いによらず。全員がこの風景の前では空を見上げている”ただの人“なのだ。自分に貼り付けられた社会的な記号は剝がされていき、むき出しになった人々同士が触れ合う時間がそこには流れている。

一七時ちょうど。もう新しいシャボン玉はやってこなくなる。光庭にはまだ残されたシャボン玉が浮かんでは落ちることを繰り返しているが、だんだんと消えてなくなっていく。

一七時五分。光庭の底から空に上げられていた光は徐々に落ちていき、またいつものように夕食が配膳される時間が始まる。光庭はいつものように何もない静かな場所へと戻っていく。気がつくと空は暗くなっていて、最後の陽光が今にも消えようとしている。

奇跡の似姿

「霧はれて光きたる春」と名付けたこの三〇分のインスタレーションは、二〇一〇年三月八日から一二日の平日五日間にわたって実施された。実施時刻はより多くの人が吹き抜け空間に集まり鑑賞できるように、一六時半から一七時までの三〇分間に設定した。この時間帯は患者の検査が一通り終了し、看護師の交代の時間となる時間だった。その時間は、冬の日没の時間とちょうど重なるので、始まった時と終わった時では光庭の様子も変わるはずだと計算した。

このインスタレーションで用いたのは、霧とシャボン玉という現象的な素材である。これらの素材の選択には二つの理由があった。一つは物理的な観点からの選択である。光庭の内部は空気の流動が繊細なため、それにセンシティブに反応して現象を一番うまく描ける素材を選択した。

六階部分にはフォグマシン（霧発生装置）を四台設置し、発生した霧を上部へ送るための送風機を四台、そして上部へ向けられた照明を設置した。屋上部分にはシャボン玉連続発生器と送風機を四台ずつ設置し、当日の風の状況を見ながらシャボン玉を吹き抜け空間へ落下させるような操作を行うことにした。それぞれの機材の操作は特殊効果のプロフェッショナルの方々が行う。その演出のタイミングに関しては、その日の風や空気の状態を読みながら私が直接指示を出した。

本来は、シャボン玉は下から上に向かって吹き上げるものである。しかし底の六階から上げると一番上まで届かないので、屋上から落下させていくという方法を採った。光庭の中は強風が吹かないので、シャボン玉は一度中に入れば重みで自由落下していく。そしてある程度まで降りてくると今度はまた浮上して、複雑な動きを見せる。これは底からの照明の熱によって暖められた空気が上昇気流を生じるからである。光庭の特質である空気の流動性を利用した演出であり、この場所とは切り離して考えることができない表現方法である。

素材の選択のもう一つの理由は心理的な観点からだ。霧は先行きが見えない闘病生活の不安を表現しているのではないかと直感的に感じていた。当初は霧だけを想定していて、シャボン玉は考えていなかった。しかし何かが足りないのではないかと思う。

実際に患者さんが窓辺にたたずんで、この霧を見ている時に何を感じるだろうかと想像してみる。底から霧や煙が立ち上ってくるというのはとても怖い風景である。モクモクと立ち上る白い煙は、火事や噴火をイメージさせて、不安な想いを増幅させる。ただでさえ身体に災いがやってきて大変な想いをしているのだ。

そこに本当の災害のような風景が現れることが、ここでの表現としてふさわしいのだろうかと自問自答した。

7-4

7-5

7-6

すべての芸術表現がハッピーでポジティブである必要はまるでない。芸術とは時には人の心の闇や醜さをあばいたり、哀しみを表現することがある。それは社会の多くの人々が忘れていた大事なことを、もう一度思い出させたりする役割も持っているのだ。多くの人が良いと思っているものが、本当に幸せをもたらすのかどうかについても時々考えてみる必要があるだろうし、その反対として、多くの人が嫌悪感を示すものもちゃんと見つめ直すことも大切なことなのだ。

しかしそうした表現は、病院という場所において必要なのだろうか。ここで入院する患者さんたちはすでに哀しみの淵に立たされた人たちである。自分の身体に起こったありえない災いに、人生を見直す経験となった人もいる。絶望の想いで手術中の患者さんを待つ家族もいるだろう。日々の困難な手術のストレスの中で疲弊している医療従事者もたくさんいる。そんな場所で必要なのは救いのある風景なのではないか。不安な中を生きる人々にとって、今の不安を抜けた後には希望がやってくるというメッセージを持つことが大切なのではないか。そう考えるに至った。

だからシャボン玉の浮遊という現象を救いの象徴として加えることにした。シャボン玉が空中を漂う様子は、私たちの心に何かポジティブなイメージをもたらす。それは小さい頃に遊んだ思い出の中だけではないだろう。空気に反応してゆっくりと漂い、弾けて消える様子は、私たちに物事が変化していくという様子を教えてくれるようだ。シャボン玉は、霧の中にある闘病がやがて終わり、その後にやってくる希望の光の表現である。空から無数の光の珠が到来するというありえない現象を奇跡の似姿として表現したかった。

現象そのものにネガティブやポジティブといった意味はもちろんない。しかし、どことなく寂しげで不安な霧の動きと、光を受けながら自由に漂うシャボン玉の動きは、言葉ではない意味を伝える。それは私たちの頭ではなく、心へと直接語りかけてくるのだ。

演じるのが人間である

これまで院内で一つの窓辺に大勢の医師や看護師が一同に並ぶような状況は、おそらく一度もなかったことだろう。あるいは医師や看護師が入院患者や家族と混ざり合って、共に何か一つのことを共有する時間など持つことはなかったのかもしれない。そうやって様々な立場の人間が入り混じりながらたたずんでいる風景。それを目にすることは、霧やシャボン玉といった現象以上に強いメッセージを持つ。医師や看護師が窓辺にずらりと並ぶ様子やその表情を見ていると、回診や看護をしている時とは明らかに異なった表情をしている。それは入院患者に普段は見せることのない顔である。

最初の調査の時に、私は白衣を着て医師に扮して院内を歩いてみた。白衣を着るということは医師としてそこに身を置くという記号だ。院内において医師は白衣を着て聴診器をつけることで医師として振る舞い、看護師は制服を着ることで看護師として振る舞う。患者も同様に、入院してベッドがあてがわれることで患者としての役割を演じることが必要になる。それは治療や回復という目的に向かって結ばれた関係性である。それぞれが役割を果たすことで病院の機能をうまく働かせていかねばならないからだ。

しかし一方で、機能的に与えられた役割を演じながら、治療するために必要なコミュニケーションを交わすだけでいいのだろうか。入院生活の中で、人としての心の救済は病院の治療機能の中だけではないはずである。身体に問題を抱えて入院する患者は、心に不安なものを必ず抱えている。そして病気や怪我は自分の体に起こる特殊な事態であり、家族とさえもその不安を共有できずに孤独な気持ちでいることもあるのだ。毎日の検査や手術などの自分の身体の心配だけでなく、治療がうまくいっても社会復帰に問題がないか。その後の再発に問題がないか。様々なことについての不安が絶えないはずである。

もちろん医療従事者の方々は、入院患者が不安や孤独に陥らないように細心の注意を払って声をかけている。しかし医療や看護を施す立場と、施される立場というように分かれた中でのコミュニケーションでは、乗り越えられない壁があるのではないだろうか。

「人は制服どおりの人間になる」とナポレオンは述べたそうだが、それは私たちの社会の真実をある意味で表している[3]。医師は白衣を着て医師としてずっと振る舞っているうちに、気づかないうちに心の中身まで医師になる。看護師や患者も同様に、院内の役割に応じてコミュニケーションの型を固定化してしまうのだ。その関係性の中で、交わされた言葉は演じられた役割の中での「台詞」として響くことがあるのではないか。

孤独な闘病生活だからこそ、機能的な役割ではなく一人の人間同士としてのコミュニケーションが必要な時がある。そのためには職業や役割の仮面を取り去り、一人の個人へと帰る時間をつくることには意味があるように思えるのだ。

圧倒的な量の霧やシャボン玉が出現するというありえない風景が目の前に広がっている時、人は自分が置かれている立場や状況を一瞬忘れて、感覚的に反応するだろう。全員が眼前の風景に対して等距離に関わることができるような状況、それは人々の立場や属性を解体し、人々から役割という仮面を剝ぎ取る。それぞれの人々が単なる一人の人間という風景の素材へと変わってしまう。その中でまなざしを交わし合うことは、言葉としてコミュニケーションする以上にその人間の中身を伝えることがあるのではないか。

社会の中での人の振る舞いというのは、立場や所属する組織やその場での役割が決定づけている。それは病院だけではない。会社やビジネスの場などあらゆる日常のシーンでも同じである。ひょっとすれば、この世のすべての職業は演じることであると言えるかもしれない。

ある女性はコンビニの店員を演じているし、ある男性は警察官を演じている。親の前では子供を演じる母親でも生徒の前では教師を演じる。会社では社長を演じる男性も、子供の前では父親を演じる。人は誰かの前では常に何かを演じて生きている。その壮大な演技の総体が人間であるというのは、おそらく何かの真実の一端を突いていると思う。

それは時折、私自身が役者として舞台やカメラの前で何かを演じねばならない時にいつも感じる実感である。正確に言うと〝人が何かを演じる〟という実感ではない。むしろそれは、誰かのまなざしを前にする時"何かを演じるのが人なのだ"という真実を静かに耳うちする。人は演技を通じたコミュニケーションの中で誰かと社会的な関係を築いていく生き物なのだ。

そうやって人は演じることが宿命づけられているが、一方で、人はずっと繰り返して同じ演技をしていると、それが演技であることを忘れてしまう。演じているはずのものは知らない間に自分を形づくる。誰かのまなざしを前にして演じることが目的となり、精神的な構えやコミュニケーションの型が決まっていくのである。

しかし、その仮面が何かの出来事によってふいに外されることがある。素のままの自分が現れるのだ。それは虚飾や嘘のない姿で、人間が最も美しい風景になる瞬間なのではないか、と私は思う。

人は生まれてから死ぬまで自分という殻から抜けだすことができない。それぞれ異なる殻の中から世界を見ていて、それを共有することなどできないのかもしれない。でもほんのわずかでも、その殻を抜けだして互いのまなざしが同じものを見る時、その一瞬だけが、人が抱える絶対的な孤独が薄れる時なのかもしれない。そんな時間を持つことが本当の奇跡なのではないだろうか。

第8章　芸術を役立てる

アートとデザイン

まなざしのデザインにとって、芸術《アート》は非常に有効な方法の一つである。アートは私たちの意識や想像力と関係しているからである。まなざしのデザインはモノのデザインではなく、人間の想像力をいかにして変容させるのかを問題にしている。それはアートが得意としていることであり、「アートを使ってまなざしをデザインする」ことには大きな可能性がある。

芸術領域にあまり関わりのない方は、アートとデザインの違いについていま一つピンとこないかもしれない。雑駁にはなるが、私なりにデザインとアートが持っている差異と共通性、そしてまなざしのデザインにおいてそれらの何が重要になるのかをこの章では考えてみたいと思う。

アートは直接何かの役に立つわけではない。それがなかったからといって困り果てることはないし、何か生産性を上げるための行為でもない。ではアートは一体なんのためにあるのだろうか。その問いに対しては果てしない数の答えを用意せねばならない。

だから問いとしてはこの方がいいだろう。「アートは社会においてどのような役割を果たすのだろうか」。こうなると、アートの社会的な効用を問題にすることができる。もちろんアートの本質は、何かの役に立つためではないし、何か具体的な問題を解決するためでもない。しかし古くから社会の中でずっとアートが必要とされているのは、それが人間の本質的な欲求と関わるからである。それは私たちのアイデンティティや世界観、つまるところはモノの見方と関係している。

一方でデザインは、ものの形をカッコよくしたり、奇抜なイメージを出したりするためにイラストや図案を描くことと捉えられがちだ。確かにデザイン(DESIGN)の語源はもともとデッサン(DESSIN)と同じ、ラテン語のデジグネール(DESIGNARE)という言葉であると言われている。この言葉は頭の中に持っている計画を、紙の上に記号として表現するという意味である。デザインがそうした絵や彫刻の下図を描いたり、建築や機械の図案をつくるという意味を持つのは、一六世紀の頃からである。[1]

しかし、現在、言われているデザインというのは、単に図案をつくったり、カッコいい形をつくったりすることだけではない。誰かが抱えるニーズや問題の解決に向けて、思考を整理し計画を立てることにまで拡大されて使われることが多くなった。

通常は「〇〇デザイン」と呼ぶ時に、「〇〇」にあたる言葉はできあがるアウトプットを表している。例えばポスターやチラシなどをつくるのは、グラフィックデザイン。それがウェブサイトになるとウェブデザイン。家電や車、文房具などの生活にまつわるモノ全般をつくるのはプロダクトデザイン。建物や空間をつくるのは建築デザイン。このアウトプットをつくるために、デザイナーは具体的な素材《マテリアル》を操作して、そのアウトプットの造形を考えるのが従来の仕事だったと言えるだろう。

しかし最近では、個人的な欲求から社会的な課題まで、解決すべき課題が広がり、単純に「〇〇」というアウトプットをつくるだけのデザインでは対応ができなくなってきた。だから、「ソーシャルデザイン」「コミュニティデザイン」「コミュニケーションデザイン」というように、「〇〇」により抽象的な言葉がつけられる。

さらに「〇〇」はアウトプットだけではなく、そのデザインの方法がつくこともある。「ユニバーサルデザイン」「インクルーシブデザイン」などである。こうしたデザインの範囲の拡大は、社会がモノを必要としなくなってきていることの一つの表れである。

ただ一方で、デザインという言葉は便利なので、今や範囲が拡大しすぎて〝便利な呪文〟のようになっている感も否めない。まるで万能のハサミのように何にでもデザインという言葉がついていくと、かえってデザインの本質が見えなくなる可能性がある。

社会が課題とするものは、もはや目に見える対象ではなくなってきており、むしろ見ている側の閉塞したモノの見方となってきている。だから今、その課題に対する一つのアクションであるまなざしのデザインにとって、アートはモノの見方を変えるのに役立つ可能性がある。それをもう少し深く考えるために、デザインとアートの差異と共通性について考えてみたい。

イメージによるソリューション

デザインは美しい形をつくることだけが目的ではない。デザインという仕事は、何かお飾りをすることではなく、価値をつくりだすことである。様々に絡み合う条件を整理し、課題を解いていく。それがデザインの本質的な仕事であると言ってもいいかもしれない。だからシンプルに言うと、デザインは何かの〝役に立つこと〟を考えることである。それをここでは「有用性」と呼びたいと思う。

有用性を構想・設計するという意味がデザインの中心になったのはなぜだろうか。それは二〇世紀のデザインが、建築や工業デザインを中心に組み立てられたからだと言われている。工学の領域では、ここで有用性と呼ぶものが「機能」と呼ばれることがある。産業革命から二〇世紀の前半にかけては、社会がこれから工業化していこうとする時代である。そこでは機能にもとづいてモノをつくることが正しいとされ、デザインも機能的であることが重要な課題であった[2]。

例えば機関車のデザイン。それはピストンからの力を車輪へと伝えるためにシャフトの形を決め、それを最も効率よく配置する形を模索することである。だから極端に言うと、機能とは関係がない装飾は一切不必要であるとされたのである。そういう考えにもとづく態度を「機能主義」と呼ぶことがある。こうした機能や有用性を中心に、デザインという考え方が組み立てられた。

有用性とは目的が明確でないと判断できない。目的が明確でないものは解決することが難しいからだ。だから何かが役に立つかどうか判断できるのは、目的や課題が明確な時である。〝紙を切る〟という目的に対して、ハサミやカッターといったプロダクトのデザインを行う。〝快適な空間で過ごす〟という目的に対して、インテリアのデザインを行う。〝何かを人に伝える〟という目的に対して、ポスターやチラシなどのグラフィックをデザインする。"本を蔵書し、多くの人と共有する"という目的に対して、図書館などの建築をデザインする。

このように明確な目的や課題に対して、有用な解決方法を考案するのがデザインする際には求められるのである。明確に目的や課題が分からなければ、何を解決すればいいのかが分からないだろう。あるいはその問題や課題に対して答えを出していないのであれば、それはデザインと呼ぶのは難しいのかもしれない。

どんなに美しい椅子をつくりあげたとしても、それに座ることができないのであれば、デザインとしては失敗である。座れない椅子は、そもそも椅子ではないし、椅子として役に立たない。座れない椅子は、"座る"という課題に対して答えを出していない。デザインは設定された課題に対してソリューションを図ることなのだ。

では一方で、ソリューションが導ければ、どんな表現でもデザインと呼べるのだろうか。もしそうであれば、エンジニアの描く図面も、ビジネスマンが書く企画書も、政治家による政策立案もすべてデザインになってしまう。もしデザインが課題を解決していくということだけであれば、社会でなされるすべてのソリューションはデザインになる。

そういう捉え方もあるかもしれない。しかし、それが単なるソリューションではなく、デザインであることを判断する一つの材料として、そこになんらかの美意識にもとづく「イメージ」のディテールがあるかどうかを私は見るようにしている。イメージとは画像とも訳されるが、それは言葉や意味というよりも感覚的に感じ取られる印象全般と言ってもいいだろう。言葉として表現するのならば、”かわいい“や”クールな“といった形容詞で表現される美意識だ。それが表現されているならばデザインの範囲に入るかもしれない。

だから私なりにデザインを定義すると、「イメージ」と「有用性」の両方を最適化して、求められる問題解決《ソリューション》をすることである。誤解を恐れずに一言にすると、デザインとは「イメージによるソリューション」となるのかもしれない。

イメージによるクエスチョン

では、アートはデザインとは一体何が違うのだろうか。アートもデザインと同じように「イメージ」が表現されたものである。詩や文学のように言葉で表現していたとしても、それは単に意味を説明するための言葉ではなく、質感や印象といった「イメージ」を表現するためのものだ。そのようなアートという表現には、一体どういう特性があるのだろうか。

冒頭でも触れたようにアートは、”役に立つため“に生みだされるわけではない。画家は空腹を満たすために、リンゴの絵を描くのではない。彫刻家は病気を治すために、石を彫るわけではない。もちろん様々な考え方はあるであろうが、基本的には芸術家《アーティスト》が作品をつくる動機は、課題の解決ではないと私は思う。

有用性とか機能といった制約から、基本的には自由であるのがアートの特性だ。アートはデザインのように、必ずしも何かの役に立たなくても構わない。”座ることのできない美しい椅子“をつくっても一向によいのである。

では、そんなアートは私たちにとって、どのような役割を果たせるのだろうか。もちろん美しいものはそれだけで価値を持っている。美によって私たちの心は豊かになるのは間違いない。しかしアートの力はそれだけではない。私がアートの特性の中でも特に注目しているのは、その表現に潜んでいる「問いかける力」である。

そもそも”美しさ“は、絶対的なものではない。人によって美しいと感じるものはそれぞれである。美しさは極めて個人的な感覚で、それが人と必ずしも共有されるかどうかは分からない。それに一人の人間の中でも美の感覚は変化する。昔は美しいと思っていたものでも、今は特に美しいと感じられないものもあるだろう。

アーティストは長年にわたって、そんな美しさを巡って様々な実験を繰り返してきた。皆が醜いと思っているものを、美しく切り取って表現すること。その反対に皆が美しいと思っているものを、醜いものとして表現すること。大勢の人間が感じている美に対して、疑問符をつける個人の感性は、それに触れた私たちに、美しさとは一体どういうものなのだろうかと問いかけてくる。それは何かのメッセージとして迫ってくるのである。

その「問いかける力」は美しさに対してだけ向けられるわけではない。真実や正義とは何かという問いへと向けられることもある。そこで出されたアーティストの個人的なメッセージは、様々な常識に対する批判力を持つ。そのメッセージは、その場の課題に対して何も解決を生みださないかもしれない。しかし「何が問題であるのか」を、浮き彫りにする可能性は十分ありうる。たとえ座ることのできない椅子であっても、〝座るとは何か〟が問題提起されているのであれば、それはアートとして成立している可能性があるだろう。

産業革命以前は、有用性や機能を持ったものも含めて、すべてが「アーツ」だった。しかし工業化と呼応して有用性や機能性がデザインの方へ手渡されたのである。そのおかげでアートはより純粋にメッセージに特化していくことができるようになった。美術の分野では、二〇世紀の前半には視覚的形態などのイメージ表現や、知覚に対しての問いかけが中心だった。それは社会の進歩と共に、より哲学的な問いかけへと変わっていった。社会への問いかけ、人間の感情や欲望に関する問いかけなどが、芸術表現の主流に加わったのである[3]。そうした現代アートが持つ、様々な社会現象に対して問いかける力が有用性や機能性以上に重要な価値として認められるようになったのは、今の社会問題が人々の認識やコミュニケーションへとシフトしてきたからである。

特に現代アートはとても幅広い表現を取るため、一体何がアートであり、何がそうでないのかを判断するのは、デザイン以上に難しい。しかもアートは課題解決の行為ではないので、正解があるわけではない。だからすべての自己表現は、なんでもアートになりうる可能性がある。

その表現がアートとして成立しているかどうかの判断は非常に難しいが、社会的に意味を持つメッセージとなるには、クエスチョンの力の強さが重要なのではないかと私は考えている。そこに込められた問いかけが鋭くて力を持っているほど、私たちはハッとさせられ、そして社会に対する大きな批判力になるのである。

ではメッセージを持っていたり、真実を浮き彫りにするだけがアートなのだろうか。哲学や科学、ジャーナリズムなども鋭い問題提起をすることがある。社会科学をはじめほとんどの科学には鋭い問題提起が含まれている。これらはアートと呼べるのだろうか。とても判断が難しいが、私はそうではないと考えている。

アートがアートとして成立するための条件。それはやはり必ずなんらかの「イメージ」の表現が伴っていることではないかと思う。それは詩のような言葉で表現されても、絵や音のように言葉でないもので表現されていても構わない。しかしそのクエスチョンにはなんらかの美意識にもとづくイメージが表現されている。それが重要なのではないかと思うのだ。だから私なりにアートを定義すると、「イメージ」と「メッセージ」の両方を最適化して、何かの問題提起《クエスチョン》をすること。つまりアートとは個人から社会に投げかける「イメージによるクエスチョン」と呼べるであろう。

芸術の社会的効用

デザインとアートはどちらも「イメージ」の表現行為である。しかし、表現の動機や出発点から整理すると、その違いが分かりやすくなる。課題に対する「答え」を提示するのがデザイン。それに対して課題そのものや「問い」の提示をするのがアート。価値を「創造」するのがデザイン。それに対して既存の価値を疑い「解体」するのがアート。「社会」の問題を個人が引き受けて表現するのがデザイン。それに対して「個人」の問題を社会に向かって表現するのがアート。「有用性」を重視するのがデザイン。それに対して「メッセージ」を重視するのがアート。そう考えると、アウトプットの表現が近いものになったとしても、その両者の表現の動機や原因は、もともとまるで正反対であるように思える。

しかしまなざしのデザインで考えたいのは、その表現行為がデザインなのかアートなのかを、区別することではない。むしろその特性の違いを乗り越えた役割の可能性である。人が集まる社会には様々な問題が潜んでいる。それに対して芸術を表現が何かの役割を果たしうることが、いつの時代においても信じられてきたのだ。

特にその役割に自覚的になるのは、市民社会が台頭し、社会の仕組みが大きく変わった産業革命の後である。近代社会に入り、大きく変わってしまった人々の生活形態や、コミュニケーションのあり方に対して、芸術から警鐘を鳴らすようなメッセージは歴史の中で度々繰り返されてきた。最も有名な例が、ウィリアム・

モリスらによる「アーツアンドクラフツ」運動である。工業製品による質の低いプロダクトや、機械化されてしまった生活。そして機械化された労働と冷たい人間関係に対する、対抗手段として芸術が果たせる役割をモリスらは見つめた[4]。

近代化が落ち着いた後、消費社会へと入っていく中でも、そうした芸術の社会への介入は繰り返される。例えば一九七〇年代には、その芸術の役割が「社会彫刻」という言葉として表現された。ヨーゼフ・ボイスというアーティストが唱えた言葉である。芸術が美術館やギャラリーの中にあるのではなく、様々な社会のあり様と関係していくこと。そしてそれが次第に人々の運動体として表現されていく状態。そうした芸術を通じた人々のダイナミックな表現のあり方をめざして、ボイスは「社会彫刻」をうたった[5]。

きっとその思想の根底には、その当時の社会状況に対して、芸術が持つ力で、何かを突破したいという思いがあったに違いない。だからこそ、芸術が生活や社会から切り離された場所に囲われるのではなく、生活の場へ入っていくことをめざしたのだ。

そして二一世紀に入り、人々の流動性が高まり、またコミュニケーションのあり方が変わり始めた今、芸術の社会的効用は、「芸術によるコミュニケーション」という概念へと変わった。それは私たちを取り巻く社会状況が急速に変化し、これまで当たり前とされていた人間関係のあり方が大きく変わり始めていることを背景にしている。様々な属性や立場の違いを超えて、新しいコミュニケーションを編みなおすことが、大きな社会課題になっている今、デザインとアートはますますその境界を溶かしつつある。

これまでの課題は移り変わり、かつて課題であったものの多くは、課題ではなくなってきている。あるいは、ある課題を解決するためには、より大きな課題を明らかにせねばならない場合も増えてきている。与えられた課題の単純な解決では対応できないほど社会は複雑化しており、一体何が本質的な課題なのかをもう一度問いなおす必要に迫られているのだ。

これまでの問題や価値を批判的に眺めて解体すること。そしてこれからの問題を発見し、その中で価値を新たに創造していくこと。この問題提起と問題解決が時代の転換点では同時に求められるのだ。それはビジネスやサービス、学問や技術など社会の様々な領域においても同じで、今の枠組みを見直す必要に迫られている。イノベーション(革新)という言葉が最近しきりに唱えられるのは、多様化・複雑化する社会状況に対する新しい枠組みを求めているからであろう。

そんな状況において、風景を異化する芸術が、人々を違う形で再編集するような力を持つとふたたび信じられ始めている。地方のように、従来から続く人々の関係性やコミュニケーションが硬く固定化されてしまっているような場所。都市のように、価値観や属性がまるで異なる不特定多数の人間がコミュニケーションを繰り広げる場所。そんな様々な現場の問題に対してアーティストはソリューションを考え、その一方で、デザイナーも課題そのものを自ら発見してクエスチョンを立てる。そうやって互いの領域へと手を伸ばし、両方の役割を担う状況が増えてきている。そうした背景の中で、まなざしのデザインの役割を考える必要がある。

イメージとイマジネーション

まなざしのデザインにおいて非常に重要な役割を果たすのは、デザインやアートの共通項である「イメージ」という柔軟な道具である。それは私たちの頭の中にある「イマジネーション」に大きく影響する。ここでは「イメージ」という言葉と「イマジネーション」という言葉を区別して考えてみたい。

ここで述べようとしているイメージとは、頭の中のイマジネーションが外部化された表現物である。人が何かを表現する時には、言葉による表現と言葉以外の表現がある。その言葉以外の表現は、絵画や音楽、映像や身体表現などが代表的である。こうした表現には言葉ではうまく説明できない感覚的な印象が伴う。このように外部に表現されたものを、ここではイメージと呼ぶことにしたい。

もう一方のイマジネーションとは、私たちが頭や心の中で描く想像力のことである。これは必ずしも表現されなくてもよい。想像することは誰もがすることであるが、その想像を必ずしもうまく表現できるとは限らない。一方でデザイナーやアーティストが専門とするのは、自分の頭の中のイマジネーションを、キャンパスや何かの素材を通じてイメージとして表現することである。

創造性はこのイメージとイマジネーションの両方に関係しているが、まなざしのデザインにおいてはイマジネーションの方が重要になってくる。表現力が高ければイメージを生みだすことができる。しかし表現力と創造性というのは少々違うものである。手先の技術によって精密に描かれたリンゴの絵は、高い表現力で迫ってはくるが、それが創造的であるかどうかは判断が難しい。

それは料理に例えると理解しやすいかもしれない。与えられたレシピに従って美味しい料理をつくることと、レシピそのものを考えだすことは少し違う能力である。本当に創造的なものは、与えられた枠の中で生まれるのではなく、枠そのものを新しく設定することで生まれる。そのためには枠の外へと飛びだし、外からまなざしを向けなおすイマジネーションの力が重要になってくるのである。

イマジネーションはコミュニケーションにおいても重要な役割を果たす。人間はコミュニケーションする時でも世界を捉える時でも、言葉とイメージとの両方を使う。しかし言葉であっても、絵や音のようなイメージであっても、それを表現したり受け取ったりする際には、必ず頭の中になんらかのイマジネーションが浮かんでいる。そのそれぞれが思い浮かべるイマジネーションが一致した時に、両者の間でコミュニケーションがちゃんと成立した状態と呼ばれることが多い。そのイマジネーションがズレるとコミュニケーションがうまくいかないことがある。

例えば「リンゴ」という同じ言葉で会話している場合を考えてみる。同じリンゴの話をしていたとしても、一方が赤いリンゴを想像していることに対して、もう一方が青いリンゴを想像していることがある。さらに両方が想像するリンゴは、大きさも違うかもしれないし、形も全然違うかもしれない。そのイマジネーションが共有されないままでコミュニケーションが進むと、どこかでうまくかみ合わないことがある。

リンゴぐらいだと想像がズレていても、それほど問題は起こらない。しかしこれがもっと抽象的な事柄になるとどうだろうか。「政治」や「愛」などという言葉は、おそらく人によって随分と想像するものが異なるはずである。想像しているものが異なると多くの問題がそこから生まれる。

正確に同じリンゴを共有するためには、頭の中のイマジネーションが共有されねばならない。そのためには絵や写真といったイメージを使う方がより簡単である。イメージが共有されることで、互いのイマジネーションが共通のものになるからである。それは想像を共有するという課題を解決するためにイメージをデザイン的に使う方法とも言える。

イマジネーションのズレが生む創造性

しかしもう一方で、重要なのはこの想像のズレを積極的に評価することである。第2章で紹介した見立てのワークショップを思い出してほしい。この中で、私が面白いと思う見立ては、相手と完全にイマジネーションが共有できて、見立てが完全に理解される時ではない。むしろ自分のイマジネーションとは異なるものを相手が表現した場合である。互いの見立てがズレた瞬間に、自分のまなざしが変化するタイミングがくる。相手の想像力と自分の想像力との間を埋めるコミュニケーションが発生する可能性があるのだ。

コミュニケーションは、単なる言葉のやりとりや意味内容の正確な伝達だけではない。それは言葉にできないような印象や感覚も含んでいる。というよりもこの印象や感覚によって、意味や内容は大きく左右されるのである。

言葉は意味や定義が一応は定められている。だから言葉のうえではそれが共有されているように見えるかもしれない。しかし言葉で共有されているように見えるからこそ、逆にそれぞれの想像の違いが見えなくなっている。意味が分かっていると思い込んでいるほど、実は私たちは自分の想像の枠の中で物事を見ているのである。

しかしそれがイメージとして外に表現されることで、初めて私たちは互いの想像が違っていたことを理解できる。もちろん抽象的な事柄ほど、イメージの表現は難しくなる。理解や共有にはたやすく至らないのである。現代アートの多くが難解に見えるのは、そういう理由もある。

だからこそアートには想像力の枠を取り払うヒントがあるように思える。これまでの自分の想像の外側が見えた時、人は枠を超えて考え始める。枠の存在が示されることによって、逆に枠を乗り越えようとする意思が生まれるチャンスが来るのである。理解できないことや、誤解すること、伝わらないことから、より豊かな認識とコミュニケーションが始まることもある。イマジネーションが全く違うからこそ、それを互いに確認する時に、自分のこれまでのイマジネーションの枠が取り払われることがあるのだ。それはイメージをむしろズラすことで問題を浮き彫りにするアートの役割かもしれない。

成熟したコミュニケーションとは、互いの想像が全く違うことを認めたうえで、一緒に新しいイマジネーションを共有することである。それぞれの違いを見つめずに、表面的に理解したフリをすると、問題の核心には至らない。互いが想像していることがズレている時こそ、自分が思い込んでいた枠が外れるチャンスだ。その時が最も創造性が高い瞬間なのかもしれない。

人は誰でも自分の想像が正しいと思い込んでいる。それは自分のイマジネーションが限定されていることに気づいていないからである。しかし自分の想像の外側の風景を見た時に、人は自分のまなざしの範囲を発見する。そのためにアートが機能する可能性があるのだ。

戦場の歌

美術館や劇場は芸術を「見たい人」が行く場所である。しかし本当に芸術を「必要とする人」はその外にいるのかもしれない。こんな場所で芸術を見るなどということを想像しないような人たち。例えば災害の現場や貧困の現場、病院のような場所にいるような人たち。そういう人たちこそ、そこで想像もしないような美しい風景に出会った時に、救われる可能性があるのである。

もちろん美術館や劇場のような場所は、それ自体が人々の日々のまなざしを変える装置として、社会的効用を持つ場所である。そこは芸術を確実に見ることができると社会的に約束されている場所なのだ。だからそこにアクセスできる人々は、自ら望んでやってきて、芸術を見ることでまなざしを変える権利がある。それは私たちが文化的に生きることを、これまでどおり担保する大切な場所である。

しかしそこに必ずしもアクセスできない人々に対して、芸術に果たせる役割がある。美術館やギャラリーを抜けだして、都市や自然を背景に繰り広げられる風景型の芸術祭のような展開が近年あちこちで年々増えているのは、そういう意味もあるであろう。それは芸術が社会的に一定の効用があることが認められ始めている現れであるとも言える。

一方で私たちは芸術の社会的効用を考える時に、その本質を注意深く見つめねばならない。なぜならそうした芸術の社会的効用は、容易に経済的な価値だけに置き換えられがちだからである。しかし本当の効用はそこにあるわけではない。風景が異化されることによって、これまでの関係性やコミュニケーションの外側から光を照らし、私たちのまなざしを豊かに変えることにあるのだ。それは私たちが本当に見つめなければならない大切なことを浮き上がらせる力を持つことがある。

私は芸術の力を信じたくなる時、いつも「クリスマス休戦」のエピソードを思い出す[6]。この話は公式の記録には残っていないが、それを体験した兵士たちが家族たちに伝え、その後語り継がれるようになった話だ。時代は一九一四年の冬の一二月。第一次世界大戦中の、とある戦場での出来事である。ドイツ軍とフランス・イギリス軍が悲惨な塹壕戦を繰り広げていた戦場である。

戦場とは私たちが想定しうる中で、最も悲惨な状況がある場所ではないだろうか。名前も知らない人間が向こうから迫ってきて、自分を殺そうとするのである。すぐ隣では自分の仲間が悲鳴を上げて倒れているかもしれない。飛び交う銃弾の中で、いつ自分も倒れることになるかは分からない状況だ。殺されないためには、こちらが殺さねばならない。だから目の前の相手を無我夢中で撃ちまくり、返り血を浴びる。殺されまいと必死で撃った相手はまだ若い青年だったかもしれない。おそらく家族もいるであろうし、生きて戻れば将来もあったであろう。しかし自分が生きるために選択肢はなかったのだ。そんな地獄のような場所で、芸術ができることなど無力であるように感じてしまう。

しかし第一次世界大戦が始まって最初のクリスマスに奇跡は起こった。ドイツ軍の塹壕を訪れたドイツで有名なテノール歌手のヴァルダー・キルヒホフが「きよしこの夜」を歌い始めたのだ。ドイツ兵士たちの慰問のために歌ったその歌は、戦場に響き渡った。それは一〇〇メートルほど先のフランス・イギリス軍の塹壕まで届く堂々たる響きだった。

その歌声が、ある一人のフランス将校の耳に届いた。その将校はキルヒホフの歌声に聞き覚えがあり、敵であるドイツ軍の塹壕に向かって大きな拍手を送ったのである。その拍手を聞いたキルヒホフも敵軍から聞こえてくるその拍手に感動した。それを機に前線のあちこちで兵士たちが次々と塹壕から出てきて、共にクリスマスを祝い始めたのだ。双方の軍隊は非公式にクリスマス休戦を結び、一〇日間は互いの友となった。

双方の軍隊は手を握り、死者を共に埋葬し、チョコレートやお菓子、お酒、タバコなどを交換した。ドイツ兵は戦場でクリスマスキャロルを斉唱し、イギリス兵も英語で歌い、互いの兵士を互いの塹壕へと招き合う。

イギリス兵はウィスキーをドイツ兵に渡し、ドイツ兵はソーセージでイギリス兵をもてなした。両軍の兵士は銃を置いてサッカーまで興じたという話もある。

しかし、その後休戦は終わり、戦争が再開する。またそこは泥沼の戦場へと戻り、互いは殺し合わねばならないことになる。休戦は束の間の夢で、現実は悲惨な状況が続いていく。では休戦の間に互いの友となった時間は無駄だったのだろうか。私にはそうは思えない。

私たちが忘れてはならないのは、たった一つの歌声が奇跡を起こしたということである。芸術は何かの生産性を上げたり、すぐに生活に役に立つようなものではない。しかしそれは人々の意識を変える奇跡を起こすことができるのである。その力が、芸術の本当の機能なのではないだろうか。

第9章　自分を発見する

刺激の罠

これまで紹介してきたのは、風景を異化して誰かのまなざしをデザインする試みが中心であった。それは日常を非日常化し、固定化されている誰かのまなざしを別のものへと向けさせる方法だ。そうした非日常風景が人間の想像力を広げる力を持っていることは、これまでの風景異化の試みで理解していただけたと思う。

しかし一方で、そうした非日常を生みだしつづけることは、逆に誰かのまなざしを不自由にしてしまうこともある。異化は強い刺激が外から加わることである。その刺激によって人はそれまで気づかなかったことへまなざしを向けるようになる一方で、その刺激そのものにまなざしを奪われてしまう場合もある。

そしてその刺激にいつしか慣れてしまい、よりエスカレートしていく。そうなると今度はもっと強い刺激を求め始め、少々の刺激では満足できなくなるのである。だからこうした非日常を生みだすことで、誰かのまなざしをデザインすることには注意深くならねばならない。

デザインする側はされる側の欲望に寄り添いがちだ。しかし、相手が望むことをそのまま与えることが、必ずしも相手のためになるとは限らない。与える側の視野の広さが重要なのだ。それは子供に砂糖菓子をあげることに似ている。砂糖菓子を子供にあげると、とても喜んでくれる。喜んだ子供を見て自分も嬉しくなる。その風景だけを切り取って眺めると、それはとても幸せな時間に見える。また子供が砂糖菓子を欲しがるので、さらにあげる。欲しがるままに砂糖菓子をあげてみる。甘い物への欲求はエスカレートしていき、いずれ砂糖菓子では満足できなくなるだろう。

それを一〇年間続けると子供はどうなるだろうか。結果として肥満になり身体を壊してしまうだろう。それは双方にとって不幸な結末である。その時に正しいと思ってやった行為は、視野が狭ければ正反対の結果へとつながることもある。

良かれと思い、手を替え品を替え、至れり尽せりであれこれ与えすぎることは、必ずしも良い結果を生むとは限らない。短期的な喜びが必ずしも長期的な喜びになるとは限らないのである。むしろ瞬間的な刺激の体験というのは簡単に人を捉え、高揚感をもたらす。そして刺激的なことが次から次へと与えられることで、人は刺激がない時間を待てなくなってしまう。それは時に薬物のように依存してしまい、自ら主体的に何かをする態度が失われてしまうことにもなるのだ。

ユリウス・カエサルは「多くの人たちは、見たいと欲する現実しか見ていない」と言ったそうだが、それから二〇〇〇年経った現代でもその本性は変わらない。[1] 刺激への欲求はさらに加速し、目を引くものはさらに過激になる。声はどんどん大きくなり、味はより濃くなっていく。今すぐに効果を発揮できるものでないと、私たちはその意義を感じ取ることができなくなっている。それぐらい人間の感覚は鈍化しているのではないかと感じることがよくある。

すぐに刺激を得られるもの。すぐに結果が出るもの。すぐに変化があるもの。すぐに答えが出るもの。そして努力せずに楽に得られるもの。今の社会を見渡してみると、そういうもので溢れてはいないだろうか。

そうやって得られる刺激はすぐに飽きられて消費されてしまう。それだけでなく長い目で見ると、砂糖菓子を食べつづけた子供のようにとんでもないことにつながる場合もある。

特に今世紀に入ってからめまぐるしく情報が行き交う社会では、確実に私たちのまなざしはより刺激の強いものに向けられている。すぐに流れていく出来事の中では、短く狭い視界にしか私たちのまなざしは届かないのである。だからこそ私たちは、自らのまなざしの外側にある高所から、自分自身を風景の中に入れてもう一度眺める視点を持たねばならない。

非日常な時間は、本来はそういう形で私たちの日常を相対化するためにある。日々の私たちの価値観や生活の意味の外側から、もう一度自分にまなざしを向けなおすことでジャメヴュを生みだすこと。それを意識して風景異化を行うのかどうかによって、同じ非日常風景の意味は単なる消費的な刺激とは全く異なるものになる。本当に大切なのは非日常ではない。心の目をしっかりと日常の生活の中で磨いていくために、特効薬としての非日常を使うことなのである。

まなざしをデザインするのは誰か

哲学者のゲオルク・ジンメルは、知っているはずのもの（既知のもの）が、知らなかったもの（未知のもの）に見える時に、風景が生まれると述べている。[2] それはジャメヴュの瞬間に風景が生まれるということを表している。

これまで説明してきたように、風景は客体と主体との関係性でできている。その関係が別の状態に組み替わる風景異化が起こった時に、知っているはずのものが、知らないものに見えてくる。それは私たちのまなざしを混乱させてジャメヴュを起こすことでもある。刺激によって混乱を意図的に起こし、今まで向けられていた古いまなざしを解体し、同時に新しいまなざしを構築する。この解体と構築を同時にするのがまなざしのデザインの特性だと考えている。

しかし一方で、その混乱は一体どのぐらい持続するのだろうか。新しく生まれた風景はいつまで意識のうえに新鮮なままでありつづけるのだろうか。同じような方法で視覚を刺激しつづけていても、いつしかそれは慣れていき、心理的な刺激へと結びつかなくなってしまう。

病院の光庭にシャボン玉が降ってくると、最初は誰も見たことがなく心にも刺激を受けるだろう。しかし一年中毎日そのシャボン玉を降らせているとどうなるだろうか。それはやがて見慣れたいつもの現象になり、誰も見向きもしなくなるだろう。外部から刺激するまなざしのデザインは瞬間的には有効ではあるが、いつまでも永続していくのは難しいのである。

そもそもジャメヴュは、個人の心の中で起こることである。だから外からその人の心の中を、いくら操作しようと努力しても果てがない。そう考えればまなざしを外からデザインすることは、本来は不毛なことだと言える。だからこそ、まなざしのデザインの「主体」が誰なのかを問題にしたい。本当の意味でまなざしをデザインするのは一体誰なのか。それは自分自身以外にはないのだ。

対象物にまなざしを向けることで風景が生まれるように、主体である自分自身にまなざしを向ける。それは〈私〉を風景化することであり、〈私〉がどのようなまなざしを向けていたのかに気づくことである。そのためには〈私〉と距離を取らねばならない。

客体と距離を取ることは可能でも、自分自身と距離を取るのはそう簡単なことではない。外から刺激を加えて風景異化を起こすことは距離を取るために有効な手段の一つではあるが、それは一時的なトレーニングにすぎない。そのトレーニングの成果を日々の生活の中で応用し、自分のまなざしをデザインできるのは〈私〉だけなのである。まなざしのデザインが持つ真の意味はそこにある。

そのためには、日々の生活の中でのモノの見方を鍛えていく必要がある。同じ物事を見た時の心の反応を見つめることから始まるのである。例えば雨雲を見た時、それを鬱陶しい低気圧と捉えるか、それとも恵みの雨として捉えるか、それによって、その風景はまるで違う意味を持つ。買ったばかりの車を自動車事故で大破してしまった時、大損したと捉えるのか、身体が無事で得をしたと捉えるのかによって、出来事の意味は大きく変わるだろう。同じ事実であったとしても、その人のまなざしによって意味や価値は大きく変わる。

これまでは意味や価値がないと思っていたものに新しい意味や価値を「見いだす」こと。その反対に、これまで意味や価値があると思っていたものを疑い、もう一度「見直す」こと。そうやって様々な意味や価値の移ろいを見つめながらモノの見方を深めていくことで、私たちの現実は豊かになっていく。こうやってまなざしを深化させていくことは、本来は誰かが外からデザインできるようなものではないのである。

自らが自らのまなざしを意識し、これまでのモノの見方を解体して、新しい見方を構築することは、本来は誰でもできることである。そうやってまなざしを自らデザインすることで、人は自由になっていく。だからまなざしが更新されることは、その人の中での世界や現実が更新されることにつながるのだ。

私たちがまなざしを向けるベクトルは二つある。一つは〈私〉の外側へ向けるベクトル。自分の外側に広がる環境を眺めて、分析的に捉える方向である。現象を計測する。統計を分析する。データから予測を立てる。そうやって〈私〉の主観と切り離しながら世界を客観的に見つめることで、私たちは世界を知っていく。

それに対してもう一つのベクトルは、〈私〉の内側へまなざしを向けることである。〈私〉が何を感じているのかを見つめること。何が心地よく、何が不快なのか。何を愛していて、何を憎んでいるのか。何を問題として、何を希望としているのか。世界と〈私〉との関わりを主観的に見つめて掘り下げられたものも、また普遍性を持つことがある。

どちらのベクトルが正しく世界を理解できるのかをここで明らかにしたいわけではない。世界とは、〈私〉の内側と外側との両方に広がっており、その境界面に現れるのが「風景」であると言いたいのである。自らの境界に現れる風景を見つめることで、私たちは自分と世界を正確に把握できるかもしれない。

特に今の世界は次にどこへ向かうのかが見えない状況にある。私たちにとってこれまで意味を持っていたものも急速に変化し、意味をなさなくなることも多い。それぞれが違う価値観、違う世界に生きていて、共有できる価値が見えにくくなっている。今や人々のまなざしの数だけ世界や現実というものがあると言えるかもしれない。そんな時代だからこそ心を自由な状態にして、〈私〉のまなざしを自らデザインすることは、人が生きていくうえでとても重要な課題なのである。

不安定に変化する心

私たちがまなざしを自分でデザインすることがなぜ困難であるのか。その理由として、人は心と自分を切り離せないと思っているからである。自分の身体に対してならば、私たちはある程度客観的に見ることができる。腕が長いとか、鼻が大きいとか、足を怪我しているといったことは、見て確認できるからである。しかし自分の心は自分の内部にあって見えないので確認できない。あまりに距離が近くて一体化してしまっており、それはアイデンティティそのものになってしまっているのである。

私たちは心こそが自分自身であると思っているが、心はとても不安定ですぐに変化していくものである。そこには一貫したアイデンティティが本来はないのである。身体は小さい頃から成長し、歳を取ると老いていくというように変化が見えるので、長い目で見ると一定したものではないことは理解できる。しかし心はそれよりももっと速いスピードで変化していく。本当は一歩踏みだすごとに、私たちの視点は移動し、見えている風景は変わる。それどころか目を動かすたびに違うものが飛び込んできて、それによって私たちはいちいち心の状態を無意識に変えているのである。

しかし私たちの実感としては、それが急激に変化しているように見えないのは、脳がそれを補正する機能を持っているからだ。変化がめまぐるしく、見るたびに違う眺めになっているのは混乱の風景である。一歩足を踏みだすごとに、地面がなくなるのではないか疑ってかかる状態だと、歩くことさえ到底できないだろう。そのように常に不安定で流動的な心の状態に私たちは堪えられないようになっている。だから脳はそれを補正させて慣れさせていくのである。

ゆえに通常私たちは周囲の環境に対して、それが次の瞬間にまるで変化してしまうというような見方はしていない。ある程度物事は安定しているということが保障されているからこそ、私たちは安心して生活を送ることができるのである。

しかし何かのきっかけによって、そんな日常に裂け目が入ることがある。その裂け目によって現実が変化していることに気づいてしまうと、私たちの心はとても不安定なものになってしまう。それがある一定のレベルを超えると、不安神経症のような病へとつながる。

心は、常にある一定の範囲で不安定に揺れ動いている。だからその状態によって、いつもなら気にならないものが目について仕方ないことは日常的によくある。急いでいる時には信号待ちがいつもより長く感じられたり、大勢の人々で賑わう楽しげに見えていた雑踏が、不快な眺めに感じることもあるだろう。私たちは心によって、見えているものが変わると同時に、見えているものによって、心も影響されて変わっていくのである。
人間の心はそれほど不安定なものである。心の病と健常、狂気と正気には明確な境目を定めるのは難しい。急激な風景異化によって、日常にあまりにも大きな裂け目が入ることは危険なことである。今まで自分が信じていた世界が崩壊してしまうと生きていけなくなるからだ。

だから私たちの脳は日常の環境の状態や物事の捉え方を、ある一定の状態で変わらずに安定させるために努力をする。パターン認識をしたり、自動的に行動や理解を処理したりする心の働きは、移ろいやすく不安定な心に対する人間の防衛本能なのかもしれない。

実際に自閉症やアスペルガー症候群、サヴァン症候群と呼ばれる症状を持つ人々の中には、ある特定の規則正しい要素に目が行き、そこにフォーカスした驚くべき記憶力を発揮することがある[3]。信号や数字のように安定しているものへフォーカスすることで、心の拠り所にしているとも捉えられる。そうした心を安定させることは、私たちにも当てはまる場合がある。机のものの置き方を決まった位置に戻すこと。起きてから家を出るまでの行動を規則正しいルーチンにすること。舗装の目地に自分の歩幅を合わせてしまうこと。それらは私たちが心を安定させるためにとる行動なのかもしれない。

人間は変化を望みながら一方で変化することに対して非常に不安を抱いている。ゆえに、何か固定した動かないものを見つけて、それに寄る辺を求めるのである。

固定される心のパターン

しかし一方でそうやって心を固定させることで私たちは苦しむ場合もある。いつも似たような局面で、同じような行動を取って問題が起きるということが、私たちの人生の中で度々起こらないだろうか。いつも同じ問題で悩むのはまなざしが固定されており、心が同じパターンに陥っている現れである。それは無意識の奥底に潜んでいるので理由が自覚できなくなっている。しかし確実に私たちの行動を支配するものである。

私たちの心はいつも簡単に何かに囚われる。常識や慣習、欲望や怠惰、恐怖や嫌悪、世間体や虚栄心、お金やシステム。それだけではない。私たちは論理や感情、正義や理念、合理性や目的、幸せや愛にも囚われることがある。自分が正しいと思い込んでいるものほど、得てして私たちはそれに囚われていることに気づかないことが多い。

あらゆる事柄は外から私たちの心を捕まえて、まなざしを固定しようとする。それは私たちの自発的な選択だけではなく、時には誰かが意図的に挿し込んでくることもある。私たちのまなざしが何かに固定されている方が、誰かにとって利益になることや都合がいいことがある。それはマインドコントロールという対人レベルからメディアの操作、社会的な洗脳まで、マジシャンのミスディレクションのように様々な形で巧みに私たちの生活の中に気づかれないように織り込まれている。

まなざしのデザインがもし間違って解釈されれば、それは人をコントロールすることに用いられるかもしれない。誰かによって多くの人々が扇動され、特定の価値観へと誘導するような洗脳に向けられるかもしれない。ある特定の価値にまなざしを固定化することは信仰に近しいものになる。それだけを信じていれば救われるという態度は、"宗教化"するということである。

だからこそ自らのまなざしを把握し、自らデザインする態度を持つことが重要なのである。一つの物事を様々な角度から眺め、価値や意味を見いだしたり見直すことで、まなざしを更新しつづける。そうやって更新しつづけた果てに疑いえぬものが見いだせれば、それが真実だと初めて呼べるのではないだろうか。

すべての条件を外してニュートラルに真実を見つめることが重要であると、私たちは頭では理解している。しかし、生身の身体で生活をしている以上、必ず心が何かに囚われてしまうのだ。それは私たちの心の奥底にある物事に対する反応パターンの固定化からきている。多くの場合、そのパターンは無意識につくられているが、それに沿って私たちは世界へまなざしを向けている。

自分がどのように世界を見つめているのかが意識できていない間は、行動を変えることは難しい。だからまずは、私たち自身のまなざしがどのような「下敷き」を持っているのかについて知らねばならない。自分の心がどのようなパターンを持っているのかを理解するところから始まるのである。

エゴギョウによるまなざしの分析

ではどうすれば自らの心の特性を把握できるのだろうか。様々な心理分析法や性格診断法などがあるが、ここでは「エゴギョウ」という一風変わった分析法を紹介したい。このエゴギョウとは、「エゴグラム」という性格診断法を、東洋の陰陽五行《ごぎょう》思想から再解釈したものである[4]。

食養学を専門とする冨田哲秀という研究者が開発したこのエゴギョウは非常に優れた奥深い理論であるが、まだ世にはほとんど知られていない。私はこの五年ほど冨田氏と何度も議論を重ねながら、このエゴギョウの理論化にも関わっているが、その一端だけでも紹介できればと思う。まずその前に、この理論の下敷きになっている「エゴグラム」を少し確認してみたい。

エゴグラムはアメリカの精神科医であるエリック・バーンが一九五〇年代後半に考案した心理療法の理論である「交流分析」が元になっている。バーンの交流分析では、誰しもが心に持っている三つの特性から人間の自我を把握している。それは「親の心＝P（Parent）」、「大人の心＝A（Adult）」、「子供の心＝C（Child）」の三つである。

この三つは誰しもが持っている心の特性であるが、それを弟子であるジョン・M・デュセイはさらに細かく五つの要素に分けた。それは「親の心＝P」を、「厳しい親の心＝CP（Critical Parent）」と、「優しい親の心＝NP（Nurturing Parent）」の二つに分けて、「子供の心＝C」を、「自由な子供の心＝FC（Free Child）」と「従順な子供の心＝ＡＣ（ADAPTED CHILD）」の二つに分けたものである。この全部で五つの心の状態を横並びの棒グラフとして表示する方法をエゴグラムと呼ぶのである。[5]

このエゴグラムが日本に伝わって、五〇問の質問用紙によって把握するチェックリストによって数値化する方法を臨床心理学者の杉田峰康氏が考案した。[6] それらを元にして冨田氏が陰陽五行思想と融合させることで理論化したのがエゴギョウである。

陰陽五行思想とは、中国の春秋戦国時代頃に発生した陰陽思想と五行思想が結びついて生まれた思想体系であるが、これによって宇宙の様々な事象を分析していく方法である。この思想を元に、道教や風水、そして易学などへと発展している。

陰陽五行ではこの宇宙は、「火」「土」「金」「水」「木」という五つの要素からできているとしている。これらの要素はそれぞれ性質があるが、エゴギョウではエゴグラムの五つの心の特性をこれらの五つの要素と対応させている。どのような対応になっているのかを順番に見ていこう。

まず「自由な子供の心（ＦＣ）」に対応するのが、「火」である。火は燃え盛り自由に形を変えるため、自由で奔放な心の特性を表している。〝何かをしたい〟という欲動はこの火の特性であり、明るくて好奇心が強く、生きるエネルギーの元となっている。火が小さいと、生きるためのエネルギーが低いので、暗く閉鎖的で内向的な状態となる。逆に強すぎると自己中心的となる。

次に「優しい親の心（ＮＰ）」に対応するのが、「土」である。愛情深く、世話好きな親のように優しい心の特性は、母なる大地のように、寛容に他者を受けとめ、思いやって行動する土として表現される。この土の心は母性的なものとして家庭環境の中で育まれるが、この性質が低いと、他者に無関心で冷淡な性格として受けとめられる。

「厳しい親の心（ＣＰ）」に対応するのが、「金」である。金の性質を考えれば理解できるが、硬く、曲がらず、折れない。それと同様に金の心は自分の信念や価値観を正しいものとして曲げずにいる特性を持っている。良い側面としては責任を持って行動し、信念を譲らず突き通す力があると言える。一方で悪い側面としては、他人に批判的であり、相手を支配したり屈服させるような融通の利かない部分を持っている。この金が低いと、逆に怠惰な性格になる。

「従順な子供の心（ＡＣ）」に対応するのが、「水」である。水はやわらかく、器に応じて柔軟に形を変える特性があるように、この心は他人に従順に従い遠慮する特性を持つ。よく言えば協調性や順応性が高いが、一方で他人のまなざしや評価を気にして、言いたいことが言えずに我慢をしてしまう部分がある。この水の特性が弱いと、マイペースで他人を気にしないような性格になる。

最後の「大人の心（Ａ）」に対応するのが、「木」である。木は空に向かって高く伸びていくが、この心の特性は木のように高いところから俯瞰して物事を見下ろすことで全体を冷静に把握する性質を持っている。合理的にものを捉えたり、計算や予測を通じて論理的に物事を組み立てる心の特性はこの木が担っている。一方で地上から離れた木だけが高すぎると、抽象的になり他者に対して共感できずに冷淡になる。逆にこれが低いと物事を分けて捉えることができず非論理的な性格となる。

このように特性の違う五つの心が誰の中にもあり、その割合がどういう状態になっているのかによって、心の特性を知ることができる。次ページに五〇問の質問票とエゴギョウの計算方法、そしてレーダーチャートを掲載したのでご覧いただきたい。それに従って自分の心がどのような特性を持つのかを一度試していただければと思う。

まず**9-I**の質問票にある五〇問の質問はあまり何も考えずに直感的に答えて、図の右に白い空欄に「ハイ」なら丸を、「イイエ」ならバツを、「どちらとも言えない」なら三角を書き込む。五〇問すべて答え終われば、縦に丸とバツと三角の数の合計点を計算して一番下にある①から⑤までの空欄に書き込む。その際に丸は二点、バツは〇点、三角は一点というように計算する。それが終わったら、レーダーチャートの方にある、①木から⑤水までの五つの空欄に合計得点を書き込み、それぞれを合計したものを合計欄に書き込む。最後にそれぞれの点数を下のレーダーチャートに書き込んで五角形を描く。

まなざしの相生相克

さてエゴギョウを用いて、自分の心の特性を理解できれば、自分がどのようなまなざしで世界を見ているのかが概ね把握できる。このエゴギョウの点数はどれが高ければいいとか、レーダーチャートの形に正解があるとかいうわけではない。あくまで現段階で、自分がどのようなモノの見方をしているのかを浮き彫りにしてくれる。

これがエゴグラムと何が違うかというと、棒グラフではなく陰陽五行に従って五角形のレーダーチャートになっている点である。エゴグラムは横並びの棒グラフなので、五つの心の特性同士の関係を語るのが難しい。しかしそれを陰陽五行の「相生相剋《そうしょうそうこく》の理論」に当てはめれば、この五つの心がどのような関係になっているのかを明快に説明できるのである。

陰陽五行理論で言う「相生相克の理論」は、この五つの特性がお互いに影響を与え合うという考え方である。相手の特性を生みだし、強めるような影響を与える関係を「相生」、そして相手の特性を抑えて、弱めるような影響を与える関係を「相克」と言う。これがこの五角形のレーダーチャートの意味である。**9-2**を見ながら順番に説明していこう。

まず火から順番に右回りが相生の関係である。「火」が燃えると灰になる。灰とは「土」のことであり、「火」は「土」を生みだすと言える。土の中には鉄や金などの様々な金属があるので、「土」は「金」を生む。

冨田式
エゴギョウ　レーダーチャート

name ____________________

birth ____________________

|集計方法|

◯は2点、×は0点、△は1点です。縦列ごとの合計得点を下段に記入して下さい。左から木、火、土、金、水と、東洋哲学の陰陽五行に当てはまります。

—

各項目の得点が出たら、五角形のレーダーチャートにその点数をポイントして下さい。中心が0点で、一番外側が20点満点です。区切りは2点刻みになっています。そして隣同士のポイントを線で繋いで下さい。これで五角形の図形ができます。

—

5項目の点数を合計し、5で割って下さい(四捨五入)。これは平均点です。例えば、平均点が11点であれば、11点の性五角形を書きます。

① 木	② 火	③ 土	④ 金	⑤ 水
A	FC	NP	CP	AC

合計

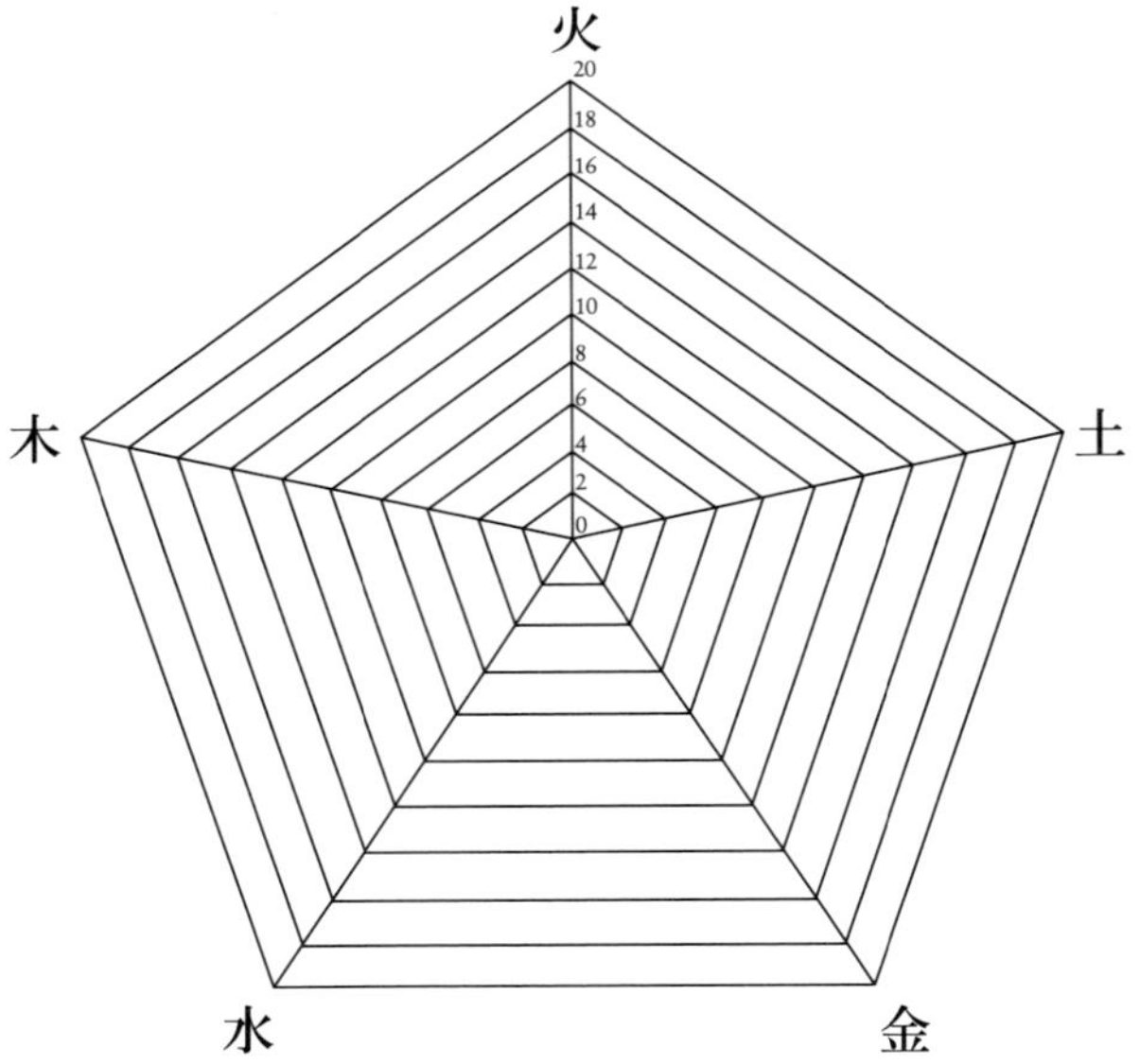

冨田式

エゴギョウ　レーダーチャート

name

birth

｜ハイは○、イイエは×、迷ったりどちらともいえないは△で答えて下さい｜

		①	②	③	④	⑤
1	たとえ小さな不平でもその人を信頼できなくなるほうですか				□	
2	思わず言ってしまってから、しまったと思うことがよくありますか		□			
3	自分は、わがままだなと思うことがありますか		□			
4	待ち合わせ時間にはいつも早めに着くようにしていますか				□	
5	困っている人から頼まれると身につまされ断れないほうですか			□		
6	あまり迷わずにすばやく決断できるほうですか	□				
7	思っていることを口に出しにくいほうですか					□
8	損か得か結果を考えて行動するほうですか	□				
9	ボランティア活動に参加するのは好きなほうですか			□		
10	段取りして能率的に仕事を片付けるほうですか	□				
11	規則や道徳は守らなければならないと強く思いますか				□	
12	ここは自分さえ我慢すればよいと思うことがありますか					□
13	面白いことにはついついハメをはずすことがありますか		□			
14	欲しいものがあるといつまでも気になり買ってしまいますか		□			
15	責任感のない人は嫌いですか				□	
16	家事は好きなほうですか			□		
17	人に嫌われないように行動するほうですか					□
18	“すごい”や“かわいい”などの流行語や感嘆詞をよく使いますか		□			
19	人の期待に応えたいために、嫌でも努力しますか					□
20	自分がやってから、はじめて人に望む方ですか				□	
21	他人に対して手紙や電話で励ましてあげたくなるほうですか			□		
22	理想、博愛、平等のことなどを考えそのために役立ちたいですか				□	
23	人の長所を見つけると誉めますか			□		
24	～すべき、～ねばならないなどの言葉をよく使いますか				□	
25	珍しいことや面白そうなことはもっと聞いたり体験したいほうですか		□			
26	面倒見がよいとよく言われるほうですか			□		
27	ルーズで横着な人は嫌いで批判するほうですか				□	
28	感情的な会話は少ないほうですか	□				
29	聞かれたときには感情的言葉は避けできるだけ理論的に話すほうですか	□				
30	杓子定規は嫌いで融通を利かせるほうですか			□		
31	我慢して妥協するほうですか					□
32	直感で判断し、行動するほうですか		□			
33	子供や部下には厳しい指導をするほうですか				□	
34	よく考えて返事をしたいほうですか	□				
35	にぎやかな場所より静かなところの方が好きですか	□				
36	人の失敗は許すほうですか			□		
37	好きなことならどこまででもやってしまいますか		□			
38	ほかの人の表現や考え方が気になるほうですか					□
39	さまざまな意見は本を読んだりして参考にしますか	□				
40	感情を抑えて表情に出さずに我慢するほうですか					□
41	自分らしさがなくなってきていると思うほうですか					□
42	事実や数字で判断するほうですか	□				
43	自分の意見や行動に自信がなく、さっと決断できないほうですか					□
44	怒りや喜びが素直に表情に表れますか		□			
45	映画や小説では結構感情移入しますか			□		
46	風邪のときなどは無理を避けて休むほうですか	□				
47	「人情」のある話は好きですか			□		
48	大勢の場所では目立たずに引っ込むほうですか					□
49	現実でも映画などでも涙もろいほうですか		□			
50	仕切ったり指示したりすることが結構多いですか				□	
		①	②	③	④	⑤

金属は結露して水を生みだす、あるいは水をためる器となるので、「金」は「水」を生む。水によって木は育つため、「水」は「木」を生みだす。木が燃えて炎が出るため、「木」は「火」を生みだす。これが五つの要素の相生の関係である。

一方で、相剋の関係とは五角形の内部に星印を書いた時に、それぞれの線分の端に位置する特性同士である。火は金属を溶かすため、「火」は「金」に勝つ。土は水を濁らせてしまい、また水をせき止めるため、「土」は「水」に勝つ。金は斧やノコギリになって、木を切り倒すため、「金」は「木」に勝つ。水は炎を消してしまうため、「水」は「火」に勝つ。最後に木は土から養分を吸い上げるため、「木」は「土」に勝つ。このように五つの特性はそれぞれが、まるでジャンケンのように強い相手と弱い相手がいるという関係になっているのである。

これが実は心の関係にも当てはまる。「火」の心は自由奔放な子供のように、「何かをやりたい」という欲求である。したがって「これをしてはならない」という批判的な親の心である「金」の心を溶かす。「火」の特性の方が「金」よりも強い人は、〟してはならない〝ことよりも〟自分がやりたい〝ことを優先するようになる。一方で「火」のやりたい気持ちは、その正反対の従順な子供の心である「水」の特性と相性が悪い。水の方が強いと、〟これをすると怒られるかも〝と思うため、やりたい気持ちである「火」の心を消してしまう。

「土」の心は母親のように物事を寛容におおらかに受けとめる心である。したがって、従順で怯えている子供の心である「水」の特性をせき止める。一方で、冷静に分析したり、論理的に考える「木」の心は、なんでもオーケーと言いながらおおらかに受けとめる「土」の心を妨げてしまう。

冨田式
エゴギョウ　相生相克図

Free Child
（自由な子供の心）
自己そのもの

–

自由・奔放な子供・天真爛漫・自然順応・自由な感情表現・直観力・創造力・衝動的・わがまま・傍若無人・無責任・調子にのる

–

赤・循環系・激しい欲望活力・心臓・小腸・豹変・ドーパミン系・交感神経・アルコール・アイス・炭酸飲料・ソフトドリンク・白砂糖の多いもの・動物性の食べ物・血管

Adult
（大人の心）
第三者

–

冷静・統御・計算・判断力・自分を観察する自分・知性・理性・現実思考・感情抑制・自己中心性・科学万能主義・物質機能主義・自然無視・人間のコンピューター化

–

緑・青・肝胆・穏やかな持続的活力・眼の使いすぎ・葉緑素・副交感神経・酵素系

Nurture Parent
（養育的な親の心）
自分そのもの

–

情（愛・憎）・母・こまやか・心配・育てる・思いやり・慰め・共感・同情・保護・寛容・許し・過保護・甘やかし・沈黙・おせっかい

–

黄色・食欲・口・消化器系・胃脾・穀物・穏やかな多糖類・セロトニン・副交感神経

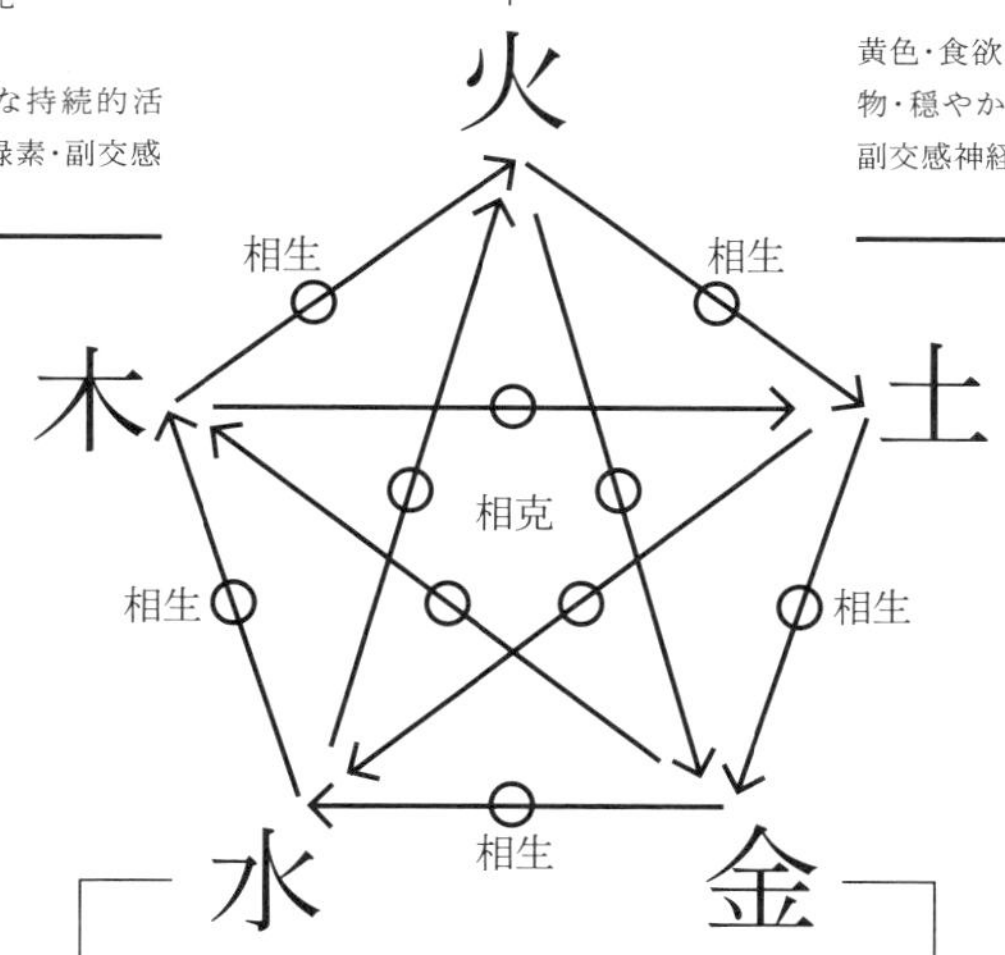

Adapted Child
（順応した子供の心）
歪んだ自己

–

世間を慮る・大人の顔色を見る子供・人への恐れ・我慢・妥協・感情抑制・慎重・他人の期待に沿う・いい子・主体性の欠如・消極的・自己束縛・敵意温存・依存的

–

黒・水分・塩・腎膀胱系・逃避・従順・過敏性膀胱・気疲れ症候群・世渡り

Critical Parent
（批判的な親の心）
私そのもの

–

仮面的役割・社会性・批判・父・厳しい・憂い・思い込み・頑張る・失敗を極端に嫌う・競争的・勝ち負けの世界・理想・良心・正義感・権威・道徳・非難・叱責・強制・権力・干渉・排他的・攻撃的

–

白・呼吸器系・皮膚・せんべい・硬いパン・交感神経・免疫

「金」の心は批判的な父親のように、”こうでなくてはならない“、あるいは”これをしてはならない“という硬い心である。だから客観的に物事を見たり、様々な角度から冷静に判断しようとする「木」の心を邪魔する。一方で、「金」の反対である「火」の心が強いと、”してはならない“という気持ちが、「火」の”やりたい“という気持ちに負けてしまう。

「水」の心は親に従順な子供のような心であり、いつも他者のまなざしを気にするので、「火」のやりたいという欲求を消してしまう。一方で物事を冷静に分析したり、論理的に考える「木」の心を持っていると、先を予想し、状況を把握して、怖れを克服することができる。

「木」の心は論理的で冷静に状況を分析するため、きっちりと物事を分けて捉える。したがってなんでも寛容でおおらかに受けとめる「土」の心を弱める。一方で、”こうせねばならない“という「金」の心は、最初から何かに囚われて物事を見るため、冷静に状況を分析する「木」の心を弱めてしまう。

このようにそれぞれの心の特性が、互いに強め合ったり弱め合ったりするのである。これはどの特性が良いとか悪いとかいう話ではなく、それぞれのバランスで見る必要がある。大きいからといっていいわけでもなく、小さいからといって嘆く必要もない。五つの相対的なバランスによって心のマップを把握するのである。自分が今どのようなまなざしで世界を見つめているのかを把握せねば、自分のまなざしを自らデザインすることはできないからである。

まなざしのバランス

冨田氏の考案したエゴギョウは非常に奥が深く、これらを用いて様々な心の読み取りをしていくことができる。本書では詳しく述べる余裕はないが、陰陽五行論は身体の状態や食とも結びついているので、健康や食事の指針にも応用できる。

このエゴギョウの見方が分かってくると、それを補助線にして自分や相手の心がどういう特性を持っているのかを見ることができる。この五つの特性そのものが、世界を見る時の補助線になっているので、自分がどのまなざしを持っているのかが把握できれば、次にどのまなざしを強めていけば自分の問題が解決できるのかが分かる。その際に相生相克を指針にしてデザインすることができるのである。

例えば、金性が高い場合、生真面目であり何事も杓子定規にものを見る性格である傾向が強いと言える。だからおそらく実直に行動するが、曲げることが難しく融通が利かないので、相手と衝突することも多くなってしまうだろう。その場合は、その金性を弱める相克である火性を強めていけばいいということになる。つまり何かを見る時に「こうでなくてはならない」という金性のまなざしを向けるのではなく、「どうすれば楽しくなるだろうか」という火性のまなざしで一度眺めてみる。そうすると、火性の相生である土性が強まってきておおらかに受けとめる心が芽生えてくる。それと同時に金性が弱まってくるため、今度はその相克である客観的に眺める木性が高まってくるだろう。

あるいは、水性が高い場合、優柔不断なうえ、人目が気になるので、すぐに人の言われたとおりに従って自分をおさえてしまうという性格で困っているかもしれない。その場合は水性の相克である土性を高めるとうまくいく。つまり「失敗しても、笑われてもいいではないか」という土の持つ寛容でおおらかなまなざしを育てるのである。そうすると、土性の相生である金性が強まってきて、勇気を持って物事を強く前へ進めていく心が芽生えてくる。それと同時に水性が弱まってくるために、その相克として、何かをやりたいという楽しむ心である火性が高まってくるだろう。

もちろんこの心の特性は常に変わっていくので、質問に答えた段階での自分のまなざしである。発達の中でのまなざしの形成としては、火↓土↓金↓水↓木となり、木からまた火へと巡り順番に育っていく。つまり何かをしたいという子供の心である火が強まってきて、それがある程度満たされてくると、今度は他者を受けとめる土の心が育ってくる。その土の心が充実してくると、今度は何かをせねばならないという使命感を持った金の心が生じる。その金がある程度強まってくると、衝突も増えてくるので今度はそれを恐れて調整しようとする水の心が生まれてくる。そしてその水の心が強まってくると、今度はその自分の恐れと物事を通す強さとの両方を見つめる分析的な木の心が育つ。そしてその木の心の分析を経た上で、さらにやりたい気持ちの火へと育っていくのである。

だからどれが高ければ正しいというわけではなく、どの心も自分の中にはあるのである。その強弱やバランスの中で自分のモノの見方が決まってくる。経験則から概して言えるのは、人との関係性の中で問題が起こるのは概ね、火性、金性、水性であることが多い。「これがやりたい」という火性が強すぎれば、人の迷惑を考えずに何かをしてしまう。「こうでなくてはならない」という金性が強すぎれば、他人に自分の信念や価値観を押しつけてしまって衝突となる。また「こんなことしていいのか」という水性が強すぎれば、怖くて何もできなくなり、いつもビクビクしながら過ごすことになる。

こうした火性、金性、水性に対して、残りの土性と木性を高めることで問題が解決できることが多い。つまり、土性の「こんな感じでもいいじゃない」という寛容さと、木性の「これはどうなっているのだろう」という分析的なまなざしを強めていくということである。

このエゴギョウを通じて、自分がどのようなまなざしを持っているのかを把握しておくことで、何か一つのまなざしが強まり問題が生じた際、その反対側の特性を強めていくことでデザインできる。また、火と金や、水と火のように相克するまなざしの両方が強いことで生じる問題もある。その場合は、その他の相生のまなざしを強めていくことでデザインしていくのである。

このように自らの心をうまく把握することによって、まなざしを上手にバランスを取ることができれば、様々なことが変わってくるはずである。重要なのは、まずは一度自らの心から距離を取り、自分がどのようなまなざしを持っているのかを俯瞰して眺めることである。そのためにこうしたエゴギョウのようなツールがまなざしのデザインに役に立つと考えている。

第10章　無意識を見つめる

無意識へのアクセス

普段私たちは、自分のことを自分が一番よく知っていると思っている。しかし自分とはこういう人間であるという「意識」そのものが実は曖昧なものであると考えた人がいる。それが二〇世紀の心の学問に大きな影響を与えた科学者の一人、ジークムント・フロイトである。

自分が意識している自分というのは、実は自分の表面をつくる薄皮一枚程度でしかない。心のほとんどは膨大な無意識からできていて、それが意識そのものも生みだしている。フロイトは神経症や精神病という観点から人間の心の構造に近づくことで、そう結論づけた。

つまりフロイトが精神分析として科学にもたらした最大の功績は「無意識」の発見である。私たちの心は「意識」という領域だけではなく、膨大な「無意識」という領域からできていることがそれ以降の常識となったからである。[1]

無意識はすでに二五〇〇年前に釈迦によっても明確に指摘されていた。しかしフロイトの功績は近代科学の中で改めて発見し、その後の二〇世紀の心の科学に大きく影響を与えたことである。それまでの科学や哲学は意識だけを扱っていたが、フロイト以降においては、無意識との関係性を抜きに意識の問題を考えることができなくなったと言える。

それは何かを見ることでも同様である。私たちは何かにまなざしを向けた時に、最初は自分が見つめている対象を意識している。しかしずっと見つづけていると、それはだんだんと当たり前になり無意識になっていく。それが完全に無意識の領域に落ちてしまうと、今度は見てはいるけど心がその対象を意識できなくなる。

フロイトはその意識から無意識に至るまでの中間の段階があると言う。かつては意識にあったが、今は忘れてしまっているような意識である。それをフロイトは「前意識」と呼んだ。この前意識は、意識されたり無意識になったりする部分である。つまり視覚的には捉えているが、心が捉えていない状態だと言える。まなざしの固定化は、周囲の環境への眺めが前意識の状態に入っていることだとも言える。

しかし風景異化が起こると、まなざしはもう一度意識の状態に入る。その時に知らなかったものとしてその眺めが発見されるのだ。それがジャメヴュであるが、まなざしをデザインする初期段階のプロセスではこれが重要である。意識と前意識との間を行き来するようなものは、一時的に外から刺激を与えることで、もう一度意識させることが有効だからである。

しかし私たちの見方を決めている本質的な要因は、無意識に持っているまなざしである。それは私たちのアイデンティティと言ってもいい。その根幹はより深い無意識と結びついている。それが実は本当の心のパターンをつくっているのである。

だから自分がどのようなまなざしを持っているのかを知るためには、心の深い部分へと降りていき無意識にアクセスする必要がある。私たちが無意識に持っているまなざしに気づかなければ、私たちはずっと偏った風景の中で生きていることにも気づけないだろう。

そうした無意識へアクセスするためには様々な方法がある。長い時間をかけて自分との対話を通じてアクセスする方法もあれば、電気刺激や催眠術、薬物などの外部の刺激に頼って辿り着く方法もある。また反復した動きを行うシャーマニズムのようなトランス状態（変性意識）や、極度の集中力を伴う一部のスポーツによってアクセスする方法もある。禅でなされるような深い瞑想や精神的な修行を行い、時間をかけて鍛錬することで無意識の深層に降りていく方法もある。これらの方法については本書の中で詳細には書ききれないため別の機会に譲り、ここではそうした無意識がどのような構造から成り立っているのかを考えていきたい。

自我が生まれる時に風景も生まれる

フロイト自身も心の無意識へいかにアクセスするかをずっと問題にしていた。そこで彼は生涯の後期には「意識」「無意識」「前意識」の代わりに別の説明方法を考えついた。それが「エス」「自我」「超自我」の三つから人間の心が成り立っているという理論である[2]。

話を簡単にすると、エスとは人間の心の中にある本能のようなものだ。私たちが生きるための欲動を突き動かす部分である。誰でも最初はこのエスが求める声に従って動いている。赤ん坊の段階では心の中はエスが一〇〇％の状態であると言ってもいいかもしれない。

このエスしかない赤ん坊は視覚的なまなざしが発達していない。だから自分（主体）と環境（客体）との区別はまだついていない。赤ん坊にとっての世界は、自分の体も他人の体も環境もすべて渾然一体としているものである。だからむしろ主観でしか周囲を見ていないと言ってもいいかもしれない。赤ん坊にとっては、視覚よりもダイレクトに接する触覚や味覚の方が身近な感覚で、触ったり口に入れたりしながら周囲の世界を自分の中に取り込み把握する。まだ自分という存在に対する意識が発達しておらず、無意識を中心に行動するのである。

フロイトは、人間は基本的にはエスが突き動かす動物であり、快楽原則にもとづいて行動すると考えていた。私たちが個体として生きる欲求がある以上は、私たちが周囲へ向けるすべてのまなざしの根底には、〝自分の生命を維持する〟という強烈な目的が横たわっている。食欲や性欲、睡眠欲や自己保存欲がその基本的なものである。それに従って私たちはまずは生きる条件を整えるために、無意識に「欲望のまなざし」を周囲に向けている。

しかし人間は社会に組み込まれていくに従って、この欲望のまなざしだけではうまくいかなくなる。それぞれが剝き出しにした欲望がぶつかると、集団がうまく機能しないからである。だから集団生活の中で現実に即して行動を制御していく心が育まれてくるのだ。

フロイトはそういった欲動にもとづいたエスを抑える役割として、自我《エゴ》が心の中に生みだされると考えた。この自我とは、自分（主体）と環境（客体）とが違うものであるという意識を生みだす。それは〝自分が自分である〟という「自分へのまなざし」であると言える。

人間は成長の発達段階のどこかで、周囲の世界が自分とは違うことに気づく。眺めている自分と、眺められている環境という関係が意識されるのである。それがまなざしを向けている自分を意識することであり、発達の過程で「風景」が誕生する時期だと言えるだろう。

記憶を辿ってみると、自分が赤ん坊だった頃の風景は正確に思い出すことはできない。私たちの最初の記憶は、ある程度物心がついてからのもので、自他の分別をつける自我は概ね三歳から四歳頃をめどに定まると言われている。その頃からようやく周りの環境を視覚的に把握し始め、同時に周囲にまなざしを向ける自分を意識し始める。年齢が上がってくるにつれて自我がある形に定まっていき、記憶の中の風景も鮮明になってくる。周囲と自分との関係があるパターンになるにつれて、自分は常に自分として意識できるようになるのだ。

自分が自分であるという感覚が繰り返されると、それは当たり前すぎる〝事実〟となる。それはだんだんと無意識の領域へと押し込まれていき、私たちのアイデンティティを形成するのである。

無意識を構成するまなざし

フロイトは「自我それ自体は、意識されない」と述べているように、自我と意識は異なる。むしろ自我は無意識の領域に潜んでおり、エスからの要求と環境に対する行動の調整を行う働きをする。[3] それに加えて、私たちはある程度の年齢になると、さらに「超自我」というものが心に生まれてくると、フロイトは考えていた。[4]

動物的なエスが生みだす「欲望のまなざし」をそのまま剝き出しにしては集団生活ができない。だから自我がそれを抑える役割を持つようになる。しかし私たちが根底に持つ欲望はとても強く、自我だけで抑え込むことが難しい。それどころか自我そのものが欲望と同化することによって、その欲望をさらに強めてしまうこともある。

そこで超自我の役割が出てくる。超自我は心の一部に芽生える良心の声として、欲望に対して禁止や抑制の役割を担うのである。そうすることで私たちはなんとか現実に合わせて集団生活を行うことができる。この超自我は意識と無意識の両方にまたがっており、価値観や善悪の判断基準、社会通念や倫理観などから影響を受けている。言い換えれば、超自我は〝社会的なルール〟を自分の内側に取り込んだ「外なるまなざし」である。自分という存在へ向けられる誰かのまなざしを自分の中に取り込んだものとも言える。「欲望のまなざし」は自分の内から外へ向ける視線であるが、反対に外から自分に対して向ける視線が「外なるまなざし」である。それは自分が外からどのように見られているのかという意識であると捉えた方が正確かもしれない。その意識も、時間と共に無意識の領域に取り込まれて心のパターンをつくりあげていく。

この超自我は、集団生活をするうえでは欠かせないものである。しかしそれは必ずしも良い側面ばかりではない。超自我が強くなりすぎると、今度は自分の根底に横たわっている欲望が押し殺されるのである。外から見られている自分ばかりが気になり、自分が何かを欲求することや、生存本能に関わることを無意識に抑圧する。それがストレスやうつといった様々な心の問題を生じさせる原因にもなる。

もしくは、ある価値観や常識などに囚われすぎてしまい、そこから抜けだせなくなることもある。その価値観やルールに従えない自分を否定するようになるのだ。その否定は自分だけにとどまらない。自分以外の誰かにも、同じような価値観やルールを押しつけるようになることもある。相手が自分の期待どおりに振る舞わなければ、怒りやストレスを感じるようになるのである。

少し整理をすると、人間は基本的に、最初は動物として一〇〇%エスが支配する「欲望のまなざし」を持って生まれてくる。そして成長する中で、自我が芽生え、「自分へのまなざし」が生まれる。さらに大人になるにつれて社会的なルールが超自我として自分の中に取り込まれていき、「外なるまなざし」がつくられる。これらがブレンドされて、一人一人の心のまなざしがつくりあげられている。

だから人間は心の奥底にある無意識から、この三つのまなざしを向けていると言える。つまりエスが生みだす「欲望のまなざし」、自我と呼べる「自分へのまなざし」、そして超自我によって得られる「外なるまなざし」の三つである。それが心のパターンをつくりあげ、私たちのまなざしを方向づけている。

私たちの心の中心にある「自分へのまなざし」は、常に内からくる「欲望のまなざし」と「外なるまなざし」との綱引きの間に立たされている。その時の状況や環境によって綱引きの結果は変わり「自分へのまなざし」は変化するのである。うまくバランスが取れずにコントロールを失うと自我は揺らいでしまう。そうやって影響される自我が、自分の身を守るために心の防衛メカニズムを働かせるのである。それが様々な神経症や精神病として現れるのだとフロイトは考えていた。

心は何がつくるのか

無意識の一番奥底に潜む欲望のまなざしは、生まれた頃から備わった動物的なモノの見方である。その形成には赤ん坊の頃からの「性衝動」が根本にあるとフロイトは考えていた。しかしもちろん性衝動だけでなく、心がどのようにつくられていくのかについては、その後の成長過程の中での様々な環境要因が影響する。

例えばその人がどのような「家庭環境」の中で育ったのかは、心の形成には重要な要因である。両親や兄弟姉妹とどういう関係にあったか。家族の間のコミュニケーションはどういう雰囲気だったのか。そういった常に自分の近くにいて、自分の自我の発達に影響を及ぼす家族は、まなざしの形成に非常に大きな影響力を持っている。特に幼児期から成人になるまでの自我の形成に大きな影響を与えると言われている。

それに加えてその人がどのような「社会環境」で育ったのかも重要な要因である。家庭環境はその時代背景や社会の状況に影響される。例えば戦時中の家族のあり方と今の家族のあり方は随分と違うであろうし、また国が違えば家族について常識としていることが随分と変わるかもしれない。その時代、その場所の社会が持っている価値観に、家庭環境も影響を受ける。それらは合わさって心のパターンの形成に影響する。

さらにどのような「自然環境」で育ったのかも心の形成に影響する。山で育った人と海で育った人とでは、安心感を覚える風景が異なるだろう。小さい頃に過ごした場所は心の無意識を形成する。自然環境は個人に直接的に影響を及ぼすだけでなく、その地域の社会環境に大きく影響している。砂漠で生まれた社会と、森林で生まれた社会とでは、食べ物や住居、そして慣習や考え方なども大きく異なるのである。哲学者の和辻哲郎はそれを〝風土〟という言葉で呼んでいたが、大きなスケールで見ると自然風土が人々の精神風土の違いを生みだしてきたという説明には納得がいく。

自分の心のパターンは、家庭環境から影響を受けているが、両親もその親がどういう家庭環境で育ったのかに影響されている。それと同時にその家庭が置かれている社会環境や時代背景にも影響を受けている。さらに、その社会環境はその土地の自然環境に影響を受けており、そうやって何世代も続いていく中に私たちの心のパターンは方向づけられているのである。

これら心の環境を一括りにした言葉が「文化」であると言えるかもしれない。文化は、家庭環境、社会環境、自然環境のすべてに織り込まれており、その様々なレベルの文化が何重にも取り巻いていて自分の心のパターンを無意識に方向づけているのだ。

普段の食事でその人が米を好むか小麦を好むかは、その人の個人的な欲求というよりも、その人が育ってきた文化の違いが大きく影響している。本能的に見える欲望も、その人が育ってきた文化が方向づけているることがあるのだ。そして何をタブーとしていて、どう行動すべきなのかという「外なるまなざし」も、その社会が共有している文化が方向づけている。

私たちは自分の好き嫌いを自分の意思で選択していると思いがちである。しかしなぜそれを選択するのかは、実は無意識の領域にあることがほとんどなのである。自分の肉体の外側に時間的・空間的に大きく広がった文化によって、私たちのまなざしはつくられている。だから私たちの心が何によって方向づけられているのかを知ることは非常に重要なのである。

分離する外なるまなざし

特に「外なるまなざし」はその社会が共有する大きな文化によって生みだされる。それは集団生活を営むために、その社会が共有するルールと言ってもいいだろう。集団生活の中の様々なルールは外から私たちにまなざしを向けており、その意識が私たちの行動を制御する補助線となる。そのルールには一体どういうものがあるのだろうか。

一番大きなルールとしてまず思い当たるのは、自分が所属する「国家の法律」である。私たちが暮らす現代社会は基本的には法治国家を前提にしている。だからその根底にある法律は少なくとも最低限守らないといけないルールとして認識されている。今のすべての法律が正しいかどうかはさておき、それを破るとそれなりの罰則が待っている。だから私たちは自分が法を犯していないかどうかを意識して行動している。

しかし法律というルールだけに従っているわけではない。むしろ日本においては法律として明確に定められていない「社会の規範」の方が、私たちの行動の基準として重要なことがある。法律は最低限のルールである。しかし法律は認めていることであっても、社会の規範が許さないことはたくさんある。完全に合法であっても世間に迷惑をかけるようなこと。世間から白い目で見られて排除されること。そんな社会の規範の方が私たちを縛ることが多いのである。それは私たちに外からのまなざしを投げかける。

逆に法律では禁じられていることでも、社会の規範では暗黙に許されているようなこともたくさんある。社会で共有されている規範が法律に合っていないことや、規範が移り変わって法律が古くなっているような場合もある。

この国家の法律と社会の規範は、社会生活を送るうえで、私たちが内側に持っている外なるまなざしである。しかし、それ以外にも私たちの行動を抑制する外なるまなざしがある。それは「宗教の倫理」だ。私たちの良心を形成する根底にもなっている「道徳」という言葉の方がいいかもしれない。

私たちは行動する時に、国家の法律や社会の規範を破っているわけでもないのに、自分の行動を自ら抑制してしまうことがある。自分にまなざしを向けている人が誰もいない時でも、してはならないことや、すべきであると信じるものを私たちは心の中に持っている。

もちろんそれには宗教の戒律のように意識化されたものもある。多くの文化では、こうした宗教の戒律が社会の下敷きになっている。自分が帰属する社会は宗教的な価値観を根底に持っており、それは家庭や社会とのコミュニケーションを通じて、小さい頃から無意識に私たちの中に取り込まれた外なるまなざしになっている。

人類の長い歴史の中で重要な役割を果たしてきた宗教も人が生きるうえでのルールを示している。そして人類の歴史の大半は良くも悪くも宗教の影響を強く受けている。宗教の価値観はその地域の社会規範や国家の法の元になっており、今の社会でも影響力を持っている。

国家の法律、社会の規範、宗教の戒律がきれいに一致していたのがイスラム教を根底に置く社会であった。イスラム社会では戒律が書かれた経典である「コーラン」と預言者ムハンマドの言葉が社会の規範になっている。そしてイランやサウジアラビアのような政教が一致する国においては、イスラム法という形で国家の法律にもなっている。だからイスラム社会においては、少なくとも表面上はこの三つのルールの間に矛盾がないように見える。そこでは外なるまなざしが一つにまとまっているので、行動の指針としてはシンプルなように思える。

日本においては仏教と神道という二つの宗教が長らく社会の規範を形成する大きなベースとなっていた。しかし近代国家へと移行する時に、欧米でつくられた法律がお手本として持ち込まれた。それが、それまでにあったルールとの間に歪みを生じさせたまま、今に至っている側面もある。私たちの生きづらさの原因は、法律か世間体か道徳かのどれに従うべきかに迷ってしまうということも、原因の一つにあるのではないか。

本来はこの三つが指し示していることが一致していると悩まずに済む。しかしグローバル化が進んだ現代では、これまで歴史的、地理的に育まれてきたまなざしとの整合性が取れずにいる状況が強くなっている。私たちが心に抱く外なるまなざしは、情報化とグローバル化の中で誰のまなざしを想定するのかによって、それぞれ異なる方向を向いてしまっているのだ。

私たちは今、それぞれの局面に応じて器用にこの三つのまなざしを制御せねばならない。場合によってはどのルールに自分を合わせていいのか分からなくなる局面もある。その制御を器用にできないと、私たちは苦しみ、時には犯罪やリストカットなどへと発展するのである。

イスラム社会ですらこの外なるまなざしの分離が昨今は顕著に表れている。本来は外から自分を見つめる三つのまなざしが一致することで、私たちは内なる欲望のまなざしに対抗する。それでようやくバランスが取れるぐらい、私たちの欲望は強いものなのである。しかし今の社会の中では、この外なるまなざしがとても歪な形になり始めている。

今や私たちは人の目に触れる行動だけルールに従えばよいという方向になっている。心が実際に何を感じているのかは表面化されず、行動の結果だけが問題にされるのである。そこでの心と行動のギャップが拡がることで、違和感を感じることも多くなっている。近代から現代にかけて、見えない心の問題を切り捨ててきたことと大きく関係していると私は考えている。

経済化する欲望のまなざし

今の世界は私たちの心の中の欲望のまなざしを肯定する仕組みになっている。この現代社会においては経済システムによって損得は可視化され、欲望のまなざしは最大化されるのである。私たちは何か物事を判断する際に、それが自分にとって得なことか損なことかという計算だけを指標にする傾向が強くなってきている。

自分という個人の生存が私たちにとって一番の関心ごとなので、快楽の有無や損得をはかりながら生きていくことは必要なことである。しかしこの資本主義社会の中では快楽や損得は「お金」という分かりやすい形に置き換えられる。それは欲望が単純な形で序列化され可視化された形なのである。

本来お金は人間の生存には何も価値を持っていない。紙幣や硬貨は食べることができない。ましてや預金通帳の金額は単なる数字なので、それ自体は何も快楽を満たすことはできない。しかし私たちはそれに欲望のまなざしを向けて想像を膨らませるのである。欲望は今や数字と交換される。幸せを与えてくれるお金は一種の宗教になっているのである。

昔は神仏を信じてさえいれば幸せになれると人々は考えていた。しかし今はお金さえあれば幸せになれると考えている人は多い。そしてそれが世界で共有されている唯一の価値観ではないかと思うぐらい力を持っている。好むと好まざるとにかかわらず、そのルールは私たちの人生に否応なしに介入してくる。

特に今世紀に入ってから、グローバル経済の支配力はこれまで以上に勢いを増して荒れ狂っている。すべての物事がその経済に大きく左右されるのである。今の私たちの生活はすべてお金と交換することを前提に組み立てられている。

意識的であれ、無意識的であれ、ほとんどの人は損ではなく得をしたいと考えている。そして経済的な損得が最も分かりやすく、人種や文化や社会の違いによらずに計算できるのがお金というシステムである。この経済の損得という強力な力は、昨今すごい勢いで私たちのまなざしを固定化する力になっていると言える。私たちは実質的にお金がないと生きていけないと思い込んでいる。そして、反対にお金さえあれば自由になると思い込んでいる。「経済の損得」に置き換わった欲望のまなざしの力はとても強く、「国家の法律」「社会の規範」「宗教の倫理」といった他のルールを書き換えるほどの影響力を持っている。

国は経済成長をするために法律を書き換える。社会は経済が回る場所を中心にして動き、それ以外のところにはまなざしを向けることがない。そして宗教は今やビジネスになってしまっていることは言うまでもない。私たちのまなざしはすべて「経済化」しているのである。

今の社会では、私たち自身が知らない間に必要のないものまで買うようにまなざしが誘導されている。気をつけていないといとも簡単に外から影響を受け、特に必要だと思っていないものに対しても、知らない間に欲望のまなざしを向けるようになる。経済が暴走する社会は基本的には欲望肯定型社会である。ほぼすべての欲望はサービスに変換され経済化されていく。

そんな経済化した欲望のまなざしは今急速に世界を蝕んでいる。自然環境は、資源採掘などの利益を優先するあまり風前の灯火である。社会環境も、極限まできた資本主義が生んだ経済格差が深刻な問題を生み、そして家庭環境も、今や個人化が極度に進み、つながりが失われ家族がそれぞれ別々の財布を持つようになってしまった。経済の損得は国家経営からコミュニティの形成、恋愛や家族の関係などにも持ち込まれている。これらは様々なコミュニケーションの形を変えていくのだ。

こうした法律や規範や道徳が担保していた社会秩序が乱れてしまい、混乱した状態のことを社会学者のエミール・デュルケームは、「アノミー(孤立化)」と呼んだ。[5] 経済化するまなざしのもとで再編集されつつある世界では、人々の結びつきがお金だけになることも危惧されるだろう。私たちはここで、もう一度立ち止まって、何を共有すべきなのかを考えなおさねばならない時期に来ているのではないだろうか。

第II章　異なりを結ぶ

まなざしの共同体

社会とは壮大な想像力の産物である。社会とは土地を指しているわけではなく、町の建物のことでもない。役所でもないし、企業でもない。「社会の仕組み」という言葉があるぐらいなので、仕組みそのものでもない。しかし社会は今挙げたすべてを含んでいる。つまり社会とは具体的なものを指す言葉ではなく、私たちが頭の中で共有する観念的なものである。

私たちは一人で生きているわけではなく、人々の間に生まれ、人々の間で生き、人々の間で死んでいく。だから社会の中心にあるのは、人々の関係性とコミュニケーションである。その時に私たちが頭の中に抱いている想像が共有されないと、そのコミュニケーションは混乱を招く。だから人類は想像をいかに共有させるのかに絶えず心を砕いてきた。

ほとんどの動物にとって行動が制限される大きな要因は物理的な条件である。しかし人間は社会の約束事という心理的な条件によっても行動を制限する動物である。互いに争わずに行動する約束事として法律や規範を生みだす。生産したものやサービスなどの価値を交換する約束事として貨幣や経済を生みだす。これらはすべて約束事であり、これらの約束事に従って人々はコミュニケーションを行う。しかし、それらは目に見えない。六法全書は法律そのものではなく、一万円札は経済そのものではないように、約束事というのは人々の間で共有された想像なのだ。人々が世界に向けているのは、この想像力のフィルターがかけられたまなざしである。

このまなざしを共有する人々の集まりが「共同体」である。共同体は社会の基本的な単位であるが、それは時代の変化に応じて変わっていく。共有されるまなざしが変わるたびに、共同体の単位が更新されていくのである。

共同体という漢字を分解すると「共《とも》に同《おな》じ体《からだ》」となる。つまり同じ体を持った人々が共にいる状態を指している。同じ体を持つ人々とはすなわち同じ「血」を分け合った人々のことだ。だから共同体という言葉は本来「血縁」から始まっていると言えるだろう。原始的な共同体はこうした血縁の単位が群れになって生活し、狩りを営み、その中で食料を分け合っていた。そこでは互いの身体的特徴という目に見える同質性が共有されていた。それは見える範囲の小さな共有である。

しかし、人々が農業をきっかけに土地に定住し始めると、共同体はさらに大きくなり事情が変わり始める。農業には人手が必要であり、同じ家族だけでなく複数の異なる家族も同じ土地に住んで協力するようになるのだ。それが「地縁」と呼ばれる共同体の単位の元になっている。地縁と血縁は重なる部分もたくさんある。今でも山間部の集落へ行くと、村の人々が皆同じ名字であったり、親族であるという場所も少なくない。

同じ場所にずっと住みつづけ、厳しい自然を相手に農業をする地縁共同体。そこでは土地へのまなざしが共有されている。それが見える形では里の景色となり、見えない形では〝掟〟となる。地縁共同体では同じ情報がすぐに共有され、同じモノの見方も共有されている。昨夜村で起こった出来事は明朝には村人全員が知っている。そしてその出来事に対する反応も大体同じような感じになる。その土地の人々の間で共有される想像は概ね一致しており、それが異なるようになると約束事が成り立たなくなるからだ。だから「異質」なものは村八分のような形で排除される。特に厳しい自然を相手に農業をする場合には、共に同じまなざしを向けていることが重要なのである。

都市は農村共同体とは異なり、大勢の人々が集まってくる場所なので、そこで人々が共有するものは多様になる。厳しい自然と闘いながら農業生産をする場所ではなく、様々な職業の人々が、様々な価値観を持っている。だからそこでは同じ場所に住む多くの人々が争わないように様々な方法で人々の想像力を一致させることが必要になる。それが法律や経済のような約束事となり、果ては政治や国家という形で束ねられる。一方で、工業からサービス産業へと人々の労働が移り、都市にはより多くの人が出入りするようになると、コミュニケーションの範囲はより拡大する。私たちは通りを歩いている人の大半が誰なのかを知らない。場合によっては隣に住んでいる人が誰か知らないこともある。他者との関係性が弱く流動的なのが現代の都市であるが、そうなると全員が同じまなざしを持つ必然性もどんどん弱まっていく。人々は表面的な約束事だけを守れば、個別のまなざしは必ずしも全員で共有する必要がなくなるのだ。

だから都市での人々の関係性は、同じ土地に住んでいるとしても、それぞれが持つ関心や目的によって様々な共同体へと分かれていく。私たちは隣に住んでいる人が誰かは知らなくても、職場で会う人は大体知っている。趣味で通う習い事の仲間の方が、すぐ隣に住む人より仲がいいというのは普通になっている。

そういった関心や目的による共同体は「テーマ縁」と呼ばれることがある。テーマ縁による共同体はその関心によって様々である。スポーツや芸術を共有するクラブから、利益を共にする企業、イベントを共有するような一時的なつながりもある。だから都市での人々の関係性は、いくつかの「地縁共同体」と様々な「テーマ共同体」とが結びついている。

テーマ共同体は必ずしも具体的な土地と結びつく必要はない。昨今では地縁が強い農村のような場所であっても、都市からの人々がやってくる形で、都市型のテーマ共同体が増えてきている。地縁だけでは支えられない農村の共同体にテーマ縁をうまく組み合わせることで、共同体のあり方をいかにリ・デザインしていくのかはあちこちで重要な課題として考えられている。

このように「血縁」「地縁」「テーマ縁」と移り変わっていく共同体ではあるが、これらに共通している特徴がある。それは、〝同じ〟まなざしや想像力を共有することで人々が縁を結ぶという特徴である。つまり共同体とは対象が血であっても、土地であっても、趣味や仕事であっても、すべて「同じ」まなざしを共有する人々の集まりであるという本質は変わらないのである。

多様になっていく世界

一方で時代が下り、血縁からテーマ縁へと移行していくと、私たちのライフスタイルや価値観はどんどん多様になっていく。つまり人々の関係性がテーマごとに細分化されていき、さらに部分的で複雑になっていくことを表している。かつての血縁共同体だけだった時はシンプルである。同じ部族のような血縁共同体は同じ家で暮らし、同じ物を食べ、考え方も同じようなものになる。生活のすべてを共有していると価値観も同じようなものとして落ち着いてくる。

地縁共同体は血ではなく土地を共有しているため、家ごとに差異が出てくる。だから違う家族同士だと生活の同質性は血縁よりも部分的になる。しかしそうであっても、その土地で共に生きていくうえでの価値観は掟としてしっかりと共有される。同じ土地で暮らすのに多様な価値観を持つことは許されず、全員が同じ価値観でなければならないのだ。

それに比べてテーマ共同体では価値観の共有のされ方はもっと部分的である。法律や経済という大きな約束事さえ守れば、あとはそれぞれのテーマに応じた価値観だけを共有すればいい。そのテーマ共同体の中での関係性も部分的である。

テーマ共同体の価値観は都市で生まれたが、今やそれは世界全体へと広がっている。世界人口の約半分は都市に住んでおり、重要なことはすべて都市で決められている。だからそういったテーマ型の価値観が主流になって広がるのは当然なのかもしれない。

ほんの二〇〇年ほど前の共同体は血縁か地縁がほとんどであった。しかしこの間に世界は大きく変わった。産業化によって生産や流通が大きく変わり、技術によって生産が合理化した。農作物も工業製品も少ない人数でつくれるようになったので、皆が同じ仕事をしなくてもよくなった。それはライフスタイルや価値観の多様性をもたらしたと言える。

そして果てしなく広がっていた世界は、交通革命によって物理的な距離が一気に近くなった。人の流動性は高まり、激しく人々が移動する社会が急に到来した。今や観光や移住やビジネスのために膨大な人数が世界各地をうろうろしている。まさに大移動の時代と言ってもいいだろう。

また通信革命によってコミュニケーションの距離も急速に縮まった。特にインターネットの発明によって、離れた土地にいる人々とのコミュニケーションが容易になった。その気になれば私たちは世界のどこにいる誰とでも縁を結ぶことができる。

その一方で、すぐ近くに住んでいる隣の人と、全く違う価値観を持っていることも当たり前になりつつある。今の私たち一人一人は、生い立ちも価値観も異なる。それぞれがバラバラのテーマにまなざしを向ける。テーマが違えばまなざしを交わすこともなくなってしまうのである。

同じ日本であっても、秋葉原のゲームショップにたむろする若者と、東北の山奥の村で農業を営む高齢者が同じ価値観を持つ共同体であると言うのが難しくなってきた。それよりもむしろ、秋葉原の若者たちはアニメや漫画に熱中するパリの若者たちと近い価値観を持っている。東北の農業従事者は同じように山奥で農業をするブルガリアの高齢者たちと近い価値観を持っているかもしれない。

もはや国家や地理という地縁や、民族・家族という血縁だけが、私たちの共同性を担保する根拠にはならない時代となっている。私たちはその大半をテーマ縁の共同体として生きている。「まちづくり」のような地縁に関わることですら、数多くあるテーマの一つになってしまっているのだ。こうした流れはつまるところ私たちの社会の単位を共同体ではなく個人へとさらに推し進めるだろう。

共同体から共異体へ

同じテーマのもとに人々の関係性が結ばれることは、そのテーマでは関係が結ばれない人々も同時に生まれる。つまりテーマというフェンスによって内側と外側が区別されるようになるのだ。フェンスの外側にはその共同体のテーマはないので、そこにいる人々はフェンスの内側にまなざしを向けるようになる。しかしずっと内側だけ見ていれば、まなざしの固定化が起こりやすくなる。いわゆる〝内輪で盛り上がる〟という状態で、外との関係を結ばなくても幸せにやっていけるようになるのだ。

また一方で現代の情報社会ではめまぐるしくテーマが流通し、私たちのテーマも非常に細分化される。そうなると一人が一つのテーマ共同体で関係性を築く状態は少なくなる。平日の昼間は会社に行き、夜は英会話学校に通い、週末には釣り仲間と海へ行く。そんな複数のテーマで複数の人々と関係性を築くのがこの社会の中では当たり前になっている。

だから同じテーマで集まってフェンスを築いていても、その内側では実は全員がそれぞれ異なる価値観を持っている状態になるのだ。それがかえって同じフェンスの中で、対立を生む場合も少なくはない。

つまり、これからの社会は「まなざしを同じくする共同体」という考え方だけではうまくいかない時代に入るのである。「みんなちがってみんないい」という詩のように、今の社会では私たち一人一人がそれぞれ異なるまなざしを持つことがスタンダードになり始めているのである。

そんな人々の集合を指す言葉として「共同体」という表現はふさわしくないのかもしれない。全員が身も心も同じではなくなった現状を表現するには正確ではないからである。むしろそれぞれが異なる体と心を持っている「共異体」と呼ぶ方がふさわしいのではないだろうか。

「共異体」という言葉は、マーケターの三浦展氏の言葉である。[1] その定義を見ていると、「成員が固定的でなく、束縛されない、空間的に限定されない、時間的には限定的である、共異体同士は排除しあわず、競争しない」となっている。それは一体どういう関係性なのだろうか。

共異体であるということは、それぞれが異なる価値観を持っているという多様性を認めることが必要である。必ずしも価値観を合わせる必要もないし、その反対に競争する必要もない。そこに一応フェンスがあっても、それは一時的であり、しかも出入り自由である。そんなイメージだろうか。

しかし、このように多様性を認めることを間違って解釈すると、ややもすれば関係性を結ばない方がよいということになる。「みんなちがってみんないい、だからバラバラにいましょう」ということになりかねない。それでは協調や社交といったコミュニケーションもなく、まるで関係性も生まれない。

共異体とは「共に異なる体」という漢字を書く。しかしこれは、「異なる体だけど共にいる」と読むべきである。「みんなちがってみんないい、だからこそ共にいましょう」ということが大切なのではないだろうか。まなざしの違いに寛容になり、相手のまなざしを積極的に認める。そんな関係性の共異体をいかに育むのかが次の社会では重要になってくる。

人々を結ぶ力

実はこうした共異体が成立するためには前提条件がある。それは私たちにとって極めて重要なものがすでに共有されているということである。それは私たちが安全に生存し、快適に生活できるという当たり前の条件である。人間の文明はそうした生存や生活の条件を獲得するために発展し、その歴史のほとんどをそのために費やしてきた。今の時代は特に先進国と呼ばれる国々を中心にその生存のための条件はすでに満たされつつあるように見える。そして、それがあまりに当たり前になりすぎると、見えなくなってしまうのだ。その状態だからこそ、それぞれの違いにまなざしを向ける共異体が成立する。それはある意味で豊かさの証である。

当然の話ではあるが、私たちが生存できているのは、太陽があって重力があって空気があるからである。そして水があって、食料があって、安全に住む場所があるから生きていられるのだ。それが一つでも奪われると、たちまち私たちは生きていけないのである。

人間は厳しい自然の中で生き延びるために、皆で協力して生存のための条件を獲得しつづけてきた。その時には全員がバラバラの価値観の共異体でよいなどとは言ってはいられなかった。共同体で共有されている唯一の価値は、生き延びることである。歴史の中ではそれを追い求めてきた時代の方が長いのだ。生存の条件が整わねば多様な価値観など意味をなさない。

そして同様に人間は孤立しては生きていけない動物であることは今も昔も変わらない。それは単に労働を分かち合うという物理的・肉体的なことだけではない。私たちは多分に精神的な生き物であり、誰かとつながっているという感覚を持たないと生きていくことができないのである。

人は生涯自分という肉体の殻から抜けだすことができない。自分の内部にある感覚を他の誰かと完全に一致させることはできないという孤独を死ぬまで抱えている。私たちはこの世界にたった一人で生きねばならないのだが、時折そうした孤独な現実に耐えられなくなることがある。

だから私たちは自分の存在を誰かに認められているという想像を必要としている。誰かと心を通わせてコミュニケーションし、自分が生きている意味を確認したいのである。それは肉体的に生きていく以上の意味を持っている。

こうやって私たちは誰かとつながりを求めるのだが、それが血縁や地縁だけでは支えられなくなった時に、他のつながりが必要になる。現代の都市型社会では、それを補う形でますます様々なテーマ縁が増えてきているが、それがインターネットという発明によって一気に土地を離れたつながりを生みだした。人々は自分が一人で生きているわけではなく、誰かと自分の心を共有したいという欲求を抱くのは今の時代でも変わらないことを物語っている。

そして現代社会では、かつてのつながりの形が移り変わってきたからこそ、ますますそうした人々とのつながりを求める声が大きくなっている。しかし一方で、こうしたコミュニケーションツールの発明が、人々を孤独から解放するのか、それともますます孤独へと陥れるのかは私たちの選択次第である。

そんな不安定な人間の精神を支えてきた大きなシステムの一つが、かつては信仰や宗教であったのではないか。自分が不遇な状況にあればあるほど、自分の認識の範囲を超えた大きな存在によってその不遇に意味が与えられる。そうした偉大な神や宇宙に対する想像力を持つことで、人間は救済されてきたのである。

宗教は個人の救済のためのものであると同時に人々を結びつける力でもある。その力はとても大きく、土地や時間、そして人種を超えて人々を結びつける想像力を与えてきた。それは個人が大きな自然や宇宙とダイレクトにつながるための補助線として機能してきたのである。その補助線を共有する人々は、まるで状況や属性が異なっていたとしても、同じ想像力によって結ばれている感覚を持つ。

しかし現代社会では、宗教は数多くあるテーマの一つの選択肢となり、人々を強力に結びつけるかつてのような力を失いつつある。その大部分が週末ごとに教会で人々と会うコミュニティの口実か、あるいは葬式や結婚式のような人生のセレモニーに意味を与えるぐらいの存在にまでその意味が矮小化されている。

それどころか、戦争を生みだす原因として挙げられることがある。人によっては宗教と聞くだけで怪訝な顔をすることもある。多くの人々にとって宗教は単なる文化であり、自分を救済してくれるものとは考えてはいない。多くの人々は宗教よりもサイエンスやテクノロジーや経済の力の方が、自分を救済してくれるありがたい存在であると信じているのではないだろうか。

そんな中で私たちが何か大きなものとつながっているという想像力を与えてくれるものは一体なんなのだろうか。そうした役割の一つとして芸術は何かに貢献できるのだろうか。宗教の儀礼や祝祭が文化や芸術を生みだしたのであれば、その逆に芸術から精神性を取り戻すような試みもまた可能なのではないだろうか。心の救済や自己の内省、他者とのつながりや自然や宇宙との一体感。かつて宗教が担保していた機能を芸術が代わりに担う。そんな宗教の補完機能や代替機能として芸術が機能することはありうるのだろうか。それは果てしない問いではあるが、考えてみる価値はある。

モエレ沼公園にて

人々を結ぶ芸術の力を考えるきっかけになったのは、「モエレ沼公園」という場所で二〇一三年に取り組んだ作品であった。モエレ沼公園は北海道の札幌市の東部にある。少し市内からは離れているのだが、素晴らしいランドスケープが広がる公園だ。大きく広がる芝生の大地。宇宙まで突き抜けそうな広い空。視界を遮るものはほとんどない。その中に「プレイマウンテン」と呼ばれる土と石段でつくったピラミッドがそびえたっている。その反対側には残土を積み上げてつくった「モエレ山」と呼ばれる象徴的な小高い丘がある（II-I）。

私は、このモエレ沼公園には特別な思い入れがあった。なぜならばこの公園をデザインしたのは、イサム・ノグチというアーティストだったからである。イサム・ノグチは彫刻家として知られているが、ランドスケープデザインの分野でも名を馳せている。彼はつくった彫刻だけでなく、それが置かれる空間そのものも作品として考えていた。そのイサム・ノグチが最晩年に手がけたのが、このモエレ沼公園であった。

モエレ沼公園は当時、産業廃棄物の集積地となっていた。この場所を、その頃の札幌市長の政策で公園にすることが決まり、高名な彫刻家であるイサム・ノグチを呼んで相談をしたのである。場所の視察をした時、彼は荒れ果てたこの場所を見てこうつぶやいたそうだ。

「ここには形《フォルム》が必要ですよ。これは、ぼくのやるべき仕事です[2]」。

芸術的な形《フォルム》は混乱した土地に眺めの秩序を与える力を持っている。ランドスケープデザインの本来の仕

II-1

事は美しい形をもって土木的な外科治療を施すことである。彼は公園全体を彫刻作品にすることで、場所を再生させることを宣言したのだ。結局、彼はこの公園の完成を見ることなしにあの世へ行ってしまったが、その後完成した公園は素晴らしいランドスケープが広がる場所になった。

そんなモエレ沼公園で、一万人の人々がやってくる花火フェスティバルが二〇一一年から開催されていた。地元の実業家の方々が地域を盛り上げたいと有志で行っていた取り組みで、その第二回目が二〇一三年の七月に実施されることが予定されていたのだが、そこに当時のアートプロデューサーの鳥本健太氏より、アーティストとして参加してほしいという依頼が私のもとに舞い込んだ。

まだ雪が残る四月、私は現地調査に初めて入るために寒空の札幌に降り立つことになった。モエレ沼公園も案の定、雪が積もっていて、かなり風も強い状態であった。現地を訪れて気づいたのは、この公園が札幌市内とは少し違った奇妙な天候になることだった。

ここでは自然がとどまることなく動き、出来事が常に起こっている。プレイマウンテンを登っている間にも、だんだんと天候が変わっていった。そして登り始める一〇分ほど前は晴天だったにもかかわらず、頂上に着く頃にはすっかり猛吹雪になっていた。

辺りには誰もいない。凍えそうになりながら頂上付近でうずくまっていると、東から白い煙のような雪がゆっくりとやってきて西へと抜けていった。その中で三羽の鷹が優雅に舞いながら上昇していくのが見える。吹雪は森の木々を揺らしながら形を変えていき、そこへ時折雲間から神々しい光が差し込んでくる。まぶたを開けるのも大変な状況の中、その雄大に奏でられる自然のドラマに私の目は釘付けになった。

ここは日々の生活のスケールを超えた自然の法則が働いていることを意識させられる「聖地」である。聖地とは大きな自然とつながる入り口であり、日常とは異なる時間と空間への想像力が働く場所だ。そこには明確な機能があるわけではないが、日常の外側から私たち自身にまなざしを向けなおす心のためのインフラになっている。私はイサム・ノグチがデザインしたこの場所の意味をその時に初めて理解した。

非日常と日常の反転

モエレ沼公園は、建築やデザイン・アートなどにかかわる者にとっては有名な場所であるが、思っているほど多くの人に知られていないようであった。ここは市内でも外れにありアクセスも非常に悪い。札幌市民でも行ったことがない人はかなりの数がいると聞いた。こんな素晴らしい場所が知られずにいるのはとても残念なことだった。

フェスティバルの実行委員会の方々も、この場所の持つ価値をなんとか広めたいと考えていた。そのきっかけとして、一万人以上の札幌市民を集めるフェスティバルを開き、その価値を発信するというのが企画の趣旨だった。だからここで行われる花火は、他の場所で実施される花火大会と全く違うメッセージを持つ必要があると私は考えた。

ここは大地がどこまでも広く、空が宇宙まで抜けている場所である。そんなスケールを持った場所では想像力は外へと拡散していく。自分が立つ大地は地球の丸みの一部であり、まなざしを空へとずっと引いていくと宇宙の中にその丸い地球が浮かんでいる。そんな広大なスケールまで想像力を広げると、隣の人と自分との細かい違いなどほとんど無意味に思えてくる。

私たちの想像力はまなざしの届く範囲にどうしても影響される。狭い街の中にいると視線はどこかで止まってしまう。視線が止まるとおのずと想像力もそこで止まるのである。自分の小さな生活の範囲を時折抜けだして、まなざしをどこまでも遠くへ放り投げる体験は、自分の想像力をもっと長い時間軸の中に沿わせることだ。

イサム・ノグチがそんなことを考えてこの場所をつくったかどうかは分からない。しかしこの大きなスケールを持ったモエレ沼公園には、日々の生活や身の回りの人間関係といった、小さな差異を見つめる私たちのまなざしを解放する力強いメッセージを持っている。

だからこそ単なる花火ではなく、イサム・ノグチがここに込めた形《フォルム》をしっかりと「メッセージ」にするべきだと私は考えていた。もしイサム・ノグチのフレーズを借りるのであれば、「この場所にはメッセージが必要である」といったところであろうか。

通常の花火大会は消費されて終わりになりがちである。会場に行き、花火を見て、帰る。その体験はライブ会場や音楽イベントへ行って帰るということと同じ並びの中に置かれてしまう。しかしこの場所で上げる花火は、そんな消費型の「イベント」という形で矮小化したものではないのだろう。

当時のフェスティバルの総合プロデューサーをされていた阿座上雅彦氏は、”イベントではなく「祭り」である“と繰り返していた。ここで花火を上げることとは、フェスティバルと呼ばれる単なるイベントの開催ではなく、地域で大切に守られて続いていくような祭りとしての意味を感じていたのである。

「祭り」というのは本来特別な日だ。その一日は残りの三六四日の意味を変えてしまうぐらいの特別な日なのだ。非日常な時間というのは日常では届かないところへまなざしを向ける時間である。それによって日々の生活の中で忘れていることへの想像力を取り戻す心の掃除をする大切な日なのだ。

しかし今は本当の意味での非日常がなくなりつつある。最近では毎週のようにＳＮＳでイベントのお知らせを受け取る。街はいつでも祭りのような騒ぎの中で、刺激的な出来事に溢れている。非日常が日常化し、私たちの日常も非日常のフリをしている。そんな状況に私たちは少々疲れてきているのではないだろうか。日常がちゃんと日常であるためには、特別な時間を取り戻すことが大切だ。

物語の中に入り込む

最終的に私が提案したのは〝物語花火〟というアイデアだった。花火を見るために、このモエレ沼公園へ訪れるという構図ではない。一年に一度の特別な一日にここで起こる壮大な物語を目撃しにやって来る。そんな枠組みとしてフェスティバル全体をストーリー化できないかと考えていた。

花火はメインの出来事ではあるが、その花火は物語の中に組み込まれる。花火の前後をちゃんと演出することで人々を物語の一部に組み込むのだ。その中でメッセージを受け取るだけでなく、自らがメッセージになるということが重要だと感じた。

そこで「モエレ星の伝説」という物語《スクリプト》を書いた。この壮大なスケールの場所では、それにふさわしい神話の

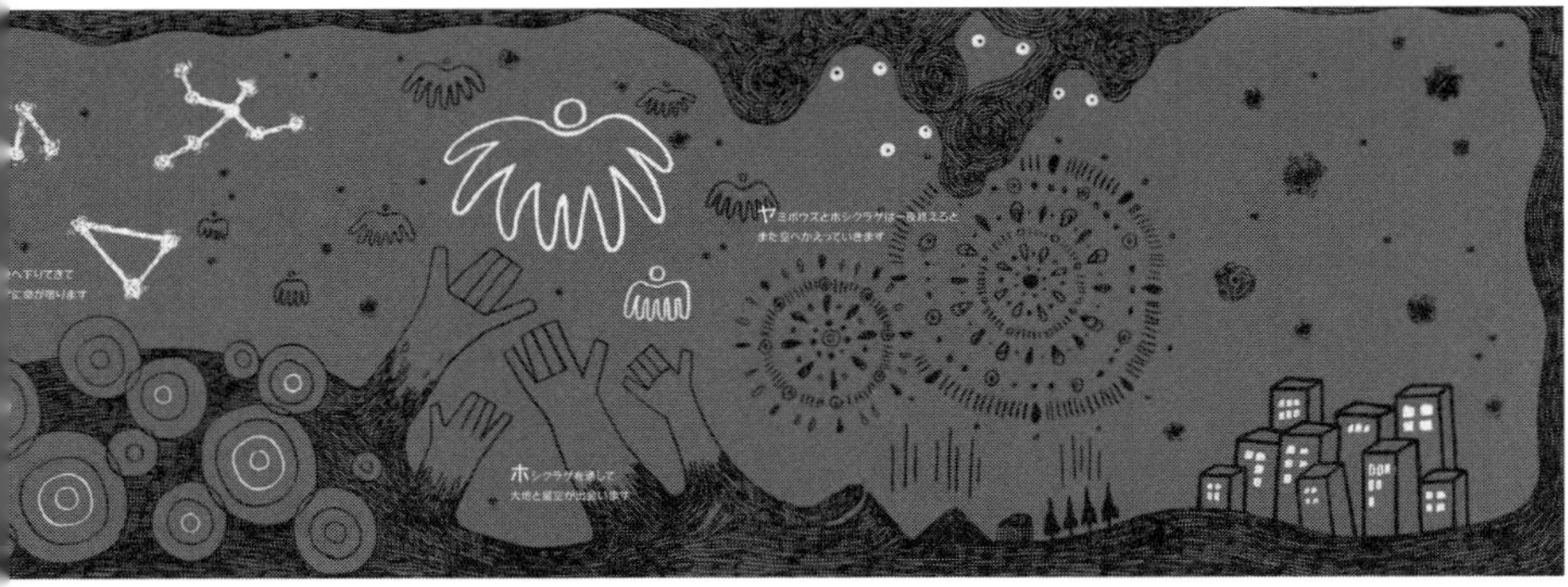

ような物語が必要だ。しかもその物語は単なるお話ではなく、この場所の歴史や私たちの日々の生活とうまく接続させることで、忘れている大切なことを教えてくれる絵本のようなものにしたかった。人にとって大切なことは、すべて子供の頃に読んだ絵本に書いてあったように思える。それを私たちは大人になるにつれて忘れていくのだ。この物語はモエレ沼にまつわる次のような伝説から始めることにした。

モエレ沼には一年にたった一度だけ、宙から「モエレ星」が落ちてくるという言い伝えがあります。それがこのフェスティバルが行われる今日です。もともと大地の力がとても強かったモエレ沼は、様々な土地の精霊が姿を現す場所でした。その精霊たちはこの特別な日にだけモエレ星の力を通して大地から空へと帰ることができます。その時に宙には精霊たちが通る大きな光の輪ができると言い伝えられています。

しかし、いつの頃からかこの場所にゴミが埋め立てられるようになりました。その時からだんだんと精霊は姿を消すようになり、モエレ星もついに

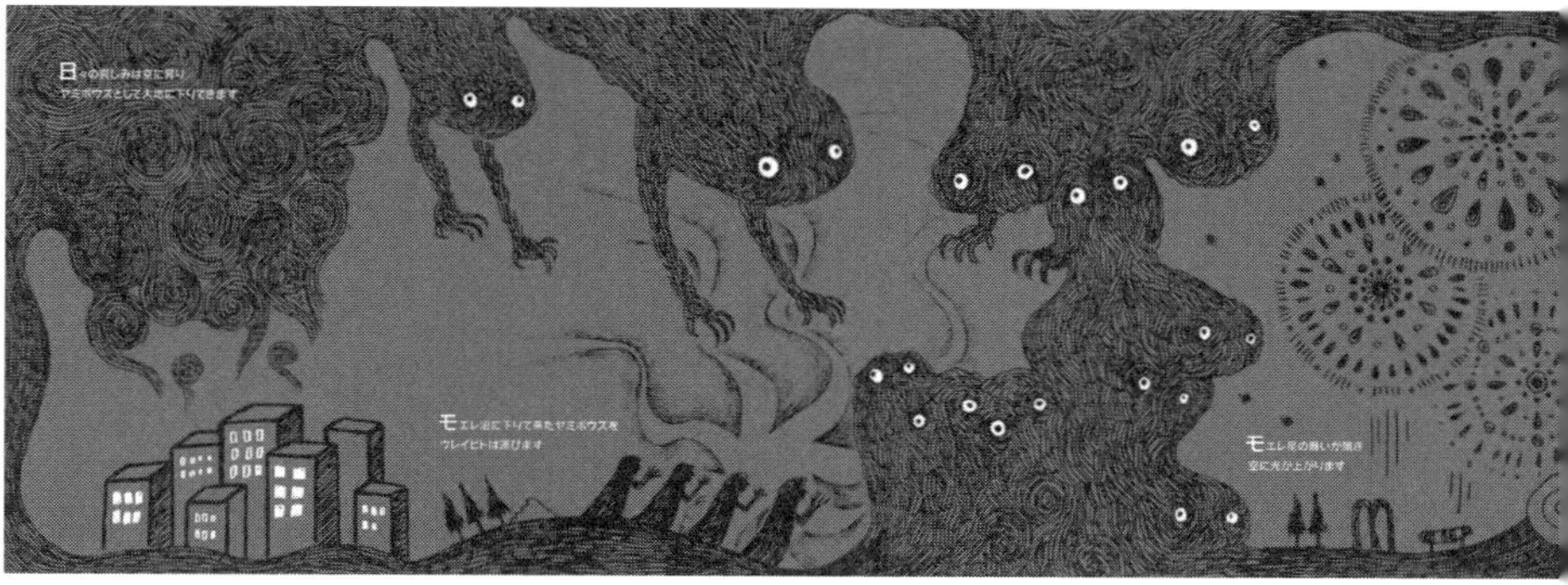

II-2

降りてこなくなったのです。そして最後にこの場所にはヤミボウズという巨大な精霊だけが残ってしまいました。

ヤミボウズは人々の悲しみや苦しみが集まって大きくなった精霊です。日々の暮らしの中で、私たちが目を背けている悲しい気持ちや苦しい想い。それは空に昇ってこのモエレ沼へ集まってきます。その人々の負の想いが、一年間溜まりつづけてヤミボウズの形になって、沼から姿を現します。ヤミボウズはずっと宙に帰ることができず、この場所をうろついていました。

しかし、ある日ここへ一人の彫刻家がやってきました。ヤミボウズの声を聞いた彫刻家は、この大地を治療するために、彫刻のように土を整えることにしました。彫刻家はそれを完成させた後、力尽きて亡くなってしまいましたが、やがてここにはモエレ星がふたたび落ちてくるようになったのです。他の精霊たちも戻り始めて、また宙と大地が出会うようになり始めました。今日はそんな特別な一日なのです。

そんなストーリーをつくり、この物語を実際にやってくる人々が体験できるように色んな方法で伝える仕掛けをデザインした。絵巻物のように表現したモエレ星の伝説が来場者に配られる。そして実際の会場には、物語の読み聞かせをする優しい女性の声をナレーションとしてライブで入れることにした。

花火フェスティバルは夕方から始まるが、やってきた約一万三〇〇〇人の人々は芝生の上に丸いモエレ星が無数に落ちていることに気づく。モエレ星は来場者と同じ数だけ落ちていて、それぞれが一つずつ手に取れるようになっている。

このモエレ星には使い方がある。まずモエレ星を手に取って自分のこの一年を振り返って様々なことを思い出す。楽しかったこと、嬉しかったこと、喜んだこと。辛かったこと、苦しかったこと、泣きたくなったこと。様々なことを思い出しながら、次の一年に向けた「祈り」をこのモエレ星に書き込む。

書き込み終わると、靴を脱いで素足になる。そして芝生に立ってこのモエレ星の上に立って、大地に自分の「祈り」を届ける。そうするとこのモエレ星が光を放ち始めるのである。モエレ星の中にはケミカルライトが入っており、日が暮れてくるにつれてだんだんと光が強くなってくる。まるで大地に星が降り注いだような風景は、物語の中に自分が立っているような感覚を生みだすのだ。

安全ではないものとの出会い

物語は様々な形で体験になる。訪れた人々は入り口で、スタッフから毛むくじゃらのキャラクターを首にかけてもらう。これはモエレ星が落ちるようになってから現れた星クズの精霊で、「ホシクラゲ」と名付けた。公園内にいる人は全員、このホシクラゲを首からぶら下げている。公園に流れるナレーションが、ホシクラゲは今は眠っているのでそのまま寝かせておいてほしいとささやいている。

夕闇が迫ってくる頃、公園の中には大きな鳴き声が聞こえ始める。それはプレイマウンテンの裏側から姿を現した巨大な五体のヤミボウズの声である。笛のようなけたたましい音と共にゆっくりと風の中を進んでいく。

この五体のヤミボウズは札幌のアーティストの磯崎道佳氏の作品だ。巨大なバルーンで浮かせた黒い巨人のシリーズを磯崎氏は以前からつくっていたが、それを今回「ヤミボウズ」と名付けて、この物語の中に登場させたのである。それぞれ形の異なる五体のヤミボウズをつくってもらい、一番大きなものでは全長一七mものサイズになる。

このヤミボウズは空中に浮いているので風に反応する。だから操作には人手が必要だ。その操作をする人々も物語の中に組み込むことにした。白塗りの顔をしてボロボロの黒布に身を包んだカラスの精霊で「ウレイビト」と名付けた。そのウレイビトが儀式のようにヤミボウズを引っ張って人々の間を練り歩いていく。

II-3

II-4

真っ黒で巨大なヤミボウズがすぐそばまでやって来て、時折大声で泣き叫ぶ。その周囲には不気味な姿をしたウレイビトが無言で厳かに付き添っている。かなり恐ろしい様相ではあるが、危険な存在に見えないようにどこか悲しげでかつユーモラスなように見えるように演出した。

フェスティバルにはたくさんの子供も来ていたのだが、案の定、巨大なヤミボウズが出てきた瞬間に何人かの子供たちは泣きだした。お母さんに飛びついたり、お父さんの陰に隠れたりする子供もいた。こうした反応は想定済みであった。というよりそれを最初から意図していたのだ。

小さい頃に恐ろしいものに出会うという体験を持つことには意味がある。今の社会はどこか安全で優しいものしか許さない空気が流れている。安心感が確保されている社会であることはとても大切だが、一方でそれは安全でないものがこの社会からなくなったことを意味するわけではない。むしろこの世の中には安全でないものや理解できないものが満ち溢れている。しかしそれに蓋をして、安全で理解できるものだけで社会を表面的に埋め尽せば、きっといつか歪みが生じるようになる。

ヤミボウズは私たちが目を背けているそうした歪みを引き受けた存在と

11-5

11-6

して登場させたかった。理解を超えた恐ろしいものがこの世の中にはある。そしてそういう存在とも、私たちはうまくやっていかないといけない。そのことを子供は早い段階で理解した方がいいと思うのだ。そのための一つのトレーニングやイニシエーションとして、こうした恐ろしいものと向き合う体験が必要だ。

ヤミボウズは動物のように人々の間をうろつき、モエレ星に書かれた祈りを読みながら進んでいく。会場には音とナレーションを流しヤミボウズの恐ろしい雰囲気を時折和らげて、物悲しく不思議な存在感になるようにしながら、物語が体験できるように演出を工夫した。

ヤミボウズが行進を続けている間、太陽はどんどん傾いていく。人々の間に散らばっていたヤミボウズは日没に合わせてパレードを終えて、星空が一番よく見えるプレイマウンテンの斜面に集まってくる。そして五体が一斉に宙に向かって鳴き声を発した時に、一発目の大きな花火が宙に上がるのだ。

一つにつながる体験

ここからは壮大な宙と大地との会話が始まり、ここにいるすべての人々はその対話を目撃する。一万発の花火が三〇分間、ノンストップで大地から宙へと打ち上げられる。音楽と光による大地と宙との対話を、私たちはヤミボウズと一緒に眺めている。

花火と共に流れるすべての音響は、上海在住の作曲家の林陽一氏とこの日のためにつくった。すでにイメージのついた既存の曲ではこの壮大な神話のスケールに合わないため、抽象的で現代的な音で新たに世界観をつくる必要があった。

花火やレーザー光線、炎などの光の演出はすべてコンピューターで制御されている。だから音楽の時間軸に花火と光のタイミングを綿密に合わせる必要があった。その三〇分をいくつかのパートに割って、それぞれに音と光の物語を当てはめる形で演出した。

中でも私が演出としてこだわったのは、ちょうど開始してから半分が過ぎたあたりのパートだ。花火とレーザー光線が宙を明るく照らし、音響も最高潮に盛り上がる。そこが前半部分の光と音の盛り上がりのピークとなるようにした。そしてそのタイミングですべての花火と光と音響をふいにかき消す。急に音と光がなくなり、静寂の時間がやってくるのだ。

先ほどまで人々の目には無数のきらびやかな光が飛び込み、耳には大音量の音が飛び込んでいた。それが急にかき消されるとどうなるのか。目や耳の感覚は鋭敏に研ぎ澄まされたままなので、わずかな光やかすかな音に対して反応し始めるのである。

暗闇の中、大地に光るモエレ星と宇宙の星。それらと遠くの街の灯りが一体化する。何も音がないように思える中で虫のささやく小さな音や、風が草原を渡っていく音が聞こえてくる。この静寂の時間にこの場所の自然の光と音が身体に入ってくるのだ。

この静寂の中にもう一つ重要な仕掛けを入れていた。かすかな鈴の音が鳴りながら女性の優しいナレーションがこうささやく。「入り口であなたに渡したホシクラゲが目を覚まそうとする音が聞こえます。胸元のホシクラゲを手に取って優しく起こしてください」という呼びかけが暗く静かな大地に響く。

このホシクラゲの中にはモエレ星と同じようにケミカルライトが入っている。だからホシクラゲの身体をひねると黄色い光が灯るようになっているのである。静寂の中、一瞬にして会場には一万三〇〇〇個の黄色い光が灯る。それは先ほどまでただの人形だったホシクラゲに、命が宿ったような風景だった。

この静寂の時間は一か八かの賭けであった。花火が終わってしまったと思って帰る人が出てくるのではないかという危惧の声があったのだ。しかしこの黄色い光が一斉に大地に灯った瞬間、人々の間から大きな歓声が上がった。

さっきまで空にまなざしを向けて花火を見ていた人々。それがホシクラゲの光が灯ることで、そこにいる人々が一瞬にして互いにまなざしを交わし合う関係に変わるのである。それはバラバラな人々が急に一つにつながったような感覚を生みだす。

そして、また笛の音と共にゆっくりと花火が宙に上がってくる。ホシクラゲの光の体験前と同じように花火が上がるが、この体験の後に見る花火は、さっきまで見ていた花火とは意味が変わっているはずだ。すべての人の胸元で光りつづけるホシクラゲの命は人々の手によって与えられたのだ。

自分が物語の中に入り何かの役割を演じたことは、おそらくずっと記憶に焼きつけられる。単に花火を見て帰るだけのイベントならば、きっと明日には忘れてしまうだろう。しかし全員が同時に小さな命に光を灯し、大きな風景をつくることに参加した体験は記憶に刻まれる。人は何かを与えられたことよりも、自分が何かを与えて参加したことの方が心に残るのである。

三〇分間の花火は最後にクライマックスを迎えて消えていくが、その後も音楽と物語は続き余韻を残す。まるで絵本を最後まで読むように物語を語るナレーション。その声はホシクラゲを持って帰って今夜の枕元において欲しいと告げる。朝になるとホシクラゲはまた元のように眠りについてしまうが、その間、公園に残されたモエレ星は同じように光りつづける。人々は、その力で宇宙へと帰っていくヤミボウズをきっと夢の中で見るだろう。公園中にちりばめられたモエレ星の青い光から、大勢の人が持つホシクラゲの黄色い光が分離して札幌の街へと消えていっても、物語はまだ続いていく。

心のインフラとしての芸術

人間は母親の胎内から生まれて、成長するにつれてそれぞれが孤立した個人になることを宿命づけられている。そんな孤立した私たちをつなぎとめる「心のインフラ」が私たちには必要である。そのインフラとして宗教と芸術が歴史的に機能してきたのではないだろうか。

宗教は私たちが個人を超えた大いなるものとつながっているという想像力を与えてくれる。そして芸術は私たちが美しさによってつながることができるという想像力を与えてくれるのだ。私たち個人は孤独ではなく、家族とつながり、社会とつながり、自然や宇宙とつながっている。そんなミクロからマクロへの想像力をつなぎとめる心のインフラとして、宗教や芸術は役割を果たしていたのではないだろうか。

そう考える根拠は世界中に残された数々の洞窟壁画に残された人間の精神の痕跡にある。約七万年前から三万年前ぐらいに芸術や言語、そして神話が生まれている。それは初期の人類が過剰な想像力を心の内に持ち始めた証拠とも言える。そのイマジネーションを外に対して最初に表現した証拠として認められるのがこうした洞窟壁画であるからだ。フランスの思想家のジョルジュ・バタイユは、そうした洞窟壁画の研究から、芸術と宗教とはかつては一体であったのではないかということを考えていた[3]。

洞窟の暗がりの奥に松明の灯りだけを頼りに入っていく当時の人々を想像してみる。洞窟の奥は何があるか分からない場所である。生きて戻れるかどうかも分からない。その暗がりの穴へ入っていく命がけの冒険を経て、辿り着いた奥の壁面に絵を描く。その絵は目の前にない純粋に心の中の風景を描いたものである。それは昼間見た狩りの記憶かもしれないし、これから見る未来の風景なのかもしれない。しかしいずれにせよ、その場所にはない風景を想像力を使って表現したものである。そうやって自分の精神の奥底を覗き込んで表現していく行為というのは、信仰や宗教に近い役割を果たしていたのではないだろうか。

芸術と宗教という二つの表現の根源にあるのは同じものであり、それは人間の精神がもたらすものである。記憶や想像といった私たちの移ろいやすい心の中を、いかにして安定させるのかは、古代においても現代においても変わらない課題である。人間は目の前の世界と心の中の想像が必ずしも一致していない動物であり、現実にはない妄想を抱く。そして時にはその妄想によって狂ってしまうのである。だから現実と想像との乖離《かいり》をなんらかの形でつなぎ合わせる表現を必要としたのではないか。それが宗教と芸術であり、それは人間にとっての心の救済と同時に、人々の間でつながりを生むインフラとして機能していたと思うのである。

しかし宗教は昨今急速にその力を失っている。世界では頻繁に起こるテロや紛争の原因として宗教が表面的に取り上げられ、多くの人々は宗教に対していかがわしいイメージを持つことになった。宗教は本来、人々のつながりを担保していたものであったが、経済や政治といったシステムの前にその役割が歪められていると言ってもいいだろう。

特に日本においては、宗教を語ることが今や難しくなってきている。一九九五年の地下鉄サリン事件以降、宗教に対する意識は大きく変化した。宗教の話は非常にデリケートな話題となり、それに代わって

「スピリチュアル」と呼ばれるものに救済を求めるようになった。宗教から心の問題を語るということがニュートラルなアプローチとしては受けとめられなくなり、宗教は倫理的な力を失いつつある。

そんな中ではもう一つの心のインフラである芸術の可能性を信じたくなる。芸術が問題にしているのは倫理ではなく美醜だ。人のあり方として、「何が正しくて、何が間違っているのか」という立場から問うことがもはや難しい時代である。宗教から倫理へと近づけないのであれば、人のあり方として「何が美しくて、何が醜いのか」を問うことで倫理を取り戻すことができないだろうか。そのために芸術ができることがあるように思えるのだ。宗教が果たしていた役割が薄れつつある今、その代替機能として芸術が美醜という観点から果たせる役割があるのかもしれない。

一方で美しさの問題は一歩間違えばすぐに力を失ってしまう。美の基準は個人によってそれぞれ異なるものである。そして、芸術はそんな美しさに対してクエスチョンを投げかけるものである。だから美から倫理へ迫ることはとても難しいことだ。しかし一方で、批判や相対化を繰り返した果てに、人間にとって本当に美しいものとは何かが見つかれば、それが私たちそれぞれの異なりを結ぶかもしれない。

どんな時代、どんな場所においても美しいと言える人間の態度がある。それは損得をかえりみず誰かのために自分の何かを分け与えようとする心である。その正反対を考えてみれば醜さとは何かが理解できるだろう。自分のために誰かから何かを奪おうとする心は、いつだって醜く描かれている。私たちはその事実から何を学ぶのだろうか。

第12章　空想を働かせる

過剰な想像力

人間だけが眼を持っているわけではない。生命の歴史の中で眼が誕生したのは約五億四三〇〇万年前から五億三八〇〇万年前頃のカンブリア紀であると言われている。それ以降、数多くの生命が眼によって世界を見ることを選んできた。光を感知する眼は他の感覚器官よりも柔軟で、広い範囲を知覚できる構造を持っていることがその要因かもしれない。

光は物質にあたると、その一部が吸収されその一部が反射される性質を持っている。その反射された光を眼は捉え、距離を近づけなくても周囲の情報を掴むことができる。そして眼は五感の中で、最も遠くまで早く自由に動くことができる。眼は自らの意思で見たい方向や焦点を動かし、眼に入る光を自由に選択できるのだ。

その視線を導くのは、その生命が持つ「関心」である。生命にとっての最大の関心ごとは明白だ。それは自らの生存である。その環境の中で自分が生きるために必要な情報を探すために眼は生まれたと言ってもいいだろう。だが生存に必要な情報は生命によってそれぞれ異なる。だから眼の構造もまるで異なる形を取るのである。

人間の眼の構造自体は他の生物の中でもそれほど特殊なものではない。光を特別たくさん取り込むわけでもなく、赤外線や紫外線が見えるわけでもない。しかし人間の眼は他の生物とは決定的に違う能力によって特殊なものになっている。それは私たちの頭の中の想像が含まれていることである。しかもそれはかなり「過剰な想像」であり、私たちの眼はその想像と切り離して何かを見ることができない。

本来私たちの眼に飛び込んでくるものはすべて単なる光の波である。しかしそれは単に物体に反射した光として受け止められて終わりではない。光を反射した物体の名前や材質、その意味や価値、さらにはそこにある理由や先の可能性というように、光そのものから派生した様々な想像を重ねる。その想像は他の動物の眼に含まれるものと比べると割合が多すぎると言える。人間の想像力は明らかに生命を維持するのに必要なもの以上の関心を周囲に向けているのである。

なぜそうなってしまったのだろうか。その理由として考えられるのは、人類が生存するためにその過剰な想像力が必要であったことだ。それは長い生命の進化の中で人類だけが培った特殊な能力でもある。その過剰な想像力という類稀なる能力によって私たちは厳しい自然の中を生き抜いてきた。

想像力は直接的に役に立つような能力だとは思えない。しかしそれは結果として人類の拡大を推し進めた。過剰な想像がブレンドされた眼は、環境にある情報を単に見るだけではない。自分の必要性に合わせて、環境にあるものを自由に加工《デザイン》する可能性も同時に見ることができる。それが石器や釣り針、舟といった数多くの精巧な道具を生みだすことへとつながったに違いない。そうした複雑な道具は、様々な角度から自然を眺めて、その成り立ちや因果関係を想像することなくしてはつくることができないからだ。

人類の生存戦略は動物の進化とはまるで異なり、身体を環境に適応させる形ではなかった。寒いところで生存に適しているのは、分厚い毛皮を持った生き物かもしれないが、人類は衣服を着ることで体温を調節できる。爪や牙を持った虎に、人類は素手では勝てないが、槍や棍棒を手にすることで互角に渡り合うことができるかもしれない。

そうやって自然を加工して物や道具を生みだすことで、身体を外へと拡張させながら生き延びる。そうして他の生命とは全く異なる生存戦略を人類が選んだのは、視覚の中に想像力が滑り込んだことが原因である。そこから人類の進化は遺伝子を変化させることではなく、自然を加工して文明を進歩させることへと変わったと言える。自然の加工という観点だけで言えば、ビーバーや鳥、蟻さえも様々なものを集めて巣作りをする。そして道具をつくる能力という点においてはチンパンジーにもその能力が備わっていることを証明した、霊長類学者のジェーン・グドールの話は有名である[1]。

しかし人間の眼に含まれた、その過剰な想像力は、〝見えないものを観る力〟まで生みだす。そこにあるものに想像を重ねるだけではない。そこにないようなもの、さらにこの世界のどこにも存在しないようなものを想像する力も持っている。この見えないものを観る力を持っていることが人間の最大の特徴である。

人間が持つ過剰な想像力には大きく三つの特徴があると考えられる。一つ目の特徴は、〝そこに存在するものを想像すること〟である。眼に見える対象物を知覚するだけではない。その知覚したものに想像を重ねることで、解釈して理解できる。それは認識や推測とも呼ばれるものと関係している。

二つ目の特徴は、〝そこに存在しないものを想像すること〟である。眼の前にその対象物は見えない。しかしかつて見たり聞いたり経験したことがあるものを人間は想像する。あるいはこれから経験するであろうものや可能性を想像する。その想像は回想や予想などと呼ばれるものとも関係している。

三つ目の特徴は、〝どこにも存在しないものを想像すること〟である。姿も形もなく、存在そのものがないものであっても人間は想像することができる。そしてその想像を存在のように観ることができる。また存在するものの性質や特徴や要素だけを取り出し、抽象化して捉えることもできる。一方で根拠や原因がないようなものを想像する妄想や幻想とも関係する。

この最後の特徴が人間にとって非常に重要な能力である。過剰な想像力の源泉はここにあると考えられる。存在しないものを想像する力は自由である。頭の中でどのようにでも想像できるからだ。その自由な想像が、目の前の物事の認識や解釈、記憶の中の回想や、未来の予想にも大きな影響を及ぼしている。

こうした想像力は人間だけが持つものだと思える。その見えないものを観る力をここでは「空想」と呼ぶことにしたい。この空想こそが人間のまなざしの正体であり、人間の知性を支えていると思われる。そんな空想は創造の源泉であるが、それと同時に空想が自由さを失うと人間を苦しめる「妄想」にも変わる。

まなざしの誕生

この空想という他の動物にはない独自の知性。それを人類は進化の過程でなぜ獲得したのだろうか。その理由について膨大な数の学説が出されているが、本当のところはまだよく分かっていない。脳の発達と関係していることは明らかであるが、その脳がなぜ発達したのかにも諸説ある。

人類学で主流な説としては、樹上生活をしていた私たちの祖先が地上へと降り立ち、直立二足歩行を始めたことが端緒になっているというものである。二足歩行の結果として両手が使えたこと、咽頭を降下させ音声言語の発達へと結びついたこと、そして直立姿勢になることで脳の重量を支えられるようになったこと。そういった因果関係が唱えられている。それは約二〇〇万年の人類の歴史の中ではそう古いことではないようだ。その進化の過程で生まれた空想が人類を「人間」へと進化させたのではないだろうか。

「サピエンス全史」を書いたイスラエルの歴史学者であるユヴァル・ノア・ハラリは、約七万年前から三万年前の人類の頭の中で「認知革命」と呼ばれる何かが起こったと述べている。[2] おそらくその頃、見えないものを観るまなざしが私たちの祖先の頭の中に生まれたのではないか。そしてそのまなざしが自分自身に向けられたのだ。様々な生き物が満ち溢れて生きている自然の真只中で、むき出しのまま投げ出された〝自分の存在〟に初めて気づいたに違いない。それはエデンの園で自らが裸であることに気づいたアダムとイブのようだったのかもしれない。自分の存在が理解できず、なす術もなく恐れおののいていたことだろう。空想が自意識を生みだしたのである。

自分の存在に一度気づいてしまうと、それがなくなってしまう死を理解する。それは自分を存続させたいという渇望を強くし、その存続を脅かすものに対する恐怖を呼びおこす。その渇望と恐怖はさらに空想を刺激し、自分を救済する存在や脅かす存在を頭の中に生みだす。神や悪霊という見えない超自然的な存在の姿が、自然のあちこちに向けられるまなざしに重ね合わせられるのだ。それが信仰を生んだのではないか。信仰は自意識の芽生えとともに生まれたと考えられる。

自分の存在とは非常に不安定である。私たちは身体の一部を見ることができるし、自らの影や反射した像を見ることもできる。しかし自分の存在そのものを直接見ることはできない。また自分の心の中も見ることはできない。それが確かな存在であるということを証明するのは私たちの中にある連続した記憶でしかない。

一方で記憶は非常に不安定だ。眠ってしまうと記憶を失うこともある。過剰な想像力は記憶を捻じ曲げ書き換えることもある。だからその記憶を担保するものを外部に求めるようになる。岩や巨木のように変わらないものや、太陽や月や星のように一定のリズムで動く天体に神聖な意味が込められたのは、不安定な自分の記憶をつなぎとめるものであったのであろう。

なぜ人類が洞窟の奥深くに入っていき、そこにある岩壁に何かを刻んだのか。その場には存在せず、自らの頭の中にしかない風景を描くのは、記憶を通して自分が確かなものであることを確認する行為だったのかもしれない。そしてそれを刻むことが同時に、ふたたびやってきた時に記憶が連続していることを確認することにもなる。芸術表現とは、そうした自分のアイデンティティを確かめる行為として誕生したと考えられる。

さらに自分の存在や記憶を担保する最も重要なものが他者である。互いにまなざしを交わしあい、常に誰かによって自分の存在を確認しつづけることが重要な意味を持つ。人間が協力しあう理由には生存のためと同時に、アイデンティティを確認する欲求が強く働いているように思える。

こうして何度も繰り返し自分の存在を確認することで、人間は自分を揺るぎない確かな存在として想像していく。人類が進化のどこかで自らにまなざしを向けたことは、私たちのすべての始まりである。それは見えないものを観る力である空想がもたらしたのではないだろうか。

空想の文明

人類の驚嘆すべきことは、空想を生みだしたことだけではない。この空想を互いに共有する方法についても、発達させたことである。それが音声言語という意思疎通の方法である。これが見えないものを観る力をさらに拡大させ、人類を他の動物とは決定的に違う存在へと変えた。

ゴリラやイルカなども、鳴き声などを通したシンボリック・コミュニケーションを行うことができる。しかし人間に備わった意思疎通の能力は、その場所に指し示されるものがない抽象的な事柄や、この世に存在しない架空の事物や概念も表現し、それを共有することができるのである。この能力は空想を一人の頭の中にとどめず、別の個体の頭にも移し、それを共に広げていくことを可能にした。複数の頭の中で増幅された空想は、さらに別の空想を生みだし、次々と空想を前に進める要因となったのだ。

頭の中の空想を育て、それを共有することで互いに協力する方法を取ったことは、自然界の中で人間という種をさらに特殊な進化の形態へと進ませた。それは形質や遺伝子を変化させる生物的な「進化」ではない。自らの意思で自らの状況を改善・改良していく社会的な「進歩」という言葉の方が当てはまるのかもしれない。しかし進化・進歩のいずれと呼ぶにしても人間の場合、そうした変化は個体ごとに起こるわけではない。互いに協力しながら空想を積極的に共有し、交換しながら膨らませていくのだ。空想は見えないからこそ、その存在を共に確認し、互いの中での現実にしていく。厳しい自然の中で人間が協力しあうための役割も果たしていたのである。

他の動物は自然の本能に従って協力しあっている。しかし人間だけはそこから外れて、独自の方法を取ったのだ。それが存在しないものを頭の中に描き、その見えないものを共に観るといういささか〝狂った方法〟である。実際には存在しないものに目を向け、それを現実だと思い込むのは、動物からすれば病気以外のなにものでもない。しかし現に人間はその能力を存分に駆使して文明を築いてきたと言える。

文明は壮大な空想の産物である。そこに存在しないものを実現することで文明を前に進めてきた人間の歴史は空想の上に築かれている。ないものから何かを生みだす空想という能力は創造と拡大の方向を向く。その能力が自然にはこれまで存在しなかった人間独自の系《システム》である文明を生みだした。それは農業を通じて自然のどこにもなかった生態系を生みだし、さらに工業都市や世界規模の産業社会を確立した。空想されたことは次々に現実へと変わっていく。そして遂には、見えない情報が飛び交う現代の情報社会へとたどり着いた。そこでは空想が現実を生みだすだけでない。空想そのものが現実なのである。

これまで人間が価値と信じてきたもののほとんどは目に見えないものである。言葉、芸術、文化、宗教、法律、財産、地位、名声、国家、理念、平和、愛。どれも実体ではなく、私たちの頭の中で共有されているものだ。その空想を私たちは大切にし、その空想のために悩み苦しみ努力する。そのために私たちは命そのものを危機にさらすこともあるのだ。

肉体を維持するために不可欠な食事ですら空想とは無関係ではない。動物は料理をしない。私たちの食事の理由が単に肉体を維持するだけであれば、これほど複雑な料理も豊富な種類も必要ないはずである。私たちの食事は栄養摂取を求めるのは肉体の要求ではない。空想というよりも「妄想」からの要求の方が食欲に占める割合は大きいのではないか。そうでなくては人間が肉体を壊すまで食べる理由は説明できない。そう考えると私たちが肉体として生きるのに本当に必要なものなどごくわずかである。文明の生産物のほとんどは私たちの空想を満たすためにあると言っていいだろう。

同時に人間は様々な問題がそこに「ある」ものとして空想する。だからそれを「ない」状態にしようとして、なくそうと努力する。それがなくなって解決すると、また次の問題を見つけてそれをなくそうとする。それが延々と繰り返される。問題発見と問題解決と言われるものは、そもそも問題を「ある」とする空想の処理である可能性があるのではないか。

文明とはそんな飽くなき空想の追求である。空想の本質とは〝そこにないもの〟へとまなざしを向けることである。だから私たちはそこにないものを空想し、それが実現すると、次にまたそこにないものを空想する。空想は現実を生み、それがまた次の空想を生む。そうやって空想が拡大しつづけ、その果てに空想が現実である現代社会が生まれた。

こうした空想を追い求めて未来へ発展するという考えは、一見すると正当な理由を持っているように見える。人間がより良き方向へと発展すること自体を否定すると文明の意味は失われてしまう。しかしその「より良き」が意味するものを取り違えると、いつか文明の方向は反転する。苦しみや痛みを減らして、快適で心地よいものを追いかけることが「より良き」であると解釈すると、私たちは間違えてしまうかもしれない。空想は未来を見つめる一方で、「今」に満足しない。文明がその空想にもとづいている以上、私たちは永遠に満足できない可能性がある。

系《システム》の生存

空想は見えないものであるゆえに人々のまなざしを一つに束ねる。人々はまなざしを合わせて共に観ようとし、空想そのものを一つの現実として互いに協力するのである。そうやって空想は観る人々を一つのアイデンティティとして結びつける。そして共有された空想は系《システム》を生みだす。世界には空想によって結びつけられた様々な大きさの系が重層構造となって関係し合あっているのである。

小さな家族から大きな民族や人種に至るまでの血縁は一つの系である。地域から国家に至るまでの地縁も一つの系と言えるかもしれない。企業から経済に至るまでの金縁も複雑に関係する系である。慣習から宗教までの文化縁も系だと言えるだろう。それ以外でも小さなテーマ縁やイデオロギー、階級や価値観に至るまで様々な大きさの系を人間は生みだした。それらはすべて空想なのだが、私たちにとっては実在するものである。そしてそれが様々に重なり私たちのアイデンティティとなる。

現代では世界全体を包み込む最も大きな空想系がいくつか考えられる。一つは地球という環境系にいるという空想である。一九六八年にアポロ八号によって提示された地球のイメージ以降、私たちは地球の外からのまなざしを共有している。もう一つが資本主義経済という見えない経済系である。これは貨幣のやりとりを通して私たちの生活すべてに影響する。最後がインターネットを中心とする情報系である。仮想空間は私たちにとって今や現実である。これらはいずれも直接見たわけではなく空想にすぎない。しかし世界中でほとんどの人が共有する現実として機能している。

このように人間は空想という独自の方法で系を生みだしている。系は一度生まれると、それ全体が一つの意思を持った生命のように振る舞う。そして系を生存させるために働くようになるのである。自然も様々な系を重層させながら全体として共生する方法を取る。

生命はそれぞれ個体のままでは生きていけない。だから自然の生態系のように、協力して生きるために系を形成する。そしてその系全体を統一して維持管理し、自己調整を行うためのプログラムのようなものを持っている。それには大きく二つの性質があると考えられる。

一つは「調和と共生」のためのプログラムである。あらゆる生命は属する系全体への調和と共生に協力する本能が組み込まれている。だから系の中にいる生命体は、異常がなければ全体の調和を乱すようなことはしない。調和が乱れれば自分の生存も脅かされるからである。もし群れをなして行動する動物がそれぞれ勝手な方向に進むと、群れという系は崩壊してバラバラの個体になる。あるいは森の中で、一種類の植物だけが異常に増殖すると、森林生態系の調和が失われる。その結果森は消えてなくなってしまう。個がバラバラに個の生存のことだけを考えていると、全体である系そのものが崩壊するのである。

もう一つのプログラムは系全体を守るための「生存と防衛」のプログラムである。それが互いの生命の間での生存競争を起こさせる。ある生命が生存のために別の生命を捕食する。そして襲われる方は危険にさらされた時に逃げる防衛プログラムが働く。繁殖も世代間の生存のためであると言える。

この「調和と共生」と「生存と防衛」のプログラムはそれぞれの系ごとに働いている。それによって系は一つの生命体として振る舞うように見えるのである。これら二つの性質は一見すると矛盾するように見える。調和と共生を目指すのであれば、生存のための競争をしてはならないからである。しかしそれはどの範囲で系の大きさを捉えるのかによって変わってくる。

生存競争をする個体の内部にまなざしをズームして詳細に見てみる。すると個体の中が一つの小さな系を形成しているのが分かる。例えば動物のような有機体は体内に膨大な数の細菌やミトコンドリアを抱える系である。その小さな系内部には「調和と共生」のプログラムが働いている。まなざしをズームアウトして動物同士を見ると、また別の小さな系である他の個体と生存競争をしている。

森林生態系のような大きな系では、動物たちの生存競争がその系のバランスを保っている。捕食者がいなくなるとその生態系で異常に繁殖する個体が増える。だから動物たちにとっての「生存と防衛」のプログラムは、よりサイズの大きい生態系の中では「調和と共生」のプログラムでもあるのだ。

さらにまなざしをズームアウトして、もう一つ大きな系で見ると、生態系同士でも「生存と防衛」のプログラムが働いている。それも、まださらに大きな系の中では「調和と共生」のプログラムの中にある。つまり「調和と共生」を見つめるか、「生存と防衛」を見つめるかは、まなざしのスケールをどこに設定するかによって変わってくると言える。

空想が生む系も全体が一つの意思を持った生命のように振る舞う。その系は存続しようとして生存競争を行う。しかし自己調整プログラムが埋め込まれた自然と異なり、空想でできた系は、私たちのまなざしが決める。自らのアイデンティティをどの空想系の中に見るのかによって生存の意味が変わってくる。

個の生存の最大化は全体の生存にはつながらない。私たちがそれぞれの生存と防衛だけを考えていると、協力ではなく競争が生まれる。そうすると全体である系そのものが崩壊する。まなざしを狭く絞って自分だけを見ていると、その生存のために他の誰かを犠牲することはしかたないかもしれない。しかしまなざしの範囲を広げて属する系を見つめると、生存のためには他の生命と調和と共存をせねば存続できない。私たちがどのスケールで生存を考えるのかは、私たちのまなざし次第である。

自己という病《やまい》

実体のない情報が飛び交う現代社会では、発信される情報が現実をつくりあげる。情報は文字や画像や音声などの具体的な媒体《メディア》を通してやりとりされる。媒体そのものは見ることはできるものだ。だがそこに乗せられた情報が本当に存在する事実かどうかは確かめるまで想像でしかない。

日々あまりに多くの情報が飛び交うため、そのすべては確認できない。情報のほとんどは想像のまま共有され、私たちの間で「現実」となる。その状況は全員が見えないものへ共にまなざしを向ける「空想社会」

と言えるかもしれない。

そんな空想社会の中では、私たち自身にどのような情報が貼り付けられているのかが重要になる。これまでも、所属や肩書き、能力や表現物、財産や地位、名声などが私たち自身を代弁してきたが、情報化はその比較を容易にし、資本主義経済における競争がそれに優劣をつけていく。情報は〝私たちそのもの〟となり、他者との競争の中に置かれる。情報が現実である世界では、自己そのものではなく、たとえ見せかけであったとしても、〝他者のまなざしに映る自己〟が重要になる。だからその情報をいかに優れたものに「見せる」のかに長けたものが生き残っていく。

ゆえに自己のアイデンティティをかけた生存競争がますます熾烈なものになっていく。空想社会の中では自己が危機にさらされるのである。そうなると私たちのまなざしはどんどん狭くなる。私たち自身の生存で必死になると、系全体は崩壊するのだ。

そしてその生存競争に負けた人には自己肯定感が持てないという病が生まれる。この病は深刻である。現代では相当な数の人がこの病にかかっていると思われる。現代人が身体の不調を訴えるのは、この病にかかっていることがほとんどの原因かもしれない。ストレスとは自己の否定からやってくるからだ。

自己肯定感はその人の能力とも関係している。自己肯定感が持てないと、何をやっても自信が持てないので物事がうまくいかない。だから自己肯定感がない人がそれを持てるようになると、飛躍的に能力が向上する場合が多い。逆に自信を失って自己否定してしまうと何もやる気が出なくなるのである。

自己否定が本人によって意識されている場合は自ら変えることができるかもしれない。しかし無意識に自己否定感が蓄えられると厄介だ。その否定されている自己への妄想はさらに膨らんでいくからである。一見、自己肯定感が強いように見える人でも、自己否定感への反動からそのフリをしている場合も多い。それが無意識の領域にあると本人自身もそれを自覚できない。

自己否定感は被害妄想を生み、まなざしをさらに捻じ曲げる。たとえ相手が肯定しても、ほんの少しの批判だけを取り上げ、それを何倍にも膨らませるのである。さらに、その妄想を思い出し、言葉として反復されることで、脳の特定の回路を強化していく。その回路をめぐる反復の回数が多ければ多いほど、そこから脱却するのは難しく、当人の中では揺るぎない「現実」になってくる。

そして自己否定感を解消するために、他者のまなざしの中に承認を求めるようになる。それは麻薬のようなもので、切れるとまたそれを欲するという中毒性を持っている。承認への欲求はエスカレートしていき、最初は心地よかった他者からの承認は、より強い承認へと拡大していくのだ。それが叶えられないと他者への攻撃性へとつながることもある。

空想社会では、そうした自己承認と自己否定感はより強められていく。自己承認を他者のまなざしに求めると、それが得られなければさらに自己否定に陥ってしまう。社会を見渡してみて、自己啓発や能力開発のためのセミナーがこれほど盛んに行われているのは、この病がいかに広がっているかを物語る一つの指標である。自己の拡大と自己否定は両方とも自己の生存への欲求から生み出されている。

自己への固執がここまで膨らむと、自己そのものが病であると言える。本当の問題は自己否定でも自己肯定でもない。その背後にある自己そのものが問題なのである。自己という存在へのまなざしを変えない限り妄想がより激しくなっていくだろう。

自己に固執すると、自己の生存と利益がまなざしの前に常にフィルタリングされる。自らの行為も思考もすべて正当化され、まなざしはより自己に固定化していくだろう。だから事実がニュートラルに見るためには、まずは自己そのものを疑わねばならないのだ。

最大の妄想

私たちが固執する自己とは一体何を指すのだろうか。私たちの身体だろうか。それとも心だろうか。私たちは確かに自己というリアリティを持って生きている。しかしその信じて疑わない存在である自己というのは、実は極めて怪しいものである。

分子生物学的に見ると私たちの身体などというのはない。数十兆個の細胞の塊である私たちの身体は常に代謝を繰り返している。細胞が生成され、そして消滅していくプロセスしかそこにはない。十年前の自分の身体と今を比べると、その大半の細胞は入れ替わってしまっているだろう。同じ身体であると認識しているものは、私たちの想像でしかないとも言える。

そもそも私たち人間の身体は、一つの生命体ではなく系《システム》である。身体を形成する数十兆個の細胞のそれぞれには数百個のミトコンドリアが含まれている。この生物が体内にいなければ私たちは呼吸をエネルギーに変えることができない。同様に私たちの腸内には約二ｋｇに及ぶ何百兆もの腸内細菌が生息している。こうした細菌がいないと消化することすらできない。私たちはこうした微生物が高度に共生しあっている集合的な有機体である。私たちが自己の「身体」だと思っているものも、本来は様々な生命が集合して生息する「環境」なのである。

では自己というのは私たちの心を指すのだろうか。感情を持った心が自己であるというのは、私たちにとって疑いようもないリアルな実感である。しかしそれこそが実は空想の産物である可能性が大いにある。心は身体以上に見ることができないものである。

心はもともと、身体全体を統一して動かす自己調整プログラムとして備わっているものであると考えられる。心の機能とは、生命集合体の生息環境である身体を存続させるために「調和と共生」と「生存と防衛」の二つのプログラムを働かせることである。心の機能を持つのは人間だけではない。動物や昆虫などの有機体にも、身体環境を一つの統一された生命体としてまとめる心の機能があると思われる。

しかし、より複雑な系である人間の心は、その自己調整プログラムを「感情」という反応で調節しているのではないか。一般的に正の感情と呼ばれるような「喜び」や「慈しみ」や「哀れみ」などは、「調和と共生」

のための反応である。一方で負の感情と呼ばれるような「怒り」や「恐れ」や「欲望」などは、「生存と防衛」の反応である。それらは集合生命体の内外の調整するための単なる機能である。健康な状態とは全体が調和していることであり、生存の危機が迫ると防衛の反応を示して対応する。

感情の反応は通常は身体から導かれる。正と負として表現されるのは、身体は基本的に「調和と共生」の反応を心地よく感じ、「生存と防衛」の反応を不快と感じるからだ。だから心地よい感情が生まれるのは、うまく調和している時であり、不快な感情が生まれるのは危機が迫った時である。それはあらゆる系の中に組み込まれた自己調整プログラムと基本的には同じであると考えられる。

しかしその単なるプログラムにすぎない心の機能を、私たちは自己という存在であると認識している。身体から心という機能が生まれたのだが、心こそが身体全体を動かす自己であると反転して捉えたのである。それは見えないものを観る空想の力が生んだものだと言える。本来存在しない心を私たちはとても大切なものだとしており、感情こそがリアルなものだと思っている。しかしそれは単なる反応にすぎないと考えられないだろうか。心こそどこにもない可能性が高い。

このように自己の存在とは極めてあいまいなものだと考えられる。しかしその自己を空想することで、私たちの中ではそれは確かな現実となり、覆せないものなってしまっている。その変化していく身体に固執してそれが変わってほしくないと願い、あるいは望むように変わってほしいと願うのである。そしてその心に固執してそれが永遠に存続してほしいと願う。空想の産物である自己は、固執することで「妄想」に変わる。この自己という存在は私たち人間の最初の空想であり、それは取り去ることのできない最大の妄想なのである。

"無"への想像

一度生まれた自己というアイデンティティをなかったことにするのは難しい。自己が空想の産物であり、実は「ない」などという考えを私たちは受け入れたくないのである。だから自己に固執しそのアイデンティティを何とか存続させようとする。そして自己をより優れたものとして他者のまなざしの中に映すことに固執し、それを様々な表現物や情報の中に埋め込むことで拡大させて生存しようとするのである。そして何より自己がなくなってしまうことは絶対に避けたいことなのである。そこに苦しみが生まれる。

自己という本来は存在しないものを「ある」とするのは空想の力である。人間の想像力は、どこにも「ない」ものを「ある」として想像できる。しかし一方で「ない」ものを「ない」として想像することはできないようになっている。人間は「ある」ことの中でしか認識できないのだ。

数字のゼロは、ゼロという存在を「ある」として発見することである。しかし「ない」ということはそのまま発見できない。それは人間の脳では不可能なのである。私たちの想像では「ない」という「存在」を認識できても、「非存在」を認識することはできない。

だから空想を持っている以上、常にないものを「ある」として生みだしていく方向にしか進んでいくことはできない。たとえ何かを取り去っていく方向であったとしても、それは「ある」ものが「ない」状態として「ある」ようにする、という認識でしかないのである。〝無〟そのものを想像することはできないのである。

しかし宇宙がもし〝無〟であればどうであろう。この宇宙にあるすべての事物は常に生成と消滅を繰り返している。ずっととどまって永続するものなど何一つない。すべては〝無〟から生まれて、また〝無〟へと消え去っていく。すべてのものは必ず〝なくなって〝いくのである。何か永続するものがあるだろうというのは単なる空想である。長い時間軸で見ると実際には永続していくものなど何もない。そして短い時間軸で見てもそれは同じである。広大な宇宙の動きから電子のスピンに至るまで、どのスケールにおいても変わらない真実である。あらゆるものは常に生まれては消えていくことを繰り返しているのである。

宇宙が〝無〟であることは私たち人間の頭では想像も理解も及ばないことかもしれない。しかし、理解できる範囲においても永続するものがないということは変わらない真実である。それは私たちが望もうと望まざると変わらない真実であり、民主的に決まるわけではない。

空想という能力を持った私たちは、事物が生成することは理解できる。そこになかった何かが生まれることは空想することができる。そして事物が別の事物に変化していくことも認識することもできる。存在しているものが消えてなくなることも想像することができる。しかし「ない」ものを「ない」ものとしては理解することができない。その理解できないことが、私たちの本質にかかわっている。

私たちは誕生を経験することができるが、死は経験することができない。誕生には原因があるが、死んだ結果がどうなるかは理解できないのだ。私たちが生まれたのは両親が交配して卵細胞に精子が結合したからである。その小さな卵細胞が細胞分裂を繰り返して、今の私たちの身体になっている。両親という原因があって結果として私たちがいることは想像することが可能である。

一方で死んだ後に私たちがどうなるのかを想像できるだろうか。自らが消えてなくなる瞬間を想像はできる。細胞が壊れていくから死んでいくことも知っているし、そのメカニズムも理解できる。しかし死そのものがどのような状態であるのかは、私たちには本来は理解が不可能なのである。死は経験できない以上、死後の世界こそ空想でしかない。

だから様々な空想を働かせて、何か「ある」ものを見ようとするのである。死後の世界や霊魂といった「存在」を想像するのは、そういった「ある」ものとしてしか理解できないからである。私たちの頭では想像できないものである、「何もない」という選択肢は含まれないのだ。

私たちが死を恐れる理由は、自己が「ない」という状態が理解できないからである。私たちが自己の存在を生存させたいと固執する本質には、〝無〟への恐怖がある。そして生きている間に様々な形で自己の生存に向けて空想を働かせるのである。自己への固執が私たちの空想を妄想へと変え、さらにまなざしを曇らせる原因になる。だから私たちは自己という妄想をまずは見破らねばならない。今度はそれを見破るために空想を働かせる必要がある。

空想のマネジメント

空想は存在しないものを頭の中に生みだし、それを現実だと認識する能力である。その見えないものを観る力を得た人間は、それを使って協力し発展してきた。空想は知性であり、それが自己を生み、人間へと進化させた。そして人を協力させ、人を生存させ、文明を生んだ。空想は創造性の源泉であり、生産の原点であり、消費の本質である。私たちは空想を共有し、互いに拡大させ、それによって現実を生む。そんな空想は人間の歴史のすべてであり、空想があったからこそ私たちは今あるものをすべて手にしているのである。

しかし一方で、空想は使い方を誤ると「妄想」へと変わる。見えないものを観る空想は自由で柔軟に変化していくことができるものである。しかし自由であるはずの空想が、自由さを失い何かに取り憑かれてしまうとそれは妄想に変わる。妄想は変えることが難しい。そして増幅していく。確固たる現実として認識された空想はある時点から「妄想」へと変わり、今度は私たちを滅ぼそうとする。

私たちは妄想に翻弄されて苦しみを生みだす。妄想はそこにないものへの渇望と恐怖を生む。それは制御できず、私たちの意思に反してさらに膨らんでいく。それが欲望を拡大させ、争いを生む。真実を捻じ曲げ、私たちの協力を妨げる。そんな妄想を私たちはさらに追い求め、それによって死に至ることさえある。

妄想に固執すると、私たちのまなざしは簡単にその視界が狭くなる。私たちがまなざしをデザインするのは妄想を取り去るためだ。その妄想の中でも最も取り去ることが難しいのが〈私〉の存在である。その妄想を見破らねばならない。自分という妄想は繰り返されることで現実となる。自分という妄想は私たちの欲を拡大し、私たちの恐怖を増長する。そして私たちのまなざしを曇らせ、まなざしを向ける矛先を握ってしまう。

まなざしのデザインとは自分が見たいものへまなざしを向けることではない。自分の都合の良い空想にふけることでもない。その正反対に自分の都合を取り外すことである。そのためには見たいと思っていない私たち自身にまなざしを向けることが必要である。それは安易なことではない。見たいものしか見ようとしない私たちは、自らの醜い欲望へまなざしを向けたくはない。だから自分の見方を正当化して世界を間違っているとするのである。

私たちが世界をニュートラルに捉えられないのは、自分という存在に執着があるからである。自分の存在を前提に私たちは世界を見ている。だから何かにまなざしを向ける時は、必ず自分のフィルターを通して見るのである。しかし自分という存在がなければ、そこに執着は存在しない。その時に私たちはただ事実を観察する「まなざし」になるのだ。それが私たちの見方を本当に自由にする。

まなざしのデザインの本当の目的は、「〈私〉という妄想」を見破ることである。今度はそのために空想を働かせることが大事である。様々な空想を使って、様々なものの見方をすること。それは自分が見てきた風景を異化し、自分の常識を打ち砕き、自分のこれまでの見方を変える。そうやって何度も自分の見方を変えることで、最期は〈私〉という妄想を打ち砕く必要がある。

人間が持つ空想という素晴らしい能力は現実を生みだす。だから頭の中で描く空想をどのようにマネジメントするのかによって私たちは現実を変えることができる。空想を使って「調和と共生」を目指すのか、それとも「生存と防衛」を目指すのかは、私たちのデザイン次第である。一人でも多くの人が自らのまなざしをデザインし、自由になる人々が増えると、個の生存ではなく私たち全体が生存できるのではないだろうか。

おわりに

二〇一五年、ネイチャーフィジクスのオンライン版に量子力学に関するある実験結果が発表された。[1] オーストラリア国立大学のチームが成功させたこの実験が小さな話題を呼んだのは、ある有名な思考実験を実際に検証したものであったからだ。それはアインシュタインと共同研究者であったジョン・ホイーラーという物理学者が一九七八年に唱えた「遅延選択実験」というものである。

これは光についての「ある問題」に関するものであった。その問題とは、光は「粒子」なのか、それとも「波動」なのかという光の本質である。それはニュートンやホイヘンスなどによる一七世紀以降の物理学でずっと論争になっていた。

私たちがものを見ることができるのは、可視光線として光の波動が目に入ってくるからである。しかしそうやって波として振る舞う光が、粒子として考える以外に説明がつかない振る舞いをする場合がある。粒子か波動かという光の性質は同時には現れず、観測上はいずれか一方の性質しか現れない。一体どちらが光の正体なのだろうか。

アインシュタインはその問題に対して、光が粒子であるとともに波の性質もあわせもつ光量子という理論として説明した。相対性理論で知られるアインシュタインであるが、一九二一年にノーベル物理学賞を受賞したのはこの光量子仮説であった。以降の量子力学の世界では、他の数多くの研究者によって行われた様々な実験がその理論を証明し、光だけでなく物質を構成する原子も波のように振る舞うという理論が構築されたのだ。

しかしホイーラーが遅延選択実験で考えていたのは、光が粒子として振る舞うのか、波として振る舞うのかは、「観測者の存在」が決定しているという仮説である。つまり光が粒子であるのか、波であるのかは初めから決まっているわけではなく、〝観測された〟時点から時間を遡ってその性質を変えるというものである。その仮説は「人間の意識によって光が波から粒子に変わる」「現在が過去の状態を決定する」という、ありえない状況を指し示すものとして受け取られることもあった。

この思考実験は一九八七年にもミュンヘン大学でその検証の実験が行われているが、[2] 二〇一五年の実験では光子ではなくヘリウム原子で行われた。実験の方法は専門的であるため詳細をここでは述べることは避ける。しかしこの実験を行った研究チームのトラスコット准教授がどう結論づけたのかだけは確認したい。そこでは「物質を構成する原子は、やはり〝観測された時に〟初めて粒子か波動かの性質を決める」と述べられたのだ。つまりホイーラーの仮説を裏付けるものとなったのである。

これが一体何を意味するのか。それをドラスティックな言葉に置き換えると、少なくとも原子のレベルでは「現実とは観察されるまで存在しない」ということである。まるで夢を見ているような話であるが、本書を読み終えた人はどこかでデジャヴュが起こるのではないだろうか。つまり、「世界とはまなざしを向けることで初めて生まれる」とこれまで繰り返し述べてきたことと重なるのである。

世界は客観的には存在せず、私たちの見方とは切り離せないものである。それは哲学的、観念的には昔から言われていたことである。それが量子力学の世界でも明らかにされたことは、どのような意味を世界にもたらすだろうか。本当に人間の意識が物質に影響を及ぼすのか、また現在の決定が過去の事実を変えるのか。それらが明らかになるには今後の議論を待たねばならない。しかし一つ言えるのは、このような議論が出てくること自体が、物理学と心理学の境界のみならず、科学と非科学との境界を問い直さねばならない状況を生み始めているということである。

†

私たちの社会は本質的に矛盾を抱えている。前の時代に正しかったこととまったく反対のことが次の時代に正しいとされることは、歴史の中で繰り返されている。その相対する矛盾を行き来することこそが私たちを前に進める原動力になっている。しかし、その正と反を振幅する速さを情報化がどんどん加速させている。特にこの十数年の間の振幅は歴史上類を見ないスピードに達しており、私たちのまなざしはもはや追いついていない。その結果として今の世界には、無数の正しさがコラージュされているのである。

私たちは直接見聞きしたもの以上に、膨大な情報を通して世界を眺めている。だからあまりに様々な情報が私たちに毎日飛び込んでくることは、事実と事実でないものの区別をだんだん難しくする。その中には誰かの推測にすぎないものもあれば、私たちのまなざしを都合よくコントロールしようとする思惑が含まれる場合もあるだろう。あまりにも膨大な情報がそれぞれの正しさを主張し、何が正しいかの判断は難しくなっている。それに翻弄されると心が押しつぶされてしまうので、私たちはまなざしを固定化して、心を硬く守るのである。

しかし同時に、今の世界ではこの瞬間に何かを判断することが突きつけられる。その判断は即座に次の結果を生むほど因果の流れが加速している。これから先の世界は、さらにそのスピードが加速していくだろう。この先の五年の変化は今後の五〇年の変化に匹敵するかもしれない。さらにその先の二年は、その後の二〇〇年に影響を及ぼすかもしれない。だから今の選択が、自分の子だけでなく後々の未来の子孫にまで大きな影響を持つ可能性は大いにある。

そんな無数に氾濫する情報の中だからこそ、私たちはまなざしを遠く広くに見据えて、変わるものと変わらないものを見極める必要があるのではないだろうか。この先の五年の計画を立てるには少なくとも五〇〇年の歴史は振り返らねばならないだろう。さらにその先の二年の方向性を考えるためには二万年の歴史への想像力が必要になるかもしれない。

氾濫する目まぐるしい情報に目を奪われることも、それらを拒否して目を硬く閉ざすことも、どちらも私たちを盲目にする。急速に転がりだした世界の大きな転換点に私たちが立たされている今だからこそ、見えないものを観る力を働かせて、まなざしをデザインすることの大切さを伝えたいと思っている。

†

本書は最初の研究から今に至るまでの一五年に及ぶ実践的研究の足跡であるが、本来はもっと前に書かれるはずのものであった。しかし様々な紆余曲折を経て、今この時期に世に届けることになった。きっと五年前に書き上がっていればこのような本にはならなかったはずである。社会の流れという意味においても、そして私自身の体験や認識の変化という意味においても、ここに著した内容になったのは、今のこの時期以外にはありえなかっただろう。

最終的には意識の研究にまで入り込んでしまったが、私の研究の出発点は生命環境科学をベースとするランドスケープデザインである。研究の端緒となった浮世絵図の景観分析から、博士論文としてまとめた風景異化論まで、恩師である増田昇先生のご指導がなかったならばこの本は書けなかったであろう。ランドスケープデザインから遠く離れて旅をした不詳の弟子に対して、懇切にそして時に厳しく指導していただいた増田先生には心より深く感謝を申し上げたい。

そして本書のもう一つのルーツになっているのが、二〇〇五年から二〇一〇年まで赴任していた大阪大学コミュニケーションデザイン・センターでの経験と思考である。そこではランドスケープデザインとコミュニケーションデザインの二頭の馬にまたがりながら、様々な科学者や芸術家たちと日々対話を繰り返すことができた。

特に私の思考の形成に大きな影響を与えたのは、当時副学長としてセンターを立ち上げた哲学者の鷲田清一先生と共に臨床哲学の教壇に立った数年間の経験である。哲学と芸術をベースにしながら人間の根源をめぐる深い対話の中で、風景という概念はまなざしというキーワードへと変わっていった。おそらく学生よりも多くを学ばせていただいた鷲田先生にも心より深く感謝を申し上げたい。

また本書で取り上げたワークショップやプロジェクトの多くは、このコミュニケーションデザイン・センターにいる時に行った実験的研究である。それらは社学連携プロジェクトとして多くの同僚の研究者や芸術家たちとの実践をつうじて培われた。共にプロジェクトを進めた劇作家の平田オリザ氏をはじめとする同僚の皆様方にも心より感謝を申し上げたい。加えて、特別研究員を務めた大阪市立大学都市研究プラザにおいて、芸術による社会的包摂のプロジェクトで行った実践的研究も本書ではいくつか取り上げている。特に自分の中でキャリアの大きな転換点にもなったのは、病院でのアートプロジェクトであるが、それを含めてアーティストとしてのキャリアの道筋をつけていただいたプロデューサーの中川真先生にも、心より感謝を申し上げたい。

本書を実際に形にするにあたっては、数多くの方々に協力と応援を頂いた。編集者として共につくりあげてきたＮＴＴ出版の山田兼太郎氏の的確なアドバイスがなければ世に出ることはなかった。それに加えてずっと横で伴走してくれたマネージャーの吉見淳代氏がいなければ、本書は日の目を見なかったであろう。また執筆中に裏で私を支えてくれた家族、モエレ星の伝説のプロジェクトの最中にあの世へ旅立った弟がいなければ完成には至らなかった。その他にも数々の方々に応援を寄せていただいた。ここには書ききれないすべての皆様に、心より感謝を申し上げたい。

最後に、この本を最後まで読んでくれた読者の皆様に心より感謝したい。本書で伝えている「まなざしのデザイン」というメッセージは読者の皆様に向けられたものである以上に、私自身が実践せねばならない切なるものであると考えている。日々の生活の中で私たちは大切なことを忘れがちだ。だから私自身のまなざしも何かに囚われず、いつも自由であることを願ってここにしたためた。そんな本書がほんの少しでも皆様のまなざしを開くきっかけになればと願っている。すべてに感謝を。

二〇一七年一〇月一日　バルセロナにて

ハナムラチカヒロ

註－参考文献－図版目録

註

第1章

1 武田史朗、山崎亮、長濱伸貴編著『テキスト ランドスケープデザインの歴史』学芸出版社、二〇一〇年

2 G・ジンメル『ジンメル著作集12 橋と扉』杉野正訳、白水社、一九七六年

3 吉村晶子『原風景の生成に関する研究』ランドスケープ研究67巻5号、二〇〇四年

4 花村周寛『風景異化から捉えたまなざしのデザインに関する研究』学位論文、二〇一四年

第2章

1 北岡明佳『錯視完全図解——脳はなぜだまされるのか?』ニュートンプレス、二〇〇七年

2 下條信輔『〈意識〉とは何だろうか——脳の来歴、知覚の錯誤』講談社、一九九九年

3 藤田一郎『「見る」とはどういうことか——脳と心の関係をさぐる』化学同人、二〇〇七年

4 http://kagaku-jiten.com/cognitive-psychology/higher-cognitive/schema.html

5 Reticular Activating System:http://en.wikipedia.org/wiki/Reticular_activating_system

6 http://www.weblio.jp/content/ジャメヴュ

7 加藤周一編『改訂新版 世界大百科事典』平凡社、二〇一四年

8 山口昌男、高階秀爾編著『日本の美学24』ぺりかん社、一九九六年

第3章

1 *Does the chimpanzee have a theory of mind?*, Premack, D. G., Woodruff, G., Behavioral and Brain Sciences 1 (4), 1978

2 山口昌男『道化の民俗学』岩波書店、二〇〇七年

3 スティーヴン・L・マクニック、スサナ・マルティネス＝コンデ、サンドラ・ブレイクスリー『脳はすすんでだまされたがる——マジックが解き明かす錯覚

の不思議』鍛原多恵子訳、角川書店、二〇一二年
4 前掲書、一五頁
5 クリストファー・チャブリス、ダニエル・シモンズ『錯覚の科学』木村博江訳、文藝春秋、二〇一一年
6 前掲『脳はすすんでだまされたがる』、一五頁
7 前掲書、一五頁

第4章

1 松村明監修、編集委員　池上秋彦、金田弘、杉崎一雄、鈴木丹士郎、中嶋尚、林巨樹、飛田良文、編集協力　曽根脩『デジタル大辞泉』小学館
2 『SD9504 テクノスケープ テクノロジーの風景』鹿島出版会、一九九五年
3 若松司『「風景」と「景観」の理論的検討と中上健次の「路地」解釈の一試論』都市文化研究4号、二〇〇四年
4 宮城俊作『ランドスケープデザインの視座』学芸出版会、二〇〇一年
5 松浦茂樹『近代大阪築港計画の成立過程 ― ブラントンからデレーケまで』土木学会論文集第425号、一九九一年
6 今宮戎神社ホームページ http://www.imamiya-ebisu.jp/toukaebisu
7 『易経（上）』高田眞治、後藤基巳訳、岩波文庫、一九六九年
8 伊藤俊治『ジオラマ論 ―「博物館」から「南島」へ』リブロポート、一九八六年
9 花村周寛、加我宏之、下村泰彦、増田昇『名所から捉えた近世大坂と現代大阪における景観特性に関する比較研究』大阪府立大学大学院農学生命環境科学研究科紀要論文53、二〇〇一年
10 ケネス・J・ガーゲン『あなたへの社会構成主義』東村知子訳、ナカニシヤ出版、二〇〇四年
11 中川理『風景学 ― 風景と景観をめぐる歴史と現在』共立出版、二〇〇八年

第5章

1 P・スタイナー『ロシア・フォルマリズム ― ひとつのメタ詩学』山中桂一訳、勁草書房、一九八六年
2 https://ja.wikipedia.org/wiki/デペイズマン

3 前掲書『ロシア・フォルマリズム』、四頁

第6章

1 クロード・レヴィ＝ストロース『野生の思考』大橋保夫訳、みすず書房、一九七六年

2 *The Phenomenon of Social Representation*, In R.Farr & S.Moscovici edt, Serge Moscovici, Social Representations, Cambridge University Press, 1984,（八ッ塚一郎訳（未公刊）、社会的表象という現象）

3 小林仁、渥美公秀、花村周寛、本間直樹『馴致された生活環境を再構成するためのプロジェクト型ツールのデザインと実践』実験心理学研究49巻2号、二〇一〇年

4 矢守克也『社会的表象としての「活断層」——内容分析法による検討』実験社会心理学研究41巻1号、二〇〇一年

5 朝日新聞二〇一五年五月一〇日の「折々のことば」で鷲田清一氏が取り上げている。

6 http://www.parallelscape.net

7 https://ja.wikipedia.org/wiki/準天頂衛星

8 https://ja.wikipedia.org/wiki/Pokemon_GO

9 ミチオ・カク『フューチャー・オブ・マインド——心の未来を科学する』斉藤隆央訳、ＮＨＫ出版、二〇一五年

10 エドワード・T・ホール『かくれた次元』日高敏隆、佐藤信行訳、みすず書房、一九七〇年

第7章

1 花村周寛『コミュニケーションはデザインしてはならない』Communication-Design.3、二〇一〇年

2 杉山暁子、山口（中上）悦子、丹後幾子、巽花子、押谷由登美、花村周寛、上田榊崇、式庄華子、新宅治夫、瀬川裕昭、松井徳造、由峯克也、石井正光『芸術家と病院職員の協働によるアート活動——大阪市大病院アートプロジェクト２００８「風のおみくじ」の報告』アートミーツケア３巻、二〇一一年

3 https://ja.wikiquote.org/wiki/ナポレオン・ボナパルト

第8章

1 海野弘『現代デザイン――「デザインの世紀」をよむ（ワードマップ）』新曜社、一九九七年
2 前掲書、四七頁
3 松井みどり『アート――“芸術”が終わった後の“アート”』朝日出版社、二〇〇二年
4 前掲書『現代デザイン』、四七頁
5 海野弘、小倉正史『現代美術――アール・ヌーヴォーからポストモダンまで（ワードマップ）』新曜社、一九八八年
6 マイケル・モーパーゴ『世界で一番の贈りもの』佐藤見果夢訳、評論社、二〇〇五年

第9章

1 塩野七生『ルネッサンスとは何であったのか』新潮社、二〇〇一年
2 前掲書、二一頁
3 ダニエル・タメット『ぼくには数字が風景に見える』古屋美登里訳、講談社、二〇一四年
4 http://inyan.seesaa.net/category/8794144-1.html
5 イアン・スチュアート、ヴァン・ジョインズ『TA TODAY――最新・交流分析入門』深沢道子訳、実務教育出版、一九九一年
6 杉田峰康『交流分析のすすめ――人間関係に悩むあなたへ』日本文化科学社、一九九〇年

第10章

1 今村仁司、三島憲一、鷲田清一、野家啓一、矢代梓『現代思想の源流（現代思想の冒険者たちSelect）』講談社、二〇〇三年
2 鈴木晶『図説 フロイト――精神の考古学者』河出書房新社、一九九八年
3 前掲書、六〇頁
4 ジーグムント・フロイト『フロイト全集〈18〉1922-24年――自我とエス・みずからを語る』本間直樹、吉田耕太郎、家高洋、太寿堂真、三谷研爾、道籏泰三訳、岩波書店、二〇〇七年
5 デュルケーム『自殺論』宮島喬訳、中公文庫、一九八五年

第11章

1 三浦展『これからの日本のために「シェア」の話をしよう』ＮＨＫ出版、二〇一一年

2 川村純一『環境と建築　第1回「イサム・ノグチの贈り物」札幌モエレ沼公園』北海道開発協会、二〇〇五年

3 ジョルジュ・バタイユ『ラスコーの壁画（ジョルジュ・バタイユ著作集）』出口裕弘訳、二見書房、一九七五年

第12章

1 ジョン・コーエン『チンパンジーはなぜヒトにならなかったのか ― 99パーセント遺伝子が一致するのに似ても似つかぬ兄弟』講談社、二〇一二年

2 ユヴァル・ノア・ハラリ『サピエンス全史（上）― 文明の構造と人類の幸福』、柴田裕之（翻訳）、河出書房新社、二〇一六年

おわりに

1 A. G. Manning, R. I. Khakimov, R. G. Dall & A. G. Truscott, 'Wheeler's delayed-choice gedanken experiment with a single atom', *Nature Physics 11*, 539–542 (2015), http://www.nature.com/nphys/journal/v11/n7/full/nphys3343.html

2 T. Hellmuth, H.Walther, A. Zajonc and W. Schleich 'Delayed choice experiments in quantum interference', Federal Republic of Germany (Received October 1986), *Phys.Rev.A* Vol.35, No.6 March, 1987

参考文献

アーリ、ジョン、ラースン、ヨーナス『叢書・ウニベルシタス　観光のまなざし』加太宏邦訳、法政大学出版局、二〇一四年
安彦一恵、佐藤邦康『叢書・倫理学のフロンティア　風景の哲学』ナカニシヤ出版、二〇〇二年
石田英敬『記号の知／メディアの知――日常生活批判のためのレッスン』東京大学出版会、二〇〇三年
植島啓司『聖地の想像力――なぜ人は聖地をめざすのか』集英社、二〇〇〇年
内田芳明『風景とは何か――構想力としての都市』朝日新聞社、一九九二年
内田芳明『風景の発見』朝日新聞社、二〇〇一年
大石雅彦『ロシア・アヴァンギャルド遊泳――剰余のポエチカのために』水声社、一九九二年
大林信治、山中浩司『視覚と近代――観察空間の形成と変容』名古屋大学出版会、一九九九年
勝原文夫『農の美学――日本風景論序説』論創社、一九七九年
川俣正 他『ランドスケープが都市をひらく――再発見される風景』TNプローブ、一九九八年
ギブソン、J・J・『生態学的視覚論――ヒトの知覚世界を探る』古崎敬訳、サイエンス社、一九八五年
木村敏『分裂病の現象学』筑摩書房、二〇一二年
久保貞他『都市景観とアメニティ〈特集〉都市景観へのビヘビアラルアプローチ』建築と社会第61巻7号、一九八〇年
クラーク、ケネス『風景画論』佐々木英也訳、筑摩書房、二〇〇七年
グルー、カトリーヌ『都市空間の芸術――パブリックアートの現在』藤原えりみ訳、鹿島出版会、一九九七年
桑子敏雄『風景の中の環境哲学』東京大学出版会、二〇〇五年
木股知史『〈イメージ〉の近代日本文学誌』双文社出版、一九八八年
小室直樹『日本人のための宗教原論――あなたを宗教はどう助けてくれるのか』徳間書店、二〇〇〇年
コルバン、アラン『風景と人間』小倉孝誠訳、藤原書店、二〇〇二年

志賀重昂『覆刻日本の山岳名著　日本風景論』大修館書店、一九七五年
篠原修『新体系土木工学：59　土木景観計画』技報堂出版、一九八二年
柴田陽弘『風景の研究』慶応義塾大学出版会、二〇〇六年
清水博『生命知としての場の論理 ―― 柳生新陰流に見る共創の理』中央公論社、一九九六年
進士五十八、森清和、原昭夫、浦口醇二『風景デザイン ―― 感性とボランティアのまちづくり』学芸出版社、一九九九年
スマナサーラ、アルボムッレ『無常の見方 ――「聖なる真理」と「私」の幸福』サンガ、二〇〇九年
ゼキ、セミール『脳は美をいかに感じるか ―― ピカソやモネが見た世界』河内十郎監訳、日本経済新聞社、二〇〇二年
ソルソ、ロバート L.『脳は絵をどのように理解するか ―― 絵画の認知科学』鈴木光太郎、小林哲生共訳、新曜社、一九九七年
ダイアモンド、ジャレド『銃・病原菌・鉄 ―― 1万3000年にわたる人類史の謎（上・下）』倉骨彰訳、草思社、二〇〇〇年／文庫 二〇一二年
ダイアモンド、ジャレド『若い読者のための第三のチンパンジー ―― 人間という動物の進化と未来』秋山勝訳、草思社、二〇一五年
高橋進『風景美の創造と保護 ―― 風景学序説』大明堂、一九八二年
玉城哲、旗手勲『風土 ―― 大地と人間の歴史』平凡社、一九七四年
トゥアン、イーフー『空間の経験』山本浩訳、筑摩書房、一九九三年
外山敬介、篠本滋、甘利俊一（編）日本神経回路学会（監修）、『脳科学のテーブル』京都大学学術出版会、二〇〇八年
中沢新一『芸術人類学』みすず出版、二〇〇六年
中村良夫、田村幸久、小柳武和、樋口忠彦、篠原修『土木工学体系13　景観論』彰国社、一九七七年
中村良夫『風景学入門』中央公論新社、一九八二年
中村良夫、内藤廣、田路貴浩『環境の解釈学 ―― 建築から風景へ』学芸出版社、二〇〇三年
西村幸夫、伊藤毅、中井祐（編・編著）『風景の思想』学芸出版社、二〇一二年
日本造園学会編『造園ハンドブック』技報堂出版、一九七八年
パース、C・S『パース著作集2　記号学』内田種臣訳、勁草書房、一九八六年
原研哉『デザインのデザイン』岩波書店、二〇〇三年
原研哉ゼミ『Ex-formation 四万十川』中央公論社、二〇〇五年

ハンソン、リック、メンディウス、リチャード『ブッダの脳――心と脳を変え人生を変える実践的瞑想の科学』菅靖彦訳、草思社、二〇一一年
樋口忠彦『景観の構造――ランドスケープとしての日本の空間』技報堂出版、一九七五年
樋口忠彦『日本の景観――ふるさとの原型』春秋社、一九八一年
フォスター、ハル『視覚論』榑沼範久訳、平凡社、二〇〇七年
ベルク、オギュスタン『日本の風景・西欧の景観――そして造景の時代』篠田勝英訳、講談社、一九九〇年
ベンヤミン、ヴァルター『パサージュ論』今村仁司、三島憲一訳、岩波書店、二〇〇三年
ボードリヤール、ジャン『叢書・ウニベルシタス　記号の経済学批判』今村仁司、宇波彰、桜井哲夫訳、法政大学出版局、一九八二年
ボールドウィン、ジェイ『バックミンスター・フラーの世界――21世紀エコロジー・デザインへの先駆』梶川泰司訳、美術出版社、二〇〇一年
ホフマイヤー、ジェスパー『生命記号論――宇宙の意味と表象』松野孝一郎、高原美規訳、青土社、一九九九年
前野隆司『脳はなぜ「心」を作ったのか――「私」の謎を解く受動意識仮説』筑摩書房、二〇〇四年
マクルーハン、マーシャル『人間拡張の原理』、後藤和彦、高儀進訳、竹内書店、一九六七年
マクルーハン、マーシャル『メディア論――人間の拡張の諸相』栗原裕、河本仲聖訳、みすず書房、一九八七年
向井正也『日本建築・風景論』相模書房、一九七九年
メルロ＝ポンティ、モーリス『知覚の現象学1』竹内芳郎、小木貞孝訳、みすず書房、一九六七年
吉崎道夫『同化の芸術　異化の芸術』朝日出版社、一九七八年
リンチ、ケヴィン『都市のイメージ』丹下健三、富田玲子訳、岩波書店、一九六八年
鷲田清一『聴くことの力――臨床哲学試論』ティビーエス・ブリタニカ、一九九九年
鷲田清一『〈想像〉のレッスン』NTT出版、二〇〇五年
和辻哲郎『風土――人間学的考察』岩波書店、一九三五年

Appleyard, Donald, *Why Buildings Are Known: A Predictive Tool for Architects and Planners*, Environment & Behavior Vol 1,Issue 2, 1967
Bugelski, B. R., & Alampay, D. A., 'The role of frequency in developing perceptual sets', *Canadian Journal of Psychology*, 15, 1961, 205-211.

Cornish, Vaughan, *Scenery and the sense of sight*, The University Press, 1935

Cullen, Gordon,*The Concise Townscape*, Architectural Press, 1971

Eckbo, Garret, *Urban Landscape Design*, McGraw Hill Higher Education, 1964

Eckbo, Garret, *The Landscape We see*, McGraw-Hill Inc., 1969

Fraser, J.,'A new visual illusion of direction', *British Journal of Psychology*, 2, 1908, pp. 307-320

Gehl, Jan, *Life Between Buildings: Using Public Space*, Island Press, 1987

Laurie, Michael, *An Introduction to Landscape Architecture*, Elsevier, 1986

Litton, R. Burton, *An Aesthetic Overview of the Role of Water in the Landscape*, University of California, Dept. of Landscape Architecture, 1971

McHarg, Ian L. *Design with Nature*, The Natural History Press, 1967

Simonds, John Ormsbee *Landscape Architecture: The Shaping of Man's Natural Environment*, McGraw-Hill, 1961

Spirn, Anne W. *Granite Garden : Urban Nature and Human Design*, Basic Books Publisher, 1985

Spirn, Anne W. *The Langeage of Landscape*, Yale University Press, 1998

Tandy, Cliff, *Handbook of urban landscape*, Architectural Press, 1970

Zube, Ervin H., Brush, Robert O., Fabos, Julius Gy, *Landscape Assessment: Values, Perceptions and Resources (Community development series, v. 11)*, John Wiley & Sons Inc, 1975

6-5	ゲンバリミックス｜土嚢袋の観客席	八久保敬弘撮影
6-6	ゲンバリミックス｜ヘルメットと単管のゲート	同上
6-7	ニテヒナル｜シダの群落	堀川高志撮影
6-8	ニテヒナル｜並べられたフェイクの植物	同上
6-9	ニテヒナル｜岩の間の草	同上
6-10	ニテヒナル｜ハスの生える貯水池	同上
6-11	エクソダス｜一列で歩く	
6-12	エクソダス｜エレベーターに乗り続ける	
6-13	エクソダス｜係員の腕章をつけて勝手に整理する	
6-14	エクソダス｜白紙のチラシを配る	
7-1	入院病棟の光庭	
7-2	霧はれて光きたる春｜霧に閉ざされていく光庭	堀川高志撮影
7-3	霧はれて光きたる春｜光庭に落ちるシャボン玉	同上
7-4	霧はれて光きたる春｜上を見上げる人々	同上
7-5	霧はれて光きたる春｜シャボン玉を見つめる少年	平井祐範撮影
7-6	霧はれて光きたる春｜窓辺に並ぶ医師たち	同上
9-1	エゴギョウ質問票とレーダーチャート	BL研究所の資料を元に筆者作図
9-2	エゴギョウの相生相克	同上
11-1	モエレ沼公園	ようこそサッポロ観光ギャラリー所蔵
11-2	モエレ星の伝説｜絵巻物	黒川かおり作画
11-3	モエレ星の伝説｜ヤミボウズの登場	モエレ沼芸術花火実行委員会撮影
11-4	モエレ星の伝説｜丘に集まるヤミボウズ	同上
11-5	モエレ星の伝説｜ウレイビトとヤミボウズ	同上
11-6	モエレ星の伝説｜モエレ沼に打ちあがる花火	同上

図版目録

1-1	風景のダイアグラム	筆者作成
1-2	風景の固定化	同上
1-3	ガリバースコープ｜マンホール	
1-4	ガリバースコープ｜工事現場	
1-5	ガリバースコープ｜カフェ	
1-6	ガリバースコープ｜花の中	
1-7	ガリバースコープ｜ブランコ	
1-8	レインボーウォーク｜カラーシート	
1-9	レインボーウォーク｜ピンク	
1-10	レインボーウォーク｜ピンク自転車	
1-11	レインボーウォーク｜イエロー	
2-1	ポンゾ錯視	筆者作画
2-2	フレーザー錯視の渦巻き錯視	Fraser 1908、北岡明佳作画
2-3	チェッカーシャドウ錯視	©1995, Edward H. Adelson
2-4	フレーザー・ウィルコックス錯視	北岡明佳作画
2-5	おばけ坂	ROmas撮影
2-6	妻とその義母	W. E. Hill作画
2-7	ラットマン	B. R. Bugelski & D. A. Alampay 1961
2-8	見立百景｜おばけ	
2-9	見立百景｜誇らしげな羊	
2-10	見立百景｜魔女集会	
2-11	見立百景｜(´∀`)	
3-1	読心術と予言	http://sprott.physics.wisc.edu/Pickover/esp2.html#aleph3、をもとに筆者作図
3-2	読心術と予言の答え	http://sprott.physics.wisc.edu/Pickover/esp2.html#aleph3をもとに筆者作図
4-1	《天保山》	大阪府立中之島図書館所蔵
4-2	《四天王寺伽藍》	同上
4-3	《三井呉服店》	同上
4-4	《今宮蛭子宮》	同上
4-5	《道頓堀太左衛門橋雨中》	同上
4-6	《野中観音桃華盛り》	同上
4-7	《四天王寺》	同上
4-8	《玉江橋景》	同上
4-9	《茶臼山雲水》	同上
4-10	《生玉絵馬堂》	同上
4-11	風景の要素	筆者作成
5-1	マルセル・デュシャン《泉》	アルフレッド・スティーグリッツ撮影
5-2	風景異化のダイアグラム	筆者作成
6-1	風景のフレームワーク	同上
6-2	風景異化の4つの手法	同上
6-3	ゲンバリミックス｜全体風景	八久保敬弘撮影
6-4	ゲンバリッミクス｜会場風景	同上

著者紹介

ハナムラチカヒロ

1976年生まれ。博士（緑地環境科学）。大阪府立大学経済学研究科観光地域創造専攻・准教授。バルセロナ大学遺産観光研究所客員研究員。大阪府立大学生命環境科学研究科修了後、大阪大学コミュニケーションデザイン・センター特任助教を経て、現職。専門であるランドスケープデザインとコミュニケーションデザインをベースにした風景異化論を元に、空間アートの制作や、映像や舞台などでのパフォーマンスも行う。「霧はれて光きたる春」で第1回日本空間デザイン大賞・日本経済新聞社賞受賞。

まなざしのデザイン

――〈世界の見方〉を変える方法

2017年11月16日

著者　ハナムラチカヒロ

発行者　長谷部敏治
発行所　NTT出版株式会社
〒141-8654
東京都品川区上大崎3-1-1
JR東急目黒ビル
営業担当　TEL　03(5434)1010
FAX　03(5434)1008
編集担当　TEL　03(5434)1010
http://www.nttpub.co.jp

ブックデザイン　大西正一
印刷・製本　株式会社光邦

ISBN 978-4-7571-7049-0 C 0052